新世纪网络教育系列教材

语文教学论

刘朝晖 编著

清华大学出版社
北京

内 容 简 介

本书是一本关于语文教学研究的理论书籍,主要包括以下内容:语文教育的功能,国内外语文教育共同追求的目标及其发展的共同趋势,语文教材的建设,识字教学,阅读教学,写作教学,口语交际教学,综合性学习教学等。

本书不仅用当代语文教育教学的先进理念和广阔的国际语文教育比较视野,对语文教学理论进行了系统的梳理和思考,并对当前语文教学中的一些热点问题做出了分析和建议。

本书适合师范院校学生、一线教师、中小学学生家长及其他关注语文教育的朋友阅读。

本书封面贴有清华大学出版社防伪标签,无标签者不得销售。
版权所有,侵权必究。侵权举报电话:010-62782989 13701121933

图书在版编目(CIP)数据

语文教学论/刘朝晖编著.—北京:清华大学出版社,2012.4(2020.8重印)
(新世纪网络教育系列教材)
ISBN 978-7-302-27813-9

Ⅰ.①语… Ⅱ.①刘… Ⅲ.①语文教学—教学研究—网络教育—教材 Ⅳ.①H09

中国版本图书馆 CIP 数据核字(2012)第 001606 号

责任编辑:田在儒
封面设计:李 丹
责任校对:刘 静
责任印制:沈 露

出版发行:清华大学出版社
网　　址:http://www.tup.com.cn, http://www.wqbook.com
地　　址:北京清华大学学研大厦 A 座　　　邮　编:100084
社 总 机:010-62770175　　　　　　　　　邮　购:010-62786544
投稿与读者服务:010-62776969, c-service@tup.tsinghua.edu.cn
质量反馈:010-62772015, zhiliang@tup.tsinghua.edu.cn

印 装 者:北京国马印刷厂
经　　销:全国新华书店
开　　本:185mm×260mm　　　印 张:14.5　　　字　数:279 千字
版　　次:2012 年 4 月第 1 版　　　　　　　　印　次:2020 年 8 月第 7 次印刷
定　　价:42.00 元

产品编号:043664-02

21世纪是一个变革的时代,以多媒体计算机和互联网为主要标志的电子信息通信技术正在引发教育界的一场深刻革命。高等教育正在从精英教育走向大众化、普及化,学校也由封闭走向开放,成为构建面向全民终身学习的学习型社会的中坚力量。

华南师范大学于2002年经教育部批准,成为现代远程教育试点高校。学校还是"全国教师教育网络联盟计划"核心成员单位,全国高校现代远程教育协作组成员单位,并被教育部推荐为"国培计划"教师远程培训机构。经过近十年的探索与实践,华南师范大学网络教育学院在高等学历教育、非学历培训、校园开放教育等领域均取得了丰硕成果,并充分彰显"教师教育"、"实验研究"、"教育帮扶"、"区域辐射"四大特色。"华师在线"也已成为国内网络教育品牌之一。

在长期的远程教育实践和研究中,华南师范大学网络教育学院不仅着力于新技术、新媒体的教育应用,而且不断地对传统媒体进行改良和创新。对远程教育印刷教材的执著追求、深入研究和大胆创新就是代表。近年来,我们针对网络教育面向成人的特点,充分发挥印刷教材作为远程学习主要内容载体和联系其他教学媒体纽带的作用,以霍姆伯格有指导的教学会谈理论为指导,设计、开发了具有鲜明远程教育特色的,适合成人学习者使用的《网络学习方法——教你做成功的网络学习者》等教材,受到了学员和专家的广泛好评。

为进一步推广远程教育印刷教材的编写经验,使更多的学员从中受益,我们与清华大学出版社合作,组织专家编写了本套"新世纪网络教育系列教材"。该系列教材选题丰富、体例新颖,非常适合自学,是网络学习的有效补充。

丛书大胆创新,突出"远程特色",以学生为中心、目标为导向、案例为载体,强调针对性、交互性和实用性。与其说这是系列教材,我更倾向于说这是系列"学"材,通过改变传统意义上的"教"与"学"的关系,让学生与"学"材交流、对话,掌握知识,是本丛书的最大特点。丛书在语言风格上,力求生动活泼、通俗易懂;在编写体例上,力求体系清晰、结构严谨;在内容组织上,力求循序渐进、难易适度,满足不同程度学习者的学习需求。

系列教材的编写、出版，汇聚了众多知名专家的广博智慧，更离不开出版社的大力支持。清华大学出版社柴文强副编审为本套丛书的出版作出了巨大贡献，在此特别鸣谢！

许晓艺

于华南师范大学教师新村

新世纪网络教育系列教材编委会

主　任：黄丽雅　　许晓艺

委　员：陈兆平　　张妙华　　潘战生　　乔东林

　　　　武丽志　　陈小兰　　涂珍梅

近十几年来,语文教育成为社会的关注热点。作为一个从小喜欢语文,热爱阅读并深受阅读影响的教育工作者来说,怎能袖手旁观?怎能不积极行动起来参与到对语文教育的反思与建设中,让当今学生能够真正地、更多地受惠于语文教育?

通过几年的学习、研究,使我对语文教育有了一个自觉比较系统的思考,很愿意借清华大学出版社和华南师范大学网络学院提供的平台,著书成文,期冀各方的批评指正和共同交流,把思考引向深入。为了更多地触动实践中的语文教育,特别邀请教育第一线的语文教师(包括各类型的准教师)一起来思考和探索,一起推动语文课堂向更好的方向改变。

本书的主要内容分为四部分:前四章为第一部分,主要探讨和论述语文教育的意义和国内外语文教育追求的基本理念;第五章为第二部分,探讨语文教师的应然模样;第六章为第三部分,探讨语文教材的建设,既有对本国语文教材的分析和思考,也借鉴国外语文教材来比较反思,以求以他山之石,攻我山之玉;其余六章为第四部分,是对语文具体教学内容的探索和思考,包括了识字、阅读、写作、口语交际和综合实践活动。

最后,诚挚感谢华南师范大学网络学院给了我们教学、试用本书的机会,并将其列入《新世纪网络教育系列教材》编写出版计划。也感谢本书引用、参考过的著述、论文与案例作者。本书尚存在论述歧异、引用失当或注释、参考文献错漏等问题,敬请各方赐教,以利修正。

刘朝晖

2012 年 1 月

一、课程概述

"语文教学论"是研究中小学语文的教学规律、教学原理和方法的分科教学法之一。"语文教学论"学习研究对象主要涉猎:语文教学的理念和目的、教学内容、教学方法、教师素养、识字教学、阅读教学、写作教学、口语及综合实践教学等。

通过本课程的学习,学员将理解和掌握"语文教学论"这门学科的基础知识、基本理念及其重要研究内容,并在此基础上形成一定的教学能力和教学问题意识。

二、学习方法指导

学习"语文教学论",建议听、读、思、练相结合。听,即听相关讲座;读,即阅读教材和相关著作与论文;思,即根据理论去思索语文教育实践中的问题,尝试运用理论去解释或解决问题,或者,根据实践真理去反思、发现理论存在的问题,在理论原有的基础上去丰富、发展、批判它;练,即认真做好每章后面所附练习题,或练习运用理论去实践、思考、分析具体的教学实践。

三、学习评价说明

本课程的学习评价主要运用以下两种方法。

1. 形成性评价

形成性评价即在教学进行过程中,对相关作业、练习等所作的评估。目的是为引导教学前进或使教学更为完善,而进行的对学生学习结果的确定。它能及时了解阶段教学的结果和学生学习的进展情况、存在问题等,以便及时反馈,及时调整和改进教学工作。

2. 总结性评价

总结性评价即在教学过程结束后,例如学期末或学年末各门学科的考核、考试。总结性评价又称事后评价,一般是在教学活动告一段落时为把握最终的活动成果而进行的评价。目的是验明学生的学习是否达到了各科教学目标的要求。总结性评价注重的是教与学的结果,借此对被评价者所取得的成绩做出全面鉴定,区分等级,对整个教学方案的有效性做出评定。

四、学习计划和建议

(1) 建议从以下四个部分来把握"语文教学论"的脉络结构:

① 了解语文教学法的主要研究内容
② 理解和掌握当代语文教育教学理念
③ 了解和熟悉语文教育的主要要素
④ 了解和熟悉语文教学的重要方法

(2) 在学习过程中,积极参与,与教师、同学及时沟通和反馈。

目录 CONTENTS

1	**第一章 从现代人必备的基本素养说起**
2	专题一 现代人必备的基本素养
5	专题二 语文教育的误区
17	**第二章 语文教育的德育功能**
18	专题 语文教育与道德教育
39	**第三章 外国语文课程标准简介**
40	专题一 国外语文课程改革概述
46	专题二 美国语文课程标准简介
51	**第四章 我国语文课程标准的解析与实践**
52	专题一 语文课程标准的基本理念
60	专题二 我国语文课标中的几个重要概念
63	专题三 课程总目标及教学建议
67	**第五章 语文教师的素质要求及角色定位**
68	专题一 语文教师素质的要求
81	专题二 语文教师应担任的角色
87	**第六章 中美语文经典教材简介**
88	专题一 我国民国时期老教材
96	专题二 美国语文教材简介
103	**第七章 识字教学（上）**
104	专题一 识字教学概述
106	专题二 "集中识字"实验
116	专题三 "分散识字"实验
122	专题四 "注音识字，提前读写"实验

135　第八章　识字教学（下）

- 136　专题一　小学识字教学的基本方法
- 139　专题二　识字教学应注意的问题

145　第九章　阅读教学（上）

- 146　专题一　阅读的重要性
- 150　专题二　阅读教学概述

153　第十章　阅读教学（下）

- 154　专题一　阅读教学的新思潮
- 171　专题二　阅读教学的策略

187　第十一章　写作教学

- 188　专题一　写作教学概述
- 194　专题二　写作教学的策略

199　第十二章　口语交际与综合性学习

- 200　专题一　口语交际的教学
- 209　专题二　综合性学习及其教学

218　参考文献

第一章
从现代人必备的基本素养说起

20世纪90年代以来,由于商业大潮的裹挟,焦躁、冷漠和铜臭等污染着我们的内心,一些基本的做人做事的素养逐渐被淡忘。所以,这里以我们平时观察所见,有必要先重申一下现代人应该具备的一些基本素养,并在此基础上反思我们的语文教育存在的问题,也许可以引起人们从语文教育方面来检讨造成现代人缺乏一些基本素养的原因。

学完本章,你将能够:

1. 了解现代人应该具备的基本素养;

2. 反思传统语文教育的误区;

3. 从语文教育方面来检讨造成现代人缺乏这些基本素养的原因。

专题导读

由于商业大潮的裹挟，焦躁、冷漠和铜臭等污染着我们的内心，一些基本的做人做事的素养正逐渐被我们淡忘。面对当今经济迅猛发展、竞争激烈、压力诱惑俱多的社会，我们应该具备哪些基本素养，来抵御诱惑、净化自己的心灵呢？下面我们就一起来探讨现代人必备的一些基本素养。

专题一　现代人必备的基本素养

一、基本的待人接物的礼数和周到

待人接物看起来微不足道，实际上它关系到他人的心情和自己的心情是否舒畅和美好。人对己、己待人没有礼数和周到，肯定会引起己或人的不满和不愉快，这种不满和不愉快会迁移到我们的整体情绪和整个生活中。有一幅漫画生动幽默地描绘了这种不良情绪的恶性循环：一位领导在家受了老婆的气，到单位后对下属大发雷霆，下属回家一脚朝自己的狗踹去，狗狂叫着跑出去，一口咬住一个路人，这个路人不是别人，正是那位领导的夫人。

我国古代大教育家孔子，把人的仪表称为"文"，把人内在的精神称为"质"。他所说的"文质彬彬，然后君子"，意思是说两者都具备的人，才是有修养的人、文明的人。

二、一颗闲适的心

可以说，从幼儿园开始，我们的教育就在培养"争第一、争优秀"的学生，尤其是到了要升学选校的年级，竞争就更加硝烟弥漫了！这时教育的目的似乎只有一个：提高成绩、考进大学！实际上刚进初二、高二就已经闻到浓烈的火药味了。

想一想，从小就被训练得高度紧张的神经，如何松弛下来？长期的紧绷，又怎能不心焦情躁？一个心焦情躁的人又如何能过一种安宁优美的生活？没有安宁优美的生活，又如何能够宽容厚待社会和他人？

由此可见，一颗闲适的心涉及以下几方面。

1. 心理健康问题

我国古代的心理健康标准蕴涵在《黄帝内经》之中，经学者研究，把它概括为九条：

（1）经常保持乐观的心境，"以恬愉为务"、"和喜怒而安居处"、"心安而不惧"。

（2）不为物欲所累，"志闲而少欲"，"不惧于物"，"无为惧惧"。

（3）不妄想妄为，"无思想之患"，"不妄想"，"不妄作"，"淫邪不能惑其心"。

（4）意志坚强，凭理智行事，"志意和则精神专直，魂魄不散，悔怒不至"。

（5）身心有劳有逸，生活合乎规律，"御神有时"，"起居有常"。

（6）心神宁静，"恬淡虚无"，"居处安静"，"静则神藏"。

（7）热爱生活，保持良好的人际关系，"乐其俗"，"善附人"，"好利人"。

（8）善于适应环境变化，"婉然从物，或与不争，与时变化"。

（9）涵养性格，陶冶气质，不断完善自身，做到"节阴阳而调刚柔"。

2. 是否具有一颗温润的心

只有能品味生活、体会人情的人才可能容易感动和感恩，不会整天忙忙碌碌无暇顾及旁人。1979年联合国通过的章程中有这样一句话："培养具有温暖心灵的人。"人与人之间要相互帮助，经常说："你有困难吗？我来帮助你！"

3. 健康生活问题

什么是健康生活？我认为就是：能够自食其力；有亲朋好友；有情感和精神的满足；有健康的身体。

花时间思考——这是智慧的根源；花时间工作——这是成功的代价；花时间助人——这是快乐的源泉；花时间阅读——这是知识的基础；花时间去笑——这是去除烦恼的妙药；花时间健身——这是财富与生命的保障；花时间沉思——这是净化心灵身心合一的捷径；花时间娱乐——这是享受人生，永葆青春的秘方；花时间爱人——这是生命最动人的乐章；花时间计划——这是如何有时间做前九件事的要诀。

你不知道自己上学花了多少钱，但是在学校里度过的美好时光让你永生难忘；你记不清家人的医疗账单有多厚，但是你永远感激拯救亲人生命的医生；你记不清度蜜月的花费，但是和爱人在一起的浪漫让你心存温馨。因为金钱没有记忆，但阅历有。

毫无疑问，物质必须通过金钱购得。但是你很快会忘记价格，心中独留那份经历。尽管经济危机会出现，但是你生活的质量不能出现"危机"。你依然可以照料父母，你依然可以陪孩子玩耍。静静地坐下来，把你爱的人揽入胸怀不需要花钱。你生活的其他方面，如健康、知识、意志力也和经济无关。[①]

危机夺去了你的金钱，但是增加了你的阅历。如果你对自己拥有的东西并不满意，那么即使再多一点，你也不会感到幸福。改变人生的座

---

① 冯国川.阅历胜于财富[N].今晚报，2009-11-13

右铭吧,阅历胜于财富!

三、多角度看问题的思维和习惯

和我们常说的培养学生多角度看问题的不同之点在于,我们通常的目的是培养、训练学生的思维灵活转向。这里更多的是从人性出发,帮助学生更好地理解人性,做到"己所不欲,勿施于人"。

有两个妇人在聊天,其中一个问道:"你儿子还好吧?""别提了,真是不幸哦!"这个妇人叹息道:"他实在够可怜,娶个媳妇懒得要命,不烧饭、不扫地、不洗衣服、不带孩子,整天就是睡觉,我儿子还要端早餐到她的床上呢!""那女儿呢?""那她可就好命了。"妇人满脸笑容:"她嫁了一个不错的丈夫,不让她做家务事,全部都由先生一手包办,煮饭、洗衣、扫地、带孩子,而且每天早上还端早点到床上给她吃呢!"

再如一位美国老师在讲《灰姑娘》这篇课文时,学生都回答老师说最不喜欢后母,因为她很坏。老师要他们扪心自问,如果你是后母,你愿意让灰姑娘去参加舞会吗?结果学生们都说不愿意,因为都想让自己的女儿当上王后。一阵反思,老师让学生明白了,不是什么都能用好和坏来区分的,你要站在他人立场来设想,你就会理解别人、宽容别人。我自己的孩子在国外读了半年书回来度假时,我问他,出国半年你认为收获最大的是什么?儿子想了想回答说:"能够更多地站在别人的立场来想问题。"当时,我真是喜悦满足不已,比听到他说学到更多知识,或开了眼界更高兴、更满足。

同样的情况,同样的问题,当我们从不同的角度去看时,就会产生不同的心态。站在别人的立场看一看,或换个角度想一想,很多事就不一样了,你可以有更多的理解、更大的包容和更多的爱。

四、厚重的精神底色

一个有精神底色的人不会随波逐流,能坚持自己的一份清醒和原则,有着自己的一道道德底线,固守一定的做人原则。布列松·麦克唐纳是一个退休的社会工作人员,在他职业生涯的早期,曾在一个汽车制造商那里获得了"劳资顾问"的高薪职位,但公司给他的任务是找到不雇用有色人种和女性的借口。尽管当时他刚刚成家,并且没有更好的职位选择,他却坚持自己的做人原则——辞职了。

没有精神底色的人则完全相反,最容易变色、最容易受污染。比如说,做学问的看到有人拼拼凑凑写补丁式论文,或者一篇论文变着花样成几篇,也发表了,于是心向往之,也效法之,全然忘了学术的规范和标准。再如,从商的看到有人制造假货、水货也能赚大钱,于是昧着良心掺假造劣货,全然忘了"君子爱财,取之有道"、"财自道生,利缘义取"、"己所不欲,勿施于人"的古训。

康德说:"在这个世界上,唯有两样东西深深地震撼着我们的心灵,一是我们头上灿烂的星空,一是我们内心崇高的道德。"

专题小结

面对当今经济迅猛发展、竞争激烈、压力诱惑俱多的社会,现代人应该具备的一些基本素养包括:基本的待人接物的礼数和周到、一颗闲适的心、多角度看问题的思维和习惯、厚重的精神底色。

专题二 语文教育的误区

一、对母语教学的重要性认识不足

和英语相比,母语反受忽视。2005年9月11日,记者在北京外国语大学考点外采访,多名家长发出感慨:英语等级考试是让小学生考大学英语呢!从不断"推陈出新"的音乐等级考级到屡禁不止的"奥数"竞赛,从兴趣班报名年龄越来越小到适于成人考试的英语等级考试开始由小学生"唱主角",等等。

全国英语等级考试(PETS)一般是用于成人择业的。如通过一、二级考试其英语水平基本符合出租车司机、宾馆门卫、交警、一般银行职员等岗位在对外交往中的基本需要。但近几年来,它却逐渐演变成一场场壮观的"童子军大战"。北京外国语学院考点每年近千名考生中,95%以上都是初中以下的学生,最小的才9岁。

专家指出,教育行政部门不能只是发禁令而不采取切实的行动。比如既然禁止奥数、全国英语等级证书与升学挂钩,那就不要在发禁令的同时又默许用"奥数"或者"英语等级证书"选拔学生。

上海市语文特级老师于漪提到,上海某年高考作文中,虽然有很多学生写出了符合时代特征的优秀作文,但令人遗憾的是其中鲜有不存在错别字的。家长热衷将孩子送入一些所谓的双语学校,而双语学校一周

专题导读

我国的语文教育长期以来不尽如人意,特别是20世纪90年代更是受到社会的强烈批评。仔细分析起来,造成语文教育缺陷的主要原因是传统语文教育存在如下一些误区。

8节英语课、2节语文课,母语、外语授课比例为1∶4,甚至更低。母语学习和外语学习比例的严重失调,更是从一个侧面反映出了社会对待母语教学的态度和价值取向。在2005年举办的"世界博览会语言环境建设"国际论坛上,与会专家指出,由于急功近利等因素的存在,导致目前的母语教学处在相当尴尬的地位。比如,在某大学举行的一次学生入学汉语摸底测试当中,即使在一些与母语关系非常亲近的文史类学生中,也连50%的及格率都不能达到。大学生撰写论文存在逻辑不通、错字连连、成语混用等问题。①

二、对语文的理解趋于狭隘

在中小学语文教学中,不少老师常常将语文理解为"语言和文学"、"语言与文字"。对语文狭隘的理解,造成了语文教学的片面与狭隘。

1. 对语文狭隘理解的案例及其分析

典型案例 1

隐隐约约的作文

去年这个时候还在上海、南京疯玩,光阴荏苒,一转眼,就要上高二了。

总以为高中好像还离自己很远,可三分之一的炼狱生涯过了,却一点也没觉得。这一年,自己离家,去河那岸所谓文科好的一中,一直在纠结,是不是个正确的选择。这一年,从不适应到逐渐熟悉一中的节奏,不仅是学习,还学到好多。

到了一中,才知道真的考场作文应该怎么写,开篇点题,首尾呼应,就是一个模子,套进去就行。记叙文煽点情,议论文找名家,然后,尽可能让辞藻华丽,流畅得体,最好每段都体现你的主题,语文老师几乎都能让你具体到每段写什么。刚开始自己是愤愤不平的,觉得真正的好作文是不应该这么写的,应该将我们真正的感情融进去,而不是去写什么捐款,单腿女孩拾香蕉皮什么的。这种作文可能感人,但总让人觉得太假。大众化的作文只能得个大众化的分。对于作文,自己是有自信的,应该是偏上的水平,但开始两篇得分都不是很高,接着一篇自己胡乱写的,隐约记得是一位雕刻家的什么事,好像是谈理想的,一路诌到800字,停车。写完自己都不想再看第二遍,回来给老爸打电话,"你闺女史上最烂的一篇作文诞生了"。我心里接受的是30分吧,得一半就行,发下来一看,傻了眼,50分,

---

① 参见《教育文摘报》,2005-10-12

应该是我们班最高吧。老师说写得不错,贴外面墙上去。心里那个无奈,苦笑。

到下学期就慢慢适应了,既能让自己写得开心,也不会跑出作文的那个模子。但觉得每个人都那么写,少些新意,所以若是文体不限,自己就把题目像记叙文的写成议论文。有时很气愤一些人作文写得一般,看上去就很假,却得个高分。就把作文拿回去给老爸看,他总能一针见血地指出我的愤愤不平来,然后鼓励鼓励我,很感谢他的支持,也希望他在师院教那些人写作的时候,多教教这些未来的初中、高中语文老师怎么教学生作文。

对于怎么在800字之内把自己的才华发挥出来,我还是很惘然的。语文课上,老师说,得作文者得天下。但作文分不确定性太高了,总觉得隐隐约约,捉摸不透。也看了不少高考的满分作文,自己心里觉得有的确实写得不错,但有的就写得一般。谁知道呢?①

这个案例说明了单纯的工具化的语文教学切断了语言与文化、精神的联系,教学中强调标准和记忆,忽视细心研读和个性领悟,学生也就没有了私人化的表达,套用的是一个模式。

20世纪60年代提出的"语文课是一门工具课",至今还在影响着人们对语文的理解,强调抓住基本知识、基本技能的训练,语法过多地介入教学,使语文变成了一门技术性的课程。

2. 对语文狭隘理解造成的危害

把语文理解为语言、文字则会把语文课上成语言文字训练课,造成的危害可以说是最严重的。

(1) 如果仅仅把语文理解为语言、文字,就会把语文视为工具

当语文教育仅仅满足于"语言文字"层面,教学的目的主要是教会学生运用语言文字,掌握一定的写作模式,语文就变成了纯粹的工具,陷入工具主义的泥潭,就如同把数学仅仅看成计算、解题一样,把文化和精神的熏陶和传承任务赶出了学科教学,由此也形成了一种抽象化、教条化的教学模式。例如字、词、句,乃至段落、篇章,都通过语法教学、修辞教学、作文教学等手段被抽象出来,不注意词语、句子在具体语境中的实际运用,而是注意它们在词典中的含义,它们的语法结构;把课文仅仅作为例子来对待,课文自身的具体文化精神内涵,没有得到关注和强调,它本身的意义受到忽视,重要的是要通过这个例子,学到某些例子背后的抽象的东西:写某类文章的时候应该怎么写,先写什么,然后写什么,最后写什么,怎样形容、描写。

即使对课文的所谓写作特色、主题思想的概括,通常不是基于对文本的静心研读、细细领悟,具体分析,而是背教参。

---

① 引自伯兮伯兮的博客,http://blog.sina.com.cn/s/blog_57b77c010100k394.html

典型案例 2

华南师范大学教育科学学院的硕士生刘政权回忆了他所经历的小学语文教学的情境。

记得当时是在念小学三年级,我的语文老师是位姓郭的男教师。他上语文课时总喜欢带一本用报纸包装好书皮的书,我们班上的同学都把他那本书视为"宝贝"。当上课时,如果同学们回答问题的答案与"宝贝"的内容相符,就会获得郭老师的表扬和夸奖,比如"对了、完全准确、真聪明、很好"等之类的话语;要是回答得不对,就会听到他冷冷地甩过话来"错了、你没有思考、没有预习课文"。然后,同桌的女同学或其他的同学会"及时"向你投来嘲笑的眼光。当然,全班同学都渴望听到郭老师的表扬之语。我那时也不例外。

记得开学的第一周,我爱不释手地翻弄着新发的语文书,当天的晚上就按照郭老师的要求预习课文。翻开第一课,课文题目好像是《鸬鹚》,不大记得课文的详细内容了。我认真地在课文中认生字,找生词,给课文分段,试写段落大意和中心思想(这是当时所有的语文老师教语文时的套路,学生们必须按照这种方法去阅读和思考)。第二天早上的第一节课就是郭老师的语文课。我对那天郭老师上课的惯用流程记忆犹新:先把生词写在黑板上,然后教我们念生字,再找生词,接下来是问答时间。郭老师开始提问了:"这篇课文应该分成几段,段落大意是什么?"这时候我紧张地把手举了起来,其他同学也不甘示弱。正巧郭老师点了我的名,我站起来把昨天晚上自己阅读时作的笔记读了出来。郭老师对了对那本"宝贝"说:"很好,你分段分对了,段意也大概是这样的。我们大家要向这位同学学习。"听完郭老师的表扬,作为小学生的我,心里很高兴、很兴奋,大大地鼓舞了我学习语文的积极性。

接下来第二周,我们要学第二篇新课文。前一天我照旧按郭老师布置的套式去预习。第二天语文课上,我主动举手要求发言,大声地把我自己的答案念了出来。他这时候却紧锁眉头,又对了对他的标准答案,然后很不高兴地对我说:"你昨晚玩去了吗?怎么与标准相差这么远,你理解课文的意思吗,没有思考清楚就不要乱抢着发言。"我当时对他这样的反应没有一点的心理准备,自己似乎被泼了一盆冷水,呆站着无话可说。接着,头低下来了,同时感觉到被许多双眼睛刺了过来,我的自尊心受到了很大的打击。我自言自语地说,我确实认真地阅读了课文呀,怎么这次却达不到"标准"呢?我坐下来之后,没有认真再听老师的讲课,感觉到郭老师以后不会再表扬我了。

自那节课后,我上郭老师的课总是小心翼翼的,没有像当时大胆举手时的那种自信了。有时又想得到老师的表扬,几次想举手发言又害怕遭遇老师的冷言冷语和同学嘲笑的目光。最后发展到害怕发言,认为不发言总比挨批评要好。学习语文的劲头没有以前高涨,偶尔也回答老师的问题,那只是由老师亲自点名提的问题,回避不了。干脆就不思考了,照别的同学的答案念。郭老师布置的作业也应付式地去完成,语文成绩不理想。我感到学习语文是最头痛的事情。

然而,我却发现班上有位女生每次都能准确地回答郭老师的问题,获得他的表扬。她的回答与老师的答案完全一致,连课文中的每一个段落的划分、段意和文章的中心思想都是一模一样。大家都很羡慕她。我于是发现她上课时都比我们多了一本书,那本书也包装得很好,甚至比郭老师的那本"宝贝"还要平整。她不会让别人看那本书,更不会借那本书给别人。我想这本书就是她屡次获得郭老师表扬、夸奖的"秘密武器"吧,也就是我们通常说的参考书。这本书一般情况下是不能在书店里买到的。

我的小学生涯就是这样"糊涂"地走过来的。上了中学,语文阅读的水平也没有明显的进展,虽知阅读的重要性,但是对此毫无办法。当时是认为自己没有这方面的天赋,产生过放弃它的念头。由于"应试教育"要求每个人都去追求高分,就迫使自己去背诵课文中要考的阅读材料。有时我会幻想有什么好的阅读方法和技巧能使自己的阅读水平提高。上大学后也还认为有一定的诀窍和模式决定着阅读能力的提高。我没有去思考我们小学语文的这种教学方法和教学模式是否合理,是否出现了问题。我相信郭老师的语文阅读教学方法在现在的许多地方的小学语文课中仍然在延续着。学生学习语文的兴趣和阅读文章的兴趣都因为在教师授课中追求标准统一的过程中受到打击和降低,以致对语文阅读产生厌烦的情绪。我在想,要是当时郭老师不刻意地要求答案的标准化和唯一性,对学生更加宽容些,保护学生的自信心、爱护学生的自尊心、允许学生的个人理解、脱离他手中的那本参考书,多几种对文章的理解供大家参考,也许会有更多的学生爱好语文、爱好阅读,而阅读能力自然就会提高。当然我也不会像曾经那样去寻求所谓的阅读"诀窍"了。

单纯的工具化的语文教学切断了语言与文化、精神,与具体事物、具体问题的关系,学生没有自己的体验和经历,没有自己的情感和思想,造成了语文教育效率低下,死板僵硬,学生的情感性和创造性丧失殆尽,语文课鲜活、生动、优美等特点全无的恶果。

(2) 把语文仅仅理解为语言、文字,就会把语文课上成语言文字技巧的训练课

学的东西要变成学生自己的东西必须通过训练,基本技能通过训练可以成为熟练技巧,基本知识通过训练可以化为"学生自己的见识"。所以,语文中的语言文字训练以及思维训练的确是语文教学中学生的重要活动。但训练不是万能的,有其局限性。语文是交流思想的工具和沟通感情的工具,思想和情感却是不能按照一个套路或模式来训练的。比如,形象的再现、意境的体验、韵味的品评、情绪的感染等,有时是"体匿性存","不着一字,尽得风流",甚至是"此时无声胜有声",它只能靠学生的领悟、意会、揣摩、体验乃至于顿悟、灵感等非逻辑的认知活动,而不能在具有程序性的反复多次的训练中使其熟练。

把语文课上成训练课无异于把学生的情感、思想当成工匠的技能,可以重复,可以程序化,可以按部就班,可以机械训练,其荒谬性就不言而喻了。学生作文虚情假意或矫揉造作就是这样机械训练的恶果。

其实,在国外的母语课程标准中,也十分强调语言文字的训练,强调"在任何领域的学习中,语言都是重要工具",都强调文学熏陶与语言文字的实际应用并重。很多国家在母语教学中,比如在英、法、德各国的课程标准中,文学作品阅读量相当大。法国的课程标准强调"给文学作品以重要地位"、"法国文学应该是首选对象"。英国的课程标准要求"让学生尽可能多地接触儿童文学",到第三阶段和第四阶段则详细地列出学生应该读的经典文学作品清单。但它们无一例外地强调学生的自主阅读,在阅读中识字、理解、欣赏,并学会交流。

同时,各国对语言文字的规范性要求也十分具体。其母语课程标准都对文学作品的阅读、欣赏、评价提出了详细要求。要求通过具有解释性、创造性的评价反应证明对文学作品的理解,要求从不同历史时期和文化角度阅读文学作品。但它们更强调学生的个人化和创造性,并强调语言学习与文化的关系。比如英国的母语课程标准在听、说、读、写的具体要求中,"鼓励学生作出富有想象力的机智的反应"、"对文学作品作出个人的反应"、"理解文章含义,表达出自己的独到的见解"、"能选择有特色的表达方式"、"充满自信的听和说"。在美国密苏里州的《语言教育课程草案》的九项指导原则中,首先强调"语言学习是个人化"、"语言学习是一个主动的过程"。因此提出"激发学生自身的兴趣和天赋,他们的语言技巧就能得到最好的拓展和开发"、"语言的学习是在不同场景的实践中得到提高"、"语言的积累体现为交流经验的发展"等。

我国在一段时间里也强调语文课的文学教育,把语文理解为语言与文学。1956年曾进行过一次教育改革,当时把语文课本改成文学课本,按照文学史的框架选择经典著作。从《诗经》读起,然后是唐诗宋词,还有鲁迅、曹禺、老舍等。但可惜的是,仅仅是在语文课上对学生进行纯粹

的文学教育，而相对忽略了语言文字的训练，而且是没有学生读书声的教师"一言堂"。课堂中教师也只重视两项任务，一是分析主题思想；二是研究写作方法，而忽视语文课的基础性和全面性，忽视培养学生听、说、读、写的能力。实际上中国的汉字是很难学的，如果学生没有基本掌握语言文字的话，文学教育也会落空。

三、过分看重成绩

很多学校、教师、家长对学生考试分数的要求之高，已使成绩成了众人最大的关注点，成绩排名成了第一关心对象，也成了学生最大的心理负担。数十年来我们如此关心学习成绩，但为什么钱学森先生去世之前却沉痛地发出世纪之问：我们的学校为什么培养不出优秀人才？这的确值得我们去思考：高分数代表学得好吗？重视成绩排名的学校是好学校吗？

让我们去追索一下历史——仅在一任校长林砺儒的领导下就培养出了十几位院士级人才的原北京高师附中（今北京师范大学附中），也许能给我们以启示。

原北京高师附中校长林砺儒（1922—1930年在职）追求全人格教育，他在就职演说中指出："中学教育是全人格教育，其基本任务是文化教育，是人们需要的普通文化修养的最高水平。"在林砺儒先生的教育理念中，中学教育不是某种职业的准备，而是建立"全人格"，为将来个性发展打基础，为激发学生的人格活力。他认为只有这样的中学教育，才能让孩子不会成为"有学历没学问，有教育没教养"的人。在他的教育理念下，当时的北京高师附中重视培养学生发现问题、解决问题的能力，重视给学生以系统的科学知识，并在全校普及体育。在这种风气的影响下，当时学生追求的是真知识、真本事。我国杰出的十几位院士如钱学森、张岱年、于光远等就是那个时期北京高师附中的学生。

钱学森曾回忆说，当时一般学生都是70多分，优秀学生80多分，几乎没人刻意追求满分。能考80分以上就是好学生，"但这80分是真正学来的扎扎实实的知识。什么时候考试，都能考出这样的成绩"。

同样是北京高师附中的老校友于光远也曾这样强调："我考试不要求高分，80分我就很满足了。考60分比较容易，在60分的基础上努力一把，可以考到70分，再努力一把可以考80分，80分再努一把力也许只能考到八十一二分，越往上越难，所以我就不要考高分，太浪费时间了。到了80分，我就去学新的东西。"

有什么气度的校长就会培养出什么气度的学生。

四、语文教学内容的选取存在诸多问题

1. 政治化倾向比较严重

语文教育在培养学生的道德情操和价值观方面的确有着无可比拟的优越性,中国文化也向来讲求文以载道。政治与语文学科关系密切是谁也否认不了的事实。而语文教育长期存在的弊端在于以思想政治教育取代人格教育。1963年《全日制中学语文教学大纲》说"一般不要把语文课上成政治课",然而当时的文化背景下它恰与教学实践呈二律背反之势。1990年和1992年的《语文教学大纲》总论部分照旧强调语文的思想政治教育功能。过分地强调政治思想教育,造成了人格教育的失衡。一切以思想性、政治性为标准,而抹杀了其中的审美个性,淡化了它的基本精神即人文精神,消解了它的基本内核即语言学科特色,使语文课成为思想政治教育的附庸。

一位大学生在回忆小学语文课时写道:"语文课就是上思想政治课,如果学习了一些激励性的文章我们就必须从中得到思想上的某种觉悟、升华等。还有上语文的写作课就是名正言顺说假话的大好时机,内容要正面,形象要光明,结尾要有希望是'成功作文'的三要素……语文课本我们觉得它太厚同时又太薄了。我们要的它没有,我们不要的它又太多。如果它是一本课外读物,那么它将是书店里最卖不出去的书。为什么?没趣呗。语文能力中应该有一项是鉴赏能力,但是对着那些枯燥的革命性的励志文章我们还有什么兴趣去鉴赏呢?而且我国的语文课上怎能不提提中华民族五千年的文化成果呢?远的有先秦的散文、唐宋的诗词、明清的小说,近的有现代的寻根文学、伤痕文学等。这些都是我们语文教育上可以运用的宝库,但是事实上它们却是语文课本最不得宠的妃子。"[①] 再如,鲁迅作品的教学在中学语文教学中是个"重头戏","人教版"初中语文曾经就有《从百草园到三味书屋》等八篇之多,文体包括散文、杂文和小说三大类。但是在教学中,教师没有让学生进行"文本细读",引导学生朗诵和精读,在阅读过程中逐渐品味文学的美感和领略细腻的温情,而是过分强调其作品所谓宏大的思想性,和所影射的丑恶,致使在学生眼中鲁迅没有温情,只会骂人,"面目可憎"。

2. 篇目的选取设置缺乏艺术性和文学性

片面强调思想教育功能致使许多缺乏起码艺术性的文章选入教材,这自然无法活跃心灵。马克思曾批评席勒作品存在视文学为真理的传声筒倾向,我们自然也不能将那些纯粹的"传声筒"选为课文,它只会打击学生的学习兴趣,让学生觉得语文课枯燥乏味。很多学生甚至觉得语

---

① 引自华南师范大学教育科学学院03级本科生莫淑娴作业《语文之我见》。

文课是难以忍受的折磨。它们与接受主体的期待视野相距遥远,而作为主导的教师自己也因缺少情感符号的反馈,自然也无法引导学生。学生不愿学,教师无法教,使之成为师生的共同负担。选这样的文章做课文显然疏离了教育规律自身。

3. 篇目的选择视野单一、狭隘

篇目的选择视野单一、狭隘主要表现在眼睛只盯着国内,而没有开放的国际视野和博大的文化胸怀。比如,国外作家所写的作品选取较少,20世纪60年代中学语文的12本教材中,外国作家所写的作品只占了8%,照理说应当有30%～40%。而其中也主要是19世纪以前的作品,20世纪的文学中除高尔基外,外国作家的作品一个也没有,获得诺贝尔文学奖的作家无一人入选。

另外一方面表现在对历史上的传统经典没有足够的重视,比较片面看重现当代的作品。

五、语文教学方式的误区

1. 丢失了良好的教学传统

过去的语文教学强调死记硬背,现在很多人都批评这种方法。但又从一个极端走向了另一个极端,认为背东西都是呆板的方法,是违背现代教学理念的,应该抛弃。其实学生对文化的传承少不了背诵的积累。学生若不反复吟读、背诵,怎能对诗歌信手拈来？在一定意义上说,只有背诵,才能获得大量的知识积累、文学积累。当然,我们也不提倡死板的记忆,记忆要建立在理解的基础上。

2. 模式化

从阅读到写作,都按照一定的程序、模式。阅读基本上都是"找生字生词、划分段落大意、概括中心思想和写作特点"这样的程序模式；作文一般都是"三段论"。一个硕士生回忆道：

记得读小学的时候,好像大家最头疼的事就是写作文。每次一到写作文就如大难临头,抓耳挠腮不知如何下笔。而我们的语文老师似乎很了解我们的痛苦,每次写作文之前总会给我们读一篇所写题目的范文。有了范文的"引导"似乎写作就变得轻松多了,往往全班大部分同学的作文都是把老师读的范文加以改头换面而成的。久而久之,似乎也养成了一个习惯,一到写作文就期待着老师的范文,而且是不敢改动太大。很少写自己的真情实感,因为自己写出来的东西往往都是幼稚的、干瘪的,是无论如何不能同范文相比的,而且自己写得太差,又会招来老师的批评,所以绝大多数的情况都是模仿老师读的范文,这样虽然得不到老师的表扬,但至少也没有批评。

还记得读中学的时候,语文老师们特别强调写作方法,有一个方法说得很形象：写作要"虎头、蛇腰、豹尾"，现在倒是记不清楚老师所讲的是"蛇腰"还是"猪腰"了，反正强调开头和结尾都很重要，要醒目，中间部分是次要的。常常我们的作文也就像老师所讲的三段，亦有时中间再多分出来一两段，而且往往开头与结尾又都是一些很格式化的东西。①

3. 忽视学生的主体性

学生被牵着鼻子走，没有了自己的思想情感，无法参与到教学中去。一般都是在教师的"引导"下，学生将课文读一遍，熟悉生字词，然后划分段落大意并说明为什么这样划分；其次就是归纳中心思想；最后分析一下作者告诉我们什么，对我们有什么启发意义等。一个大学生回忆说："语文课是老师的口水大战的时间，四十五分钟老师一直在台上讲，而我们只要求听记，有问题下课提。但是一节课下来我们提问的兴趣早就消磨光了，结果提问的事就没下文了。""中小学语文课堂阅读却近乎'戴着镣铐跳舞'，少有真正的心灵自由。很多时候，我们不是在阅读，而是在做一门莫测高深的'学问'。摆在我们面前的语文课本中的每篇文章往往前有'阅读提示'，后有'思考练习'，它们像'伏敌'和'追兵'一样，把我们的阅读'逼'向编者根据所谓的知识系统与能力层级而设定的'训练目标'。在这种前后夹击的阅读处境中，鲜活的文本大多成了诠释与印证某个知识点或某项读写技能的'例子'。一篇血肉丰满、文质兼美的文章一旦被选入课本之后，它就不再是原来的'它'了，所有的文章都被强行纳入一整套不容置疑的'规则'中了。比如，运用了何种写作技巧、表达方式？选材、布局、语言有何特色？重点语段、重点词句有哪些？没有哪个语文老师敢抛弃这一套'规则'，因为这些'规则'几乎是语文阅读教学的'学问'。为了获得这种'学问'，老师们不得不把一篇篇课文当成阐释'规则'的'例子'。为了说明这些'规则'运用得何其高妙，甚至不惜把文章拆成散装'零件'。他们希望即使没有自己的讲解，学生也能操着这套'规则'去对付天下其他的文章，这叫'学会了阅读'。在课堂中学生几乎没有纯粹的读书时间。事实上，学生这样学完一篇文章之后，得到的是什么呢？他们会熟知诸如'小中见大'、'情景交融'等'写作术语'，或者用一种近乎思想品德课上的话语复述文章的主题意义，但对文章内容永远都是'夹生饭'。这种教学的弊端显而易见：理性知识多而滥，感性积累少而薄。结果是，学生得到的是漂亮的皮毛，失去的是质朴的本体。"②

---

① 选自华南师范大学教育科学学院03级硕士生蔺红春作业《救救我们的作文教学》。
② 引自华南师范大学教育科学学院03级本科生肖婉琼作业《语文教育之我见》。

专题小结

造成语文教育长期存在缺陷,主要是因为传统语文教育存在的误区。这些误区主要有五个方面:对母语教学的重要性认识不足;对语文的理解趋于狭隘;过分看重成绩;语文教学内容的选取存在诸多问题和语文教学方式的误区。

思考与练习

一、填空题

1. 我国古代大教育家孔子,把人的仪表称为"_____",把人内在的精神称为"_____"。他所说的"_____,然后君子",意思是说两者都具备的人,才是有修养的人、文明的人。

2. 母语学习和外语学习比例的严重失调,从一个侧面反映出了社会对待母语教学的_____和_____。

3. 在国外的母语课程标准中,也十分强调语言文字的训练,强调"在任何领域的学习中,语言都是重要工具",都强调_____与_____并重。

二、判断题

1. 语文就是"语言和文学"或"语言与文字"。（　　）

2. 全国英语等级考试(PETS)一般是用于成人择业的。但近几年来,它却逐渐演变成一场场壮观的"童子军大战"。（　　）

3. 学的东西要变成学生自己的东西必须通过训练,因此在语文课上必须通过不间断的强化训练使学生掌握所学知识。（　　）

三、简答题

1. 现代人应该具备的基本素养有哪些?

2. 一颗闲适的心有哪几个方面的表现?

3. 传统语文教育存在哪些误区?

4. 对语文狭隘理解会造成哪些危害？

5. 语文教学方式存在哪些误区？

四、论述题

1. 试从语文教育方面来检讨造成现代人缺乏这些必备的基本素养的原因。

2. 请从案例"隐隐约约的作文"入手，分析为什么说"单纯的工具化的语文教学切断了语言与文化、精神的联系，教学中强调标准和记忆，忽视细心研读和个性领悟，学生也就没有了私人化的表达，套用的是一个模式"。

推荐书目与文章列表

1. 叶圣陶. 语文教育论集（上、下册）[M]. 北京：教育科学出版社，1980
2. 本书编委会. 中国大学人文启思录[M]. 武汉：华中理工大学出版社，1996
3. 斯霞. 我的教学生涯[M]. 上海：上海教育出版社，1982

第二章
语文教育的德育功能

培养学生形成良好的道德品质,是各个国家的教育都十分重视的重大事情。特别是承载着浓厚的人文主义思想和情怀的语文课程,在培养学生的道德品质方面,更是有着不可替代的责任和功能。本章从分析我国近年的语文教科书来论述语文教育的德育功能。

学完本章,你将能够:

1. 解释道德以及道德教育的基本内涵;
2. 陈述语文与道德教育紧密关联的关系;
3. 清楚语文教材中道德教育的内容及其呈现方式;
4. 对语文教材道德教育内容进行反思。

专题导读

道德是什么？道德教育又是什么？语文教育中是否应有道德教育？有的话，以何种形式存在？这一系列问题可能是我们大家共同的疑虑，要解开这一疑虑，让我们走进专题一去探讨。

专题 语文教育与道德教育

一、道德和道德教育的概念界定

1. 道德概念的起源

在西方，"道德"（morality）一词源于"风俗"（mores）这个词。在中国思想史上，"道"和"德"是一对哲学范畴。"道"原指人行的道路，借用为事物运动变化所必须遵循的普遍规律或万物的本体。"德"和"得"意义相近，用作具体事物从"道"所得的特殊规律或特殊性质；对于"道"的认识修养有得于己，亦称为"德"。①"道德"连用，在儒家经典中，首见于《周易·说卦传》和《荀子》，指的是合乎天地阴阳变化的规律以及与此相类似的各种社会关系的规范。②

2. 道德的本质

什么是道德？在中外伦理思想上一直是一个众说纷纭的问题，主观唯心主义者认为道德是人所固有的，客观唯心主义者把道德的基础或根源归之为"上帝的意志"、"神的启示"、"善的理念"或"绝对观念"等。而马克思主义道德科学认为，道德的本质既不能从人的先验的"善性"去说明，也不应该用人的自然本质去解释，只能把它放在特定的社会历史条件下。③本研究赞成马克思主义的看法，认为对道德的界定绝对不能脱离人类社会，道德应该是一定社会调节人们之间以及个人与社会之间关系的行为规范的综合，它与政治、法律、艺术等社会现象密不可分。

3. 道德教育

道德教育（我国许多学者也简称之为德育），新中国成立后在教育学界历来有广义和狭义之解。广义的德育包括政治教育、思想教育和品德教育，在政府文件中通称的"德"，常作广义解。政治教育主要内容包括：坚持社会主义道路，坚持无产阶级专政，坚持中国共产党的领导，坚持马

---

① 辞海. 北京：中华书局，1979：2012
② 张传有. 伦理学引论[M]. 北京：人民出版社，2006
③ 李佩芝. 道德概论[M]. 武汉：华中师范大学出版社，1989：14

克思列宁主义、毛泽东思想。①思想教育的任务则以辩证唯物主义、历史唯物主义为指导思想,以整个自然界和人类社会发展规律的认识为基础,逐步引导学生确立科学的人生观、世界观;培养他们用于实践的精神、实事求是的态度等。②狭义的德育专指与个人品行、德性相关的教育。本文所言的道德教育是指狭义的德育,不包括政治教育和思想教育,但这并非认为政治教育和思想教育不重要、无须进行研究。

二、语文与道德教育存在的关联

1. 重要的学科地位决定了其道德教育的责任

美国当代德育学家托马斯·里考纳(T. Lickona)认为,各科教学对道德教育来说是一个"沉睡的巨人",潜力极大,所以不利用各科教学进行价值与道德教育是一个重大的损失。里考纳列举了各科教学中可以利用的一切价值因素。例如,数学和科学课程中科学家的生平业绩、生活和治学态度;历史课中历史伟人的德行和自律精神等。③另外,他也看到语文学科在道德教育方面的重要作用,他认为,语文课中的人物具有一定的道德教育意义。的确,语文学科的道德教育作用不容小觑,在语文的世界里,学生学习到的不仅仅是语言和文字,同时也将学习到语言文字中蕴涵的思想观念(也包括道德方面的观念),语文学科的学习其实也是一种思想观念的传承。

在我国的基础教育阶段中,小学语文学科的课时一直最多,它是其他学科教学的基础。其他学科的教学活动要正常开展,得有个先决条件,那就是要让学生能正确理解和运用祖国的语言文字,掌握听说读写的基本方法。④2001年颁布的《全日制义务教育语文课程标准(实验稿)》就明确指出:"语文课程应致力于学生语文素养的形成发展。语文素养是学生学好其他课程的基础,也是学生全面发展和终身发展的基础。语文课程的多重功能和基石作用,决定了它在九年义务教育阶段的重要地位。"⑤语文学科一直承担着道德教育的重任。在1981年以前,我国的小学并没有正式开设思想品德课,在教学计划中也没有将品德课列为专门的课程,那个时候的小学都是结合语文课进行思想品德教育。从1981年开始,我国小学开始有了专门的思想品德课,但是语文学科仍旧承担着德育的任务。

---

① 顾明远.教育大辞典[M].上海:上海教育出版社,1998:2013
② 顾明远.教育大辞典[M].上海:上海教育出版社,1998:1463
③④ 王娟.教科书之道德因子及承载方式研究——以小学《语文》为例[D].浙江师范大学硕士论文,2006
⑤ 中华人民共和国教育部.全日制义务教育语文课程标准(实验稿)[M].北京:北京师范大学出版社,2001

2. 语文的学科性质决定了语文与道德教育紧密相连

语文与道德教育究竟存在什么样的关联？这要从小学语文的学科性质谈起。

给小学语文学科性质定位，先得给语言文字定位。在西方，语言文字被看做是开启人类社会文化起源和发展的奥秘的钥匙，是一种创造性的精神活动。在我国，古代文学向来有"文以载道"之说，即强调工具性的"文"和思想性的"道"必须合为一体。南宋教育家朱熹曾经说过："道者，文之根本。文者，道之根叶，维其根本乎道，所以发之于文，皆道也。三代圣贤之章，皆从此心写出，文便是道。"① 可见，语言文字不是单纯的符号系统，它有深厚的文化历史沉淀和独特的文化心理特征，它总是蕴涵着一定的社会文化，传递着一定的思想观念，这其中也包括道德观念。

既然语言文字具有人文性的特征，那么中小学的语文学科教育也可以说是人文的教育，它传递的不仅仅是语言文字，而且还具有情感教育、价值观教育（包括道德观的教育）和人格教育的重要作用。语文学科通常是从古今中外的文化宝库中，精心挑选优秀文章作为教科书的主干部分，为学生认识世界、了解社会、接受思想道德教育、培养审美情趣等提供有利的条件。② 换句话说，小学语文学科具有集"工具性"和"人文性"于一身的性质，教育部1992年颁布的《九年制义务教育全日制小学语文教学大纲（试用版）》指出："小学语文不仅具有工具性，而且有很强的思想性。教好这门学科，对于学生学习其他各门学科，获取新的知识；对于贯彻教育方针，促进学生德、智、体诸方面生动活泼主动地发展，培育有理想、有道德、有文化、有纪律的社会主义公民；对于提高民族素质，都有重要意义。"③ 2000年颁布的《九年制义务教育全日制小学语文教学大纲（试用修订版）》指出："语文是最重要的交际工具，是人类文化的重要组成部分。小学语文对于培养学生的思想道德品质和科学文化修养，对于学生学习其他学科和继续学习，对于弘扬祖国的优秀文化和吸收人类的进步文化，提高民族素质，都有重要的意义。"④ 2001年颁布的《全日制义务教育语文课程标准（实验稿）》也指出了小学和初中阶段语文课程的性质是："语文是最重要的交际工具，是人类文化的重要组成部分。工具性与人文性的统一，是语文课程的基本特点。"⑤

---

① 饶腾.语文学科教育探索[M].北京:首都师范大学出版社,2000:122

② 范蔚.小学语文教科书的基本结构及其教育功能负载[J].课程·教材·教法,2005(7):43-47

③ 中华人民共和国教育部.九年制义务教育全日制小学语文教学大纲（试用版）[M].北京:人民教育出版社,1992

④ 中华人民共和国教育部.九年制义务教育全日制小学语文教学大纲（试用修订版）[M].北京:人民教育出版社,2000

⑤ 中华人民共和国教育部.全日制义务教育语文课程标准（实验稿）[M].北京:北京师范大学出版社,2001

3. 道德教育是语文教育的目的

从学科性质看来，小学语文学科与道德教育紧密相连，除此之外，我们还可以从教学目的（或课程目标）来审视小学语文学科在道德教育方面的功能。《九年制义务教育全日制小学语文教学大纲（试用版）》指出小学语文学科的教学目的为："指导学生正确地理解和运用祖国的语言文字，使学生具有初步的听、说、读、写能力；在听、说、读、写训练的过程中，进行思想政治教育和道德品质教育，发展学生的智力，培养良好的学习习惯。"[①]《九年制义务教育全日制小学语文教学大纲（试用修订版）》指出小学语文学科的教学目的为："小学语文教学应培育学生热爱祖国语言文字和中华优秀文化的思想感情，指导学生正确地理解和运用祖国语文，丰富语言的积累，使他们具有初步的听、说、读、写能力，养成良好的语文学习习惯。在教学过程中，使学生受到爱国主义教育、社会主义思想品德教育和科学思想方法的启蒙教育。"[②]《全日制义务教育语文课程标准（实验稿）》指出语文课程的总目标是："第一，在语文过程中，培养爱国主义感情、社会主义道德品质，逐步形成积极的人生观和正确的价值观，提高文化品位和审美情趣。第二，认识中华文化的丰厚博大，吸收民族文化智慧。关心当代文化生活，尊重多样文化，吸取人类优秀文化的营养……"[③]

三、语文教材中道德教育的内容及其呈现方式[④]

教科书中的课文如何呈现道德教育内容？以下针对"人与自我"、"人与他人"、"人与集体和社会"、"人与自然和崇高事物"四大主类目进行分析说明。

1. 人与自我

（1）认真负责

"认真负责"主要是指：做事不马虎，属于自己的工作不推诿、不逃避。

教科书中有3篇课文体现出"认真负责"这个主题。第2册第3课《邓小平爷爷植树》描述了邓小平爷爷在北京天坛公园亲手栽种树苗的

---

① 中华人民共和国教育部.九年制义务教育全日制小学语文教学大纲（试用版）[M].北京：人民教育出版社，1992

② 中华人民共和国教育部.九年制义务教育全日制小学语文教学大纲（试用修订版）[M].北京：人民教育出版社，2000

③ 中华人民共和国教育部.全日制义务教育语文课程标准（实验稿）[M].北京：北京师范大学出版社，2001

④ 此节所指教科书即引自人民教育出版社网站http://www.pep.com.cn的义务教育课程标准实验教科书《语文》电子版。

情景。这篇课文除了传递环境保护信息之外,也让我们看到了邓小平爷爷认真做事的态度。当邓小平爷爷把树苗种入树坑之后,他并没有立即离开,而是站到几步之外仔细看看,当他觉得树苗不是很直之后,他连说:"不行,不行!"又上前把树苗扶正。简单的一句话和一个动作,让我们感受到了他认真做事的态度。第8册第6课《万年牢》围绕着糖葫芦的故事,讲述了父亲做事的认真和实在。比如,第二自然段在描写父亲选材料时写道:"早晨起来,父亲去市场买来红果、海棠、山药、红小豆等,先把这些东西洗干净。红果、海棠去了把儿和尾,有一点掉皮损伤的都要挑出来……"而在第三自然段,从闷火、洗石板、串葫芦、拉绕、滚煎等几个制作步骤我们再次看出父亲做事情时一丝不苟的态度。除了以上两篇课文,第7册第26课《那片绿绿的爬山虎》讲述了叶圣陶老先生帮我认真批改作文的故事。"翻到我的那篇作文,我一下子愣住了:映入眼帘的是红色的修改符号和改动后增添的小字,密密麻麻,几页纸上到处是红色的圈、钩或曲线。"让人感受到叶老先生对待作者作文认真负责的态度。

(2)勤劳刻苦

"勤劳刻苦"主要指的是:热爱劳动,努力学习或工作,并能够吃苦。

第2册第26课《小白兔和小灰兔》用寓言童话的形式讲述了一个爱劳动的故事。小白兔和小灰兔都是好孩子,他们都能主动帮老山羊收白菜。可是,面对老山羊的答谢,小灰兔接受了老山羊送的白菜,吃完了又去要;小白兔不要白菜要菜子,自己种白菜,收了很多白菜,还给老山羊送去一担。作者最后用"只有自己种,才有吃不完的菜"形象地指出了劳动的重要性。第7册第10课《幸福是什么》讲述了三个牧童在十年里各自找寻幸福含义的故事,他们虽然生活经历不同,但是最后都得出了共同的关于幸福的看法:"幸福要靠劳动。"如果说《小白兔与小灰兔》描述的是劳动对自己的重要性,那么这篇课文则是将笔墨放在劳动对他人用处之上。除了这两者之外,第2册第6课《胖乎乎的小手》在着重体现兰兰孝敬父母的同时,也赞扬了兰兰热爱劳动的好品质。

勤劳刻苦除了体现在"热爱劳动"这一层面上之外,还表现为"努力、刻苦地工作和学习"之上。教科书多数通过讲述伟人(革命领袖、科学家等)的故事来体现这一方面的品质。例如,第12册第13课《一夜的工作》讲述了周总理如何辛勤工作的故事,作者在结尾之处深情地发表了自己的感慨:"这就是我们新中国的新总理。我看见了他一夜的工作,他是多么劳苦。"第2册第30课《数星星的故事》讲述的则是关于天文学家张衡小时候数星星的故事。为了了解星星,他努力地观察、学习:"爷爷说的话是真的吗?这个孩子一夜没睡好,几次起来看星星。""刻苦钻研"让张衡最终发明了浑天仪。除了伟人,教科书也有关于小动物、普通群众的故事。第2册第27课《两只小狮子》是一篇童话故事,主要讲述了两只小狮子的不同生活态度:一只小狮子非常勤奋,每天练习生活的本领;另一只却整天懒洋洋地晒太阳,什么也不干。通过一勤一懒两只小狮子的对比,以及狮子妈妈对懒狮子的教育,文章告诉学生,从小应该勤奋学习,学会生活的本领。第8册第27课《鱼游到了纸上》讲述的是一个聋哑青年的故事。这个聋哑青年画的鱼栩栩如生,许多人对其投以赞赏的目光。当作者与他用笔在纸上交谈,他告诉作者:"他学画才一年多,为了画好金鱼,每个星期天都到玉泉来,一看就是一整天,常常忘了吃饭,忘了回家。"可见,是"勤奋"让他画中的鱼能够像活的一样。

（3）谦虚

"谦虚"主要是指:对于自己的成功不感到骄傲,对于他人对自己错误的指正能够虚心接受,并怀有感谢之心。

第4册第21课《画家和牧童》讲述的是唐代一个牧童指出著名画家戴嵩画中的错误,戴嵩虚心接受的事。当许多人对戴嵩的画赞叹不已时,人群中传来牧童"画错啦"的叫声。对于自己的错误,戴嵩虚心接受,并向牧童道谢:"多谢你的指导。"第7册第28课《尺有所短、寸有所长》由两封信组成,一封是张国强同学写给柯岩阿姨的信,另一封是柯岩阿姨的回信。张国强同学在信中提到其他同学因为妒忌他得奖而疏远他,他感到很寂寞、苦恼,希望能得到柯岩阿姨的帮助；而柯岩阿姨在回信中写道:"一个人如果总是用自己的长处去比别人的短处,那么他不但会停止前进,还会形单影只,十分寂寞；如果他能不断找出自己的短处,不断发现与学习别人的长处,他就会飞快地进步。"借此建议他不应该对自己目前取得的成绩沾沾自喜,应该懂得看到自己不足的地方和其他同学的优秀之处。

教科书中明显以"谦虚"为主题的只有以上两篇文章。第一篇直接展示了戴嵩虚心改正画中错误的故事,主要从行为层面来体现"谦虚"；而第二篇则主要从反面讲述"骄傲"所带来的后果,凸显怀有"谦虚"态度的重要性。可见"谦虚"不仅仅体现在态度方面,它也涉及行为层面。

（4）惜时

"惜时"主要是指:知道时间的宝贵,懂得珍惜时间。

教科书中以"惜时"为主题的课文有3篇,分别是第3册第7课《一分钟》、第6册第13课《和时间赛跑》和第12册第2课《匆匆》。

《一分钟》从反面说明不珍惜时间的后果,告诫我们要懂得珍惜时间。文中小主人公元元由于多睡了一分钟,在路上连连遇到阻碍:遇到红灯、不能及时搭上公共汽车,最终他上课迟到了二十分钟,为此后悔不已。

《和时间赛跑》与《一分钟》不同的是,它从正面叙述了主人公珍惜每一分、每一秒,努力学习、工作,并获益良多的故事。文章结尾处,我们看到作者想告诉自己孩子的一句话是:"假若你一直和时间赛跑,你就可以成功。"

《匆匆》以散文的形式细腻地描绘了时间"稍纵即逝"的特点,引起我们的警惕。"八千多日子已经从我手中溜去;像针尖上一滴水滴在大海里,我的日子滴在时间的流里,没有声音"抒发了作者对时间流逝的无奈和惆怅。

(5) 机智勇敢

"机智勇敢"指的是:机灵,遇到困难能随机应变。有勇气面对困难,在困难面前不退缩、敢于作为,能够有毅力坚持到最后。

教科书呈现了许多著名的历史故事,第2册第20课《司马光》讲的是司马光小时候的故事。他和几个小伙伴在花园里玩,一个小伙伴不小心掉进了大水缸,司马光凭借他的机智勇敢救出了小伙伴。文中描写道:"别的小朋友都慌了,有的吓哭了……司马光没有慌,他举起一块石头,几下子就把缸砸破了……小朋友得救了。"第10册第20课《景阳冈》记叙了武松在阳谷县的一家酒馆内开怀畅饮后,趁着酒兴上了景阳冈,赤手空拳打死猛虎的故事。文章第9~12自然段生动描绘了武松与猛虎相遇、搏斗的情景。"闪"表现了武松的机警敏捷,"靠、提、拖、插、拿、抡、劈、丢"表现了武松无畏、勇敢的性格。

从上面以"机智勇敢"为主要主题的两篇课文可以看到,文中所体现的"勇敢"并非是一种鲁莽的行为,它还伴随着智慧的闪光。诸如此类的文章还有许多,例如,第2册第23课《王二小》,第8册第13课《夜莺的歌声》,第10册第11课《晏子使楚》、第18课《将相和》、第19课《草船借箭》、第21课《猴王出世》,第12册第16课《鲁滨孙漂流记》、第17课《汤姆·索亚历险记》等。

"勇敢"也作为次要主题出现在一些课文之中,此时"机智"这一品质并未体现出来。第5册第29课《掌声》在讲述同学们对残疾女孩英子的关心和鼓励之余,也体现出英子勇敢面对生活的态度。第6册第31课《女娲补天》讲的是古时候女娲为了拯救处于水深火热中的人们,冒着生命危险补天的故事。这篇课文除了让我们感受到女娲为人类奉献自己的精神之外,也看到了她克服重重困难,把天补好的勇敢品质。诸如此类的文章还有第6册第18课《他是我的朋友》和第8册第20课《花的勇气》等。

(6) 自尊自主

"自尊自主"主要是指:尊重自己,不向别人卑躬屈膝。遇事有主见,能独立解决一些问题。

教科书中有两篇课文谈及了尊严。第8册第7课《自尊》讲的是石油大王哈默年轻时,以自己的言行维护了个人尊严,赢得别人尊重,从而改变了自己命运的故事。哈默在面对嗟来之食的时候说:"先生,那我不能吃您的东西,我不能不劳动,就得到这些食物!"作者通过哈默的故事,告诉我们尊严是人生中一笔巨大的、不可缺失的财富。第6册第14课《检阅》主要体现的是儿童队员对残疾人博莱克的尊重,但文中写道:"在队伍的第一排,紧跟在队长后面走着一名拄拐的男孩,看来,他肯定忘记了自己在拄拐。他同全队保持一致,目视右方,睁着大眼睛望着检阅台。"因此自尊也是这篇课文的次要主题。

以独立自主为主要主题的文章有 4 篇,分别是:第 1 册第 14 课《自己去吧》、第 7 册第 27 课《乌塔》、第 9 册第 20 课《学会看病》和第 12 册第 3 课《桃花心木》。《乌塔》这篇课文写的是 14 岁的德国女孩乌塔独自一人游欧洲的故事,表现了这个少年的自立意识和独立生活的能力。《学会看病》讲的是儿子感冒了,妈妈让他独自上医院,学会了看病的故事。文中除了表达母亲对儿子深深的爱,同时也激励我们要磨炼独立处理事情的能力。与前面两篇课文不同的是,《自己去吧》和《桃花心木》讲述的不是人类的故事,它借助其他动植物来传递独立自主的信息。《自己去吧》通过小鸭子自己学会游泳、小鹰自己学会飞翔的故事,告诉我们从小要学会独立面对生活。《桃花心木》借助树苗的成长来说明独立自主对人的成长的重要性。"不只是树,人也是一样,在不确定中生活,能比较经得起生活的考验,会锻炼出一颗独立自主的心"点出了文章的主旨。

(7) 诚实守信

"诚信"一直是中华民族的传统美德。"诚实守信"主要是指:不为了自己的利益说谎话,知错能改。对于自己许下的诺言能够兑现。

教科书中提及"诚信"的课文共有 5 篇。第 4 册第 22 课《我为你骄傲》和第 5 册第 5 课《灰雀》叙述的是知错能改的故事。《我为你骄傲》讲了一个小孩子打破老奶奶的玻璃并勇于承认错误的故事。《灰雀》讲述的是列宁、灰雀和一个孩子之间的故事。文中最后一句话"列宁也没再问那个男孩,因为他已经知道男孩是诚实的"让我们看到了男孩诚实的珍贵品质。

第 8 册第 6 课《万年牢》中的"诚信"体现为不弄虚作假。文章有这么一句话:"老板嫌他扔得太多,让他少扔点儿、掺点儿假,他不听。"由此可以看到父亲"诚信"的品质。

第 5 册第 8 课《我不能失信》和第 7 册第 11 课《去年的树》叙述的是人类和动物信守诺言的故事。《我不能失信》讲述的是宋庆龄小时候的故事。在同一天,宋庆龄面对两难的选择:一是去伯伯家;二是教小珍学叠花篮。虽然她很想去玩,但最后她还是遵守了自己的诺言,留在家里教小珍叠花篮。《去年的树》通过鸟儿和树的故事,告诉我们要爱护大自然,但是文中也蕴涵着信守诺言的道理。第一年当鸟儿要离去的时候,树说:"再见了,小鸟!明年请你再回来,还唱歌给我听。"鸟儿回答:"好。我明年春天一定回来,给你唱歌。请等着我吧!"第二年鸟儿遵守诺言又飞回来了。

（8）积极进取

"积极进取"主要是指：有追求成功的上进心，能够奋发向上，求取更大的进步。

与"勤劳刻苦"不同的是："积极进取"强调的是积极向上的人生态度，在行动中有欲求"更上一层楼"之意，而"勤劳刻苦"强调的是努力做好目前的工作、学习，并有一种吃苦的精神。在某些课文中这两者会同时出现，第5册第17课《孔子拜师》讲述了孔子向老子拜师学习的故事。孔子为了求取更大的进步，不远千里向老子求学，"多谢老师等候。学习是没有止境的。您的学问渊博，跟您学习，一定会大有长进的"。让我们感受到了孔子积极追求进步的治学态度。拜师成功之后，孔子每天不离老子左右，随时请教问题，这又让我们看到了他"勤劳刻苦"的精神。第9册第1课《窃读记》叙述了一个小女孩为了求取更多的知识，每天放学后到书店"偷看书"的故事。"我们是读书长大的"闪烁着小女孩为了求取知识的积极态度。"我已饿得饥肠辘辘"和"我的腿真酸哪"让我们看到了小女孩忍受痛苦、刻苦学习的精神。

梦想是一个人努力向上的动力，教科书中也有课文通过讲述梦想实现的故事来体现"积极进取"的人生态度。例如，在第9册第28课《通往广场的路不止一条》中，"我"的梦想是做一名时装设计师，然而在追求成功的过程中，"我"遇到了阻碍，但"我"并没有沮丧，而是以一种积极向上的人生态度去面对它，最终取得了巨大的成功。文中"通往广场的路不止一条"凸显了积极的人生态度。

（9）自信

"自信"主要是指：信任自己，对自我有信心。

教科书中提及"自信"的文章有3篇。第4册第7课《我不是最弱小的》叙述的是"雨天传伞"的故事。在遭遇雨天困境的时候，妈妈把雨衣递给托利亚，托利亚又把雨衣递给了萨沙。萨沙不畏大雨，坚信自己能够保护其他弱小者，于是他把雨衣给了花儿，他是多么勇敢！文中，"我不是最弱小的"是萨沙内心的"宣言"，这句坚定不移的话将他的"自信"显露无遗。第5册第3课《爬天都峰》课文描写了在暑假里，"我"和爸爸去爬天都峰，路遇一位素不相识的老大爷，"我们"互相鼓励，克服山高路陡的困难，终于一起爬上了天都峰。课文向我们揭示了在困难面前，要有战胜困难的自信和勇气。

以上两篇文章谈及的是战胜困难所拥有的"自信"，而第3册第6课《我选我》讲述的是相信自己能做好事情的"自信"。在一次补选劳动委员的班会上，王宁自己推选自己。"我选我……我要像他一样热爱劳动、关心集体"显示出了他担当好劳动委员这个角色的信心。

2. 人与人

（1）文明礼貌

"文明礼貌"主要是指：待人有礼貌、说话文明。

"文明礼貌"在教科书的课文中并不是作为主要主题出现,在5篇课文中,它都只是次要主题。例如,第2册第30课《棉花姑娘》是一个科学童话故事,它主要向学生讲述科学知识,但是在它的一些语句上也看到"文明礼貌"的影子:"请你帮我捉害虫吧!……对不起,我只会捉空中飞的害虫,你还是请别人帮忙吧!"第2册第17课《小壁虎借尾巴》和第34课《小蝌蚪找妈妈》主要的目的也是介绍科学知识,但是同样的,它们的一些语句也体现出了"文明礼貌"。

(2) 孝敬长辈

"孝敬长辈"主要是指:尊敬、孝顺父母与祖父母。

从教科书中的课文来看,"孝敬长辈"的对象多数指向自己的父母,只有两篇课文讲述了对祖父母的孝敬。这两篇课文分别为第2册第6课《胖乎乎的小手》和第7课《棉鞋里的阳光》。《胖乎乎的小手》通过一张画巧妙地夸奖了兰兰从小爱劳动、关心长辈的好品德。画中兰兰胖乎乎的小手帮爸爸拿过拖鞋,给妈妈洗过手绢,还给姥姥挠过痒痒。《棉鞋里的阳光》中的小峰学妈妈的样子,帮奶奶晒棉鞋,让阳光钻进了棉鞋,温暖了奶奶的身体。

在其他"孝敬长辈"的课文中,有些直接讲述了子女孝敬父母的行为。第2册第8课《月亮的心愿》借小女孩珍珍为了照顾生病的妈妈放弃郊游的事,赞扬了她关心父母、体贴长辈的美好品质。第4册第23课《三个儿子》中的三个儿子在面对拎着沉重水桶的三个妈妈时,只有第三个儿子接过了妈妈手中的水桶。文末老爷爷说道:"不对吧,我可只看见一个儿子。"作者借助简单的一句话赞扬了第三个儿子对母亲的孝心。

除了描述孝敬父母的具体行为之外,有些课文则通过描绘父爱和母爱,来表达对父母的"感恩"之情。这些课文集中在教科书的第9册,包括:第17课《地震中的父与子》、第18课《慈母情深》、第19课《"精彩极了"和"糟糕透了"》和第20课《学会看病》。《地震中的父与子》讲述了一位父亲冒着危险,抱着坚定信念,不顾劝阻,历尽艰辛,经过38小时的挖掘,终于在废墟中救出儿子和他同学的故事,歌颂了伟大的父爱,赞扬了深厚的父子之情。《慈母情深》讲述的是贫穷辛劳的母亲给钱让"我"买长篇小说《青年近卫军》,满足了"我"读书愿望的事情。《"精彩极了"和"糟糕透了"》讲述了作者童年时,父亲和母亲对他作品给出了截然不同的评价。虽然一个是"精彩极了",一个是"糟糕透了",但是这两种评价都包含了父母对作者深深的爱。《学会看病》中的妈妈让感冒的儿子独自上医院看病。母亲用这种方式,磨炼了儿子独自面对生活的能力,表达了母亲对儿子深深的爱。

(3) 尊老爱幼

"尊老爱幼"主要是指:晚辈能够尊敬长辈,长辈能够爱护晚辈。在此,这里的长辈和晚辈指的是与自己没有血缘关系的人。

人教版教科书中只有第3册第5课《一株紫丁香》体现了晚辈对长辈的尊敬。课文以诗歌的形式,利用一株紫丁香传情,表达了孩子们对老师的问候与感激。文中写道:"绿叶在风里沙沙,那是我们给您唱歌,帮您消除一天的疲倦……满树盛开的花儿,那是我们的笑脸,感谢您时时把我们挂牵。"优美的语言让我们看到了孩子们对老师的爱。

关于"尊老爱幼"这一主题,教科书中许多课文都是描述长辈对晚辈的爱护。例如,第2册第6课《小摄影师》讲述的是一名少先队员为苏联文学家高尔基照相的故事。高尔基工作很忙,一般不接受记者的采访和照相。当得知一名少先队员要为自己照相时,高尔基欣然答应了孩子的请求。但是拍照时,小男孩却发现自己忘了带胶卷,最后他哭着离开了,没有完成拍照。高尔基交代秘书,他不接待杂志社的记者,但他说:"不过,来的如果是个小男孩就一定让他进来。"这体现了文学家高尔基对少先队员的关怀爱护。第11册第11课《唯一的听众》中的"我"虽然爱拉小提琴,但却被家人认为是音乐白痴,所以跑到树林中去练琴。一位自称耳聋的老妇人(实际上是一位音乐教授)却愿意每天都听我练琴,她说:"也许我会用心去感受这音乐。我能做你的听众吗,每天早晨?"每次在"我"练琴的时候,她总会很平静地望着"我"。而在"我"练完琴之后,她总会说上一句话:"真不错。我的心已经感受到了。谢谢你,小伙子。"在她的鼓励下,"我"终于拉了一手好琴,能够在各种文艺晚会上为成百上千的观众演奏。课文体现了老妇人对年轻人的爱护之情,也表达了"我"对她的感激之情。

(4)团结合作

"团结合作"主要是指:学会与他人和睦相处,共同完成某项任务。

第4册第15课《画风》叙述的是三个小朋友在一起"画风"的故事。风看不见、摸不着,三个小朋友在思考着如何着手?一人技短,三人技长,三个小朋友相互协作,结果他们用不同的办法画出了风。第5册第30课《一次成功的实验》讲的是一位教育家在一所小学让三个小学生做"逃生"游戏。这个实验已经做过多次都没有成功,而这一次却获得成功。课文通过这个小实验说明了合作才能成功的道理。

(5)友爱宽容

"友爱宽容"主要是指:与他人可以保持友好的关系,对他人的过失不斤斤计较。

在以"友爱宽容"为主题的课文中,强调的都是对待同伴"宽容"的态度上。第5册第32课《好汉查理》中的好汉查理是一个爱搞恶作剧的孩子,没有人喜欢他。但是残疾小女孩杰西并不计较查理以往的过错,对他没有成见,向他伸出了友爱之手。而查理非常珍视这份友谊,在陪伴杰西的同时,他再也不搞恶作剧,成为一个好孩子。第6册第15课《争吵》讲述的是"我"和克莱谛之间因本子被弄脏而发生争吵的事,重点讲了"我"的心理变化,以及"我"对整个事件的感受,文中的克莱谛以"宽容"的态度化解了好朋友间的芥蒂。"既然你错了,就应该第一个伸过手去请他原谅。况且你不应向一个比你高尚的朋友举起戒尺!"父亲最后的话告诉我们朋友之间要相互谅解、彼此宽容。

(6) 乐于助人

"乐于助人"主要是指:在自己能力范围之内愿意帮助他人。包括物质上的帮助和精神上的关怀。

教科书中的课文主要用两种方式来体现"乐于助人"这个主题:第一,正面讲述帮助他人的故事,赞扬"乐于助人"的可贵品质;第二,从反面讲述不愿意帮助他人的故事,否定在关键时候不对他人伸出援助之手的行为。

第一类文章比较多,它们有些直接展示"乐于助人"的行为。如第7册第24课《给予是快乐的》讲述了圣诞节前夜,保罗偶然结识了一个生活贫困的小男孩,在短暂的相处中,小男孩的言行强烈地震撼了保罗的心灵,使他深深体会到"给予是快乐的",于是他把自己的车借给了小男孩。有些文章则是讲述了在自己有困难的时候仍旧帮助他人的故事,例如,第11册第9课《穷人》就向我们讲述了这样一个感人的故事。在一个寒风呼啸的夜晚,桑娜与渔夫主动收养已故邻居西蒙的两个孤儿的故事,真实地反映了沙俄专制制度下渔民的悲惨生活,赞美了桑娜和渔夫宁可自己吃苦也要帮助别人的美好品质。在文中,我们看到,在桑娜告诉渔夫邻居发生的惨剧后,渔夫只是平淡地说:"你看怎么办?得把他们抱来,同死人待在一起怎么行!哦,我们,我们总能熬过去的!快去!别等他们醒来。"渔夫直爽和乐于助人的品质跃然纸上。还有一篇文章讲述了帮助弱小者的故事,即第4册第7课《我不是最弱小的》。在景色宜人、空气清新的森林,在赏花聊天的时候,突然下起了大雨。这雨演绎了一出动人的戏:妈妈把雨衣递给托利亚,托利亚又把雨衣递给了萨沙,这件雨衣就是一份关爱,这关爱传递到每个人的心里。弱小的萨沙看到蔷薇花被大雨打掉了两片花瓣,就心疼地掀起雨衣,轻轻地遮在粉红的蔷薇花上。萨沙学会了保护弱小者,他不再是最弱小的了。

第二类文章采用反向的手法进行描述,第3册第19课《蓝色的树叶》讲述了在美术课上的一个故事,李丽忘记带画树叶的绿铅笔,于是向同桌林园园借,但林园园舍不得把自己的绿铅笔借给同学,所以李丽画的树上都是蓝色的树叶。这篇文章接近学生的实际,它告诉我们,在别人需要帮助的时候,要伸出援助之手,我们要看到林园园在这一方面的不足之处。

除了在物质上帮助他人之外,教科书也告诉我们要在精神上给予他人关怀和帮助。例如,第7册第23课《卡罗纳》讲述了小男孩卡罗纳在遭遇失去母亲的巨大不幸时,身边的人真诚地理解他,热情地安慰他,帮助他度过痛苦的故事。面对悲痛的卡罗纳,同学们给予卡罗纳的是精神上的关怀:"放学的时候,大家都围在他的旁边,谁都没有说话,用关切的目光默默注视着卡罗纳。"

3. 人与集体和社会

(1) 热爱家乡

"热爱家乡"主要是指:了解自己家乡的物产、名胜古迹并对它们有热爱之情。

教科书中的课文主要通过两种方式来体现"热爱家乡"这个主题:第一,直接描绘家乡的事物,表达赞美之情;第二,表达在外游子的思乡之情。

第2册第24课《画家乡》中的5个小孩描绘了各自家乡的美景:"涛涛的家乡在海边,海那么蓝……山山的家乡在山里,他画的山那么高……平平的家乡在平原,她画的平原那么平坦……青青的家乡在草原,她画的草原一眼望不到边……京京的家乡在城市,他画的城市那么美……"作者借助美好的景象表达了对家乡的热爱之情。第9册第8课《小桥流水人家》描绘了家乡的小溪、杨柳:"一条清澈见底的小溪,终年潺潺地环绕引导村庄……那长长的柔软的柳枝,随风飘动着。婀娜的舞姿,是那么美,那么自然……"还描绘了"我"那"简陋"的家:"我家只有几间矮小的平房,我出生的那间卧室,光线很暗,地面潮湿,但我非常爱它。"这些对景物细致的描写都渗透着作者对家乡的热爱。

教科书中的课文也以古诗的形式表达在外游子的思乡之情,第3册第25课《回乡偶书》里那个老人家,面对故乡的小顽童,在感叹时移世易之余,涌现在心头的是那鞍马困顿的人生旅途,是那故乡的清风明月。第6册第5课的3首古诗都是思乡之诗:《泊船瓜洲》一诗,是诗人应召自江宁赴京任翰林学士,途经京口而作。末句感慨仕途多险,前途未测,表现的是再次赴京荣遇之际,对仕途没有足够信心之时,所有的乡情仕意;《秋思》,寓情于事,借助日常生活中一个小小的片断——寄家书时的思想活动和行动细节,非常真切细腻地表达了客居他乡之人,对家乡的深切思念;《长相思》是一首描写边塞军旅途中思乡寄情的佳作。

(2) 热爱祖国

"热爱祖国"主要是指:爱护国旗、国徽,了解祖国的壮丽河山、悠久历史、灿烂文化并对它们有热爱之情。

爱国主义是一个永恒的主题,教科书主要是通过四种方式来叙说这个主题:第一,直接表达对祖国的热爱之情;第二,借助祖国壮丽河山的描述表达热爱祖国的感情;第三,通过赞扬祖国悠久的历史文化表达爱国之情;第四,通过歌颂祖国伟大的建设成就展示热爱祖国的感情。

第一类文章直抒胸臆,表达了对祖国的热爱。第8册第14课《小英雄雨来》讲的是在战火连天、枪炮轰鸣的抗日战争时期,晋察冀边区的少年雨来聪明勇敢,为了掩护革命干部,机智地同敌人作斗争的故事。文章共分为六大部分。在第二部分和第四部分，作者直接表达了对祖国的热爱之情：第二部分讲的是小英雄雨来上夜校的事情，文中描述了学生们学习的情景，他们跟着教师齐声轻轻地念着"我们—是—中国人，我们—爱—自己的—祖国"这句话；而在第四部分更是有一处细节描写，再次体现出爱国主义情感："小英雄雨来在遭受敌人严刑时，他的鲜血溅在了'我们是中国人，我们爱自己的祖国'几行字上。"

第10册第23课《难忘的一课》讲述了抗日战争胜利以后，作者在台湾的一所乡村小学，见到一位年轻的台湾教师认真教孩子们学习祖国文字的动人情景，以及在学校礼堂里参观中国历代伟人像的深切感受，表达了台湾人民热爱祖国的深厚感情和强烈的民族精神。文中三次出现"我是中国人，我爱中国"这一句话，洋溢着强烈的爱国主义情感。第一次是作者看见一位年轻的台湾教师在教学生学习"我是中国人，我爱中国"。他一笔一画地写，很认真也很吃力，他先用闽南语，再用不太熟练的国语一遍一遍地读，教得非常认真。第二次出现是作者走进教室跟师生一起读这句话。第三次是在文章的结尾，作者在学校的礼堂里看到中国伟人画像后激动地重复"我是中国人，我爱中国"这句话。

第二类文章借物抒情，第5册第22课《富饶的西沙群岛》通过介绍西沙群岛的地理位置和它的美丽富饶，抒发对祖国的热爱之情。文中主要从海面、海底、海岸和海岛四个方面进行描述。海面："西沙群岛一带海水五光十色，瑰丽无比，有深蓝的，淡青的，绿的，淡绿的，杏黄的"，这显示出了它的美丽；海底："海底的岩石上长着各种各样的珊瑚……鱼成群结队地在珊瑚丛中穿来穿去……海里一半是水，一半是鱼"，这显示了它的富饶；海岸："海滩上有拣不完的美丽的贝壳……最有趣的要算海龟了"，这显示了它的千奇百怪；最后作为"鸟的天下"的海岛，进一步显露出了它的富饶可爱。全面的描述让我们看到了祖国南海水域的广阔与富饶，感受到了西沙群岛风光的美丽，对祖国河山热爱之情油然而生。

教科书中展示的不仅仅是我国大陆的名川大山，还有"宝岛台湾"的风景名胜。第4册第9课《日月潭》描绘的是位于我国宝岛台湾的代表性风景名胜——日月潭，作者以清晨和中午两个特写镜头来展示日月潭的迷人风姿，清晨："湖面上飘着薄薄的雾"；中午："要是下起蒙蒙细雨，日月潭好像披上轻纱，周围的景物一片朦胧，就像童话中的仙境"。作者借日月潭的美景，抒发了对祖国美好河山的热爱和盼望祖国统一的情感。

第三类文章把焦点放在我国悠久的历史文化上，而教科书中介绍祖国文化的课文集中在第12册，《藏戏》便是其中一篇。这篇文章介绍了中国的民族戏曲之一"藏戏"，作者通过对其"形成"、"面具特色"等的叙述，向我们展示了它的艺术魅力和丰富的文化内涵。如文中详细介绍了藏戏的突出特点——面具演出："面具运用象征、夸张的手法，使戏剧中的人物形象突出、性格鲜明……在藏戏里，身份相同的人物所戴的面具，其颜色和形状基本相同……善者的面具是白色的,白色代表纯洁;国王的面具是红色的,红色代表威严。"藏戏是我国一代传一代的藏族文化,通过文章,我们领略到了它不可抗拒的艺术魅力。

第四类文章展示了我国取得的伟大成就。第12册第19课《千年梦圆在今朝》叙述了中华民族几千年来为实现飞离地球、遨游太空的美好梦想所进行的不断的尝试和追求,重点记述了新中国成立以来,中国航天事业的蓬勃发展,表达了作者对航天工作人员热爱祖国、锲而不舍精神的赞美之情,激发起我们的民族自豪感。文中多处描写都让我们体会到祖国克服重重困难,让梦想变成现实的伟大。"尽管遭受了无数失败,付出了惨重代价,坚定而执著的炎黄子孙却始终没有放弃飞离地球的努力"这句话体现出中华民族对飞天梦想的执著;"载人航天工程,是中国航天史上规模最大、技术最复杂、安全性和可靠性要求最高的跨世纪重点工程"说明了飞天梦想所面对的巨大困难和挑战;"我国首次航天飞行的成功,向全世界庄严宣告:中国已经成为第三个独立掌握载人航天技术的国家"充分肯定了我们伟大祖国取得的巨大成就。

还有一篇课文显示了对国旗、国徽的爱护,即第6册第26课《一面五星红旗》。文中的"我"是一名中国留学生,在一次假期的漂流活动中发生了事故。在极度困难的处境下,"我"拒绝了面包店老板用国旗换面包的要求,这充分体现了"我"的爱国精神。

(3) 尊重多元文化

"尊重多元文化"主要指:尊重、欣赏其他国家和其他民族的文化特性。

以"尊重多元文化"为主题的文章集中在第10册,都是在情感上表达对异国文化的赞赏之情。第25课《自己的花是给别人看的》讲述的对象是德国这个爱花的国度。作者回忆了自己早年在德国留学时亲身感受到德国人非常爱花的态度,他用优美生动的语言,描述了德国家家户户窗口都开满鲜花的情景,"多么奇丽的景色!多么奇特的民族!"表达了作者对德国奇丽风景和与众不同风俗习惯的赞美之情。第26课《威尼斯的小艇》为我们展示了威尼斯这座水上名城特有的风光。第27课《与象共舞》饶有趣味地讲述了泰国人与大象之间亲密和谐的关系,展示了泰国独特的地域文化。第28课《彩色的非洲》描述了非洲的骄阳蓝天、花草树木、动物世界、人们的日常生活以及艺术风采,从多个方面展示了非洲的自然风光和异域文化,突出表现了作者的真切感受:"非洲真是一个色彩斑斓的世界。"

4. 人与自然和崇高事物

(1) 热爱大自然

"热爱大自然"主要指:能够懂得欣赏大自然的美,保护自己赖以生存的环境,懂得保护动物和珍惜资源。

教科书主要是通过以下四种方式来叙说这个主题:第一,纯粹描绘大自然的美好景色;第二,展示人类爱护生态环境的行为;第三,呈现破坏环境的行为及其产生的恶果;第四,描绘动物与人类和谐相处的场面。

第一类文章主要是通过描述美好的自然景象,引起读者的共鸣。诸如此类的文章有许多,例如教科书第 6 册第 3 课《荷花》描写了夏日公园里一池荷花盛开时的情景,以及"我"沉浸在此景中,与荷花融为一体的感受。作者以丰富的想象力,描写了荷花的清新美丽,展现了一幅各具姿态、色彩明艳,活生生的水中荷花的画面,表达了作者热爱大自然的感情。文中有些语句向我们展示了荷花的美好之处,例如:"这么多的白荷花,一朵有一朵的姿势。看看这一朵,很美;看看那一朵,也很美……如果把眼前的这一池荷花看做一大幅活的画,那画家的本领可真了不起。"

第 11 册第 2 课《山雨》的作者以独特的感受、神奇的想象和联想、清新的笔调向读者展示了一幅有声有色的山林雨景图,字里行间洋溢着作者对山雨、对大自然那份浓浓的喜爱之情。文章用生动、优美的语言向我们展示了不同时段山雨的不同特点。雨来:"像一曲无字的歌谣,神奇地从四面八方飘然而起,逐渐清晰起来,响亮起来,由远而近,由远而近……"雨中:"雨改变了山林的颜色。阳光下,山林的色彩层次多得几乎难以辨认,有墨绿、翠绿,有淡青、金黄,也有火一般的红色……"雨后:"凝聚在树叶上的雨珠还往下滴着,滴落在路旁的小水洼中,发出异常清脆的音响。"

第二类文章从正面叙述了爱护环境的行为。第 11 册第 16 课《青山不老》用清新的笔触向我们叙述了一个绿化故事。一位山野老农,面对自然条件的恶劣和生活条件的艰辛,义无反顾地投身到植树造林工作中,用 15 年的时间在晋西北奇迹般地创造了一片绿洲,造福于子孙后代。"杨树、柳树,如臂如股,劲挺在山洼山腰。看不见它们的根,山洪涌下的泥埋住了树的下半截,树却勇敢地顶住了它的凶猛。"这句话闪烁着老农保护自然、绿化家园的可贵品质。

第三类文章则从反面呈现了破坏环境的行为及其产生的恶果。第 8 册第 10 课《黄河是怎么变化的》介绍了黄河变化的过程、变化的原因及其治理的方案。课文一开始便向读者讲述了黄河的变化给两岸人民带来的危害:"黄河在近 2000 年来竟决口 1500 多次,改道 26 次,给两岸人民带来了深重的苦难。"接着,从黄河含沙量的现状分析黄河变化的原因。除了它本身的因素之外,有很大一部分归咎于人类:"二是人口迅速增长,无限制地开垦放牧,使森林毁灭,草原破坏,绿色的植被遭到严重破坏,黄土高原失去天然的保护层,引起了严重的水土流失。"作者在字里行间渗透出强烈的忧患意识和环保意识,他告诉人们要保护大自然,保护环境,否则就会受到大自然的惩罚。

描绘动物与人类和谐相处的第四类文章集中在第 11 册。其中,第

21课《老人与海鸥》讲述了一个老人与红嘴鸥之间的感人故事。作者努力描绘着人与动物之间的真挚感情,"他背已经驼了,穿一身褪色的过时布衣,背一个褪色的蓝布包,连装鸟食的大塑料袋也用得褪了色……这位老人每天步行二十余里,从城郊赶到翠湖,只为了给海鸥送餐,跟海鸥相伴"让我们感到了老人对海鸥的疼爱,"一群海鸥突然飞来,围着老人的遗像翻飞盘旋,连声鸣叫,叫声和姿势与平时大不一样,像是发生了什么大事"让我们感到了海鸥对老人深深的怀念。第24课《金色的脚印》则是以童话的形式讲述了人与动物之间的传奇故事:小男孩正太郎家的佣人从山里捉回一只小狐狸。老狐狸冒着生命危险住在正太郎家的地板下面照顾小狐狸,正太郎暗中帮助老狐狸,给它们喂食。后来,正太郎为了要救回送到邻居家的小狐狸,不慎掉下悬崖,而此时老狐狸反过来救了正太郎。文章的结尾写道:"迎着耀眼的朝阳,狐狸们的脚印闪着金色的光芒,一直延伸到密林深处。"动人的语言充分表达了作者的创作意图:大自然是人和动物的共同家园,人类要和动物和谐相处,这个世界才更加美好!

除了用以上四种方式来呈现"热爱大自然"这个主题之外,第11册第13课《只有一个地球》还向我们传递珍惜资源的信息。作者采用科学小品文(文艺性说明文)的形式,从人类生存的角度介绍了地球的有关知识,阐明了人类的生存"只有一个地球"的事实,呼吁人类应该珍惜资源。除了这篇课文之外,教科书并没有其他课文直接点明要如何珍惜资源或者提到有关珍惜资源的行为。

(2)珍爱生命

"珍爱生命"主要是指:尊重、爱护自己和他人的生命,有生存的勇气;注意安全,不做出危害生命的行为。

以"珍爱生命"为主题的文章集中在第8册,共有3篇文章。第17课《触摸春天》中的主人公很特殊,因为她是一位盲童,她用自己独特的方式感受春天的气息,触摸春天的脉搏,捕捉春天的影踪。在这个清香袅袅的早晨,作者也触摸到了一种从未有过的生命力,感悟到了人生的真谛:谁都有把握春天的权利,只有用心去感受生命的美好,才能创造一个属于自己的春天。第19课《生命,生命》课文从飞蛾求生、砖缝中长出的瓜苗、倾听心跳等几件小事中,展示了生命的意义:虽然生命短暂,但是,我们却可以让有限的生命体现出无限的价值。作者表达了自己积极进取的人生态度:一定要珍惜生命,决不让它白白流失,使自己活得更加光彩有力。第20课《花的勇气》与其他两篇文章不同,它采用借物抒情的方法,文中的主人公是维也纳的花。作者在维也纳寻花产生了许多感受:从只见绿地不见花时的失望、见到花儿藏身于草下时的吃惊,到离开前仍不见花儿冒出来时的遗憾,再到看见花的原野时的惊奇,最后被花儿的气魄所震撼。作者在爱花—寻花—盼花—看花的过程中,被小小的花儿傲风斗雨的精神所感染,他告诉我们:生命的意味就是勇气!花尚且如此,我们人类更应该有面对生命的勇气,不要轻言放弃。

(3) 热爱科学

"热爱科学"主要是指:能够掌握一定的科学知识,拥有科学精神,不迷信。教科书对学生进行"热爱科学"教育的文章可以分为以下四类:

第一,介绍科学知识。第6册第21课《太阳》是一篇科普短文,文章采用了列数字、打比方等说明方法,直接介绍了与太阳相关的一些自然科学知识,课文内容分两大部分。第一部分分别从"远"、"大"、"热"三个方面介绍了太阳的有关知识,文中说道:"太阳离我们有一亿五千万公里远……我们看太阳,觉得它并不大,实际上它大得很,一百三十万个地球才能抵得上一个太阳……太阳温度很高,表面温度有六千摄氏度,就是钢铁碰到它,也会变成汽。"第二部分讲人类和太阳的密切关系,文中说道:"地球上的光明和温暖,都是太阳送来的。如果没有太阳,地球上将到处是黑暗,到处是寒冷,没有风、雪、雨、露,没有草、木、鸟、兽,自然也没有人。"

第二,讲述中外科学家的故事。第8册第25课《两个铁球同时着地》讲述了意大利科学家伽利略在年轻时代追求真理的过程中,敢于挑战权威,对人人信奉的哲学家亚里士多德的所谓真理产生了怀疑,经过反复试验求证后,在人们的辱骂与猜疑中走上比萨斜塔,用事实验证了真理。这篇课文向我们展示了伽利略大胆怀疑、不迷信权威的独立人格和执著追求真理的科学精神。文章的第三、第四个段落的许多语句体现出伽利略的科学精神:"他想'如果这句话是正确的,那么把这两个铁球拴在一起,落得慢的就会拖住落得快的,落下的速度应当比10磅重的铁球慢;但是,如果把拴在一起的两个铁球看做一个整体,就有11磅重,落下的速度应当比10磅重的铁球快。这样从一个事实中却可以得出两个相反的结论,这怎么解释呢?'伽利略带着这个疑问反复做了许多次试验。"

第三,显示科学的力量。此类文章最多,第7册第29课《呼风唤雨的世纪》的作者仅用短短的几百字就清楚地介绍了20世纪一百年间的科学技术发展历程,展示了科学技术的飞速发展给人类生活带来的巨大变化和灿烂前景。文章第三、第四个段落向我们展示了科学的伟大力量:"20世纪,人类登上月球,潜入深海,洞察百亿光年外的天体,探索原子核世界的奥秘;20世纪,电视、程控电话、因特网以及民航飞机、高速火车、远洋船舶等,日益把人类居住的星球变成联系紧密的'地球村'。"文章结尾之处更是一语点明文章的主旨:"在新的世纪里,现代科学技术必将继续创造一个个奇迹,不断改善我们的生活。"这篇文章短小精悍的描写显示出了作者对科学的热爱之情。

第四,批判不科学的行为。第6册第30课《西门豹》课文中讲的是魏王派西门豹管理邺这个地方,西门豹巧施妙计,和群众一起破除迷信,兴修水利,带动当地经济发展的历史故事。文章结尾这样说道:"老百姓都明白了,巫婆和官绅都是骗钱害人的。从此,谁也不敢再提给河伯娶媳妇,漳河也没有发大水。"这些语句让我们体会到迷信是不可取的,它只会危害老百姓,我们要养成反对迷信、尊重科学的品质。

四、对语文教材道德教育内容的反思

1. 不够重视教学生如何处理人际关系方面的内容

"人与自然和崇高事物"是语文教材中出现最多的主类目,其中出现次数最多的是"热爱大自然"、"热爱祖国"和"热爱科学"。

爱国一直是我国的传统美德,环保和科技也成为我国社会 21 世纪的一个重要主题。在教科书中我们也可以明显看到这一点,教科书中以"热爱大自然"为主题的课文最多,其次是"热爱祖国"和"热爱科学"。

而"人与自我"和"人与集体和社会"相对较少,出现最少的是"人与人",它还没有"人与自然和崇高事物"的一半。经过我们对教科书课文的分析发现,"正直"、"乐观"、"节俭"、"热爱公物"和"遵纪守法"没有出现。[①]在出现的所有次类目中,"团结合作"、"谦虚"只出现了两次,出现次数最少。

2. 珍视生命的教育比较薄弱

生命不可重来,生命的潜力很大,我们既然拥有了生命,应当懂得珍惜,让自己的生命更加精彩。正如诺贝尔所讲:"生命,那是自然付给人类去雕琢的宝石。"但是在现实生活中,许多人并不珍爱自己的生命,不仅没有让自己的生命绽放光芒,有些还肆意"扼杀"自己的生命。2002 年,我国首次展开的大规模自杀调查结果公布,数字显示,我国每年有 28.7 万人死于自杀,在 15～34 岁的人群中,自杀是死亡的第一原因。[②]这些数据让人触目惊心,自杀正在成为我国越来越重要的公共卫生问题,而且越来越呈年轻化的趋势。要让学生懂得珍爱生命,学校教育责无旁贷。我国学者叶澜曾指出:"我们的学校教育是直面人的生命,通过人的生命,为了人的生命质量的提高而进行的社会活动,是以人为本的一种事业。"[③]然而,小学语文教科书中只有 3 篇文章呈现"珍爱生命"这一道德教育内容,在生命教育成为当今世界教育主题的情况下,"珍爱生命"在教科书中出现次数如此之少,值得我们重视。

---

① 在这里,没有出现并不是代表它们完全未出现,而是课文的内容没有明显地体现出这些次类目,以致不能选取它们作为文章的主要主题和次要主题。

② 我国首次公布自杀调查结果,每年 28.7 万人死于自杀(2002 年)http://news.sina.com.cn/c/2002-11-27/2025821141.html [OL].搜索时间:2008-01-24.

③ 叶澜,郑金洲,卜玉华.教育理论与学校实践[M].北京:高等教育出版社,2000:136

专题小结

语文的学科性质与学科地位以及学科目的性决定了语文课程在培养学生的道德品质方面,有着不可替代的责任和功能。本章从"人与自我"、"人与人"、"人与集体和社会"、"人与自然和崇高事物"四大主类目,对教科书中的课文如何呈现道德教育内容进行了分析说明,并在最后对此进行了反思。

思考与练习

一、填空题

1. _____是一定社会调节人们之间以及个人与社会之间关系的行为规范的综合。

2. 广义的德育包括政治教育、思想教育和_____。

3. _____与人文性的统一,是语文课程的基本特点。

二、判断题

1. 道德教育就是关于品德方面的教育。   （   ）
2. 语文是最重要的交际工具,是人类文化的重要组成部分。（   ）
3. 道德教育是语文教育的目的。   （   ）

三、简答题

1. 信息技术与课程整合的基本思想是什么?

2. 道德教育与语文教育存在怎样的关联?

四、论述题

1. 语文教材中道德教育的内容呈现的形式主要有哪些?请结合几个具体的实例进行阐释。

2. 结合自己的理解,谈谈对于语文教材道德教育内容还需要进行哪些反思。

推荐书目与文章列表

1. 叶澜.试论中国当代道德教育内容的基础性构成[J].教育研究,2001(9)
2. 陆继椿.语文教学中的德育新探[J].课程·教材·教法,1988(12)
3. 范蔚.小学语文教科书的基本结构及其教育功能负载[J].课程·教材·教法,2005(7)
4. 檀传宝.道德教育是学校教育的根本[J].全球教育展望,2001(6)

第三章
外国语文课程标准简介

"他山之石,可以攻玉",站在巨人的肩膀上,我们将能看得更远。课程标准是规定某一学科的课程性质、课程目标、内容目标、实施建议的教学指导性文件。学习国外的课程标准不仅可以了解别国的文化背景,还能够从中吸收借鉴他们在制定课程标准上的宝贵经验。

在本章中,我们分别介绍几个主要国家的母语课程标准。虽然各个国家的课程标准都与自己的民族文化有牵连,并不存在绝对好或者绝对坏的评价标准,但总体上看,总有一些可以相互借鉴和启发的共同要素。

学完本章,你将能够:

1. 领会课程标准的重要作用;
2. 宏观把握国际课程标准改革的趋势及理念;
3. 了解美、英、加、韩等国的语文课程标准。

专题导读

我国的新课程改革已经开展很多年了，现在我们试着放眼世界，看看我国的课程改革是在怎样的一种国际环境下进行的？国际上课程改革的方向和基本理念是怎样的，对我国的课程改革又有怎样的指导意义？通过这个专题的学习，这些疑问将能够一一得到解答。

专题一 国外语文课程改革概述[①]

一、国际课改的聚焦点和总体方向

母语和数学、科学三科在许多国家被定为核心课程。当今发达国家为了保持其优势地位，面对全球竞争，所有的课程改革都贯穿了一个根本宗旨：把发展教育、提高教育质量作为参与地区竞争、国际竞争的重要保证。课程改革的重点集中在以下几个方面。

（1）弘扬受教育者的主体意识，促进学生学习方式的改变，关注学生的兴趣，尊重学生的自主选择，积极推进学生的自主活动，努力为学生的终身学习奠定坚实基础。

（2）看重受教育者在情感、态度、能力等方面的发展，由此更为关注国民精神、民族精神的发扬和重塑，关注审美情趣和创新精神的发展，培养学生的"战略性、批判性思想能力"，培养学生的"国民责任感和独立作出决定的能力"。

（3）重视知识更新和综合运用，由此更加强调标准"具有挑战性"，重视学术前沿问题，重视学科整合、文理沟通和综合实践能力的培养。

二、国外母语课程标准的框架结构

语文课程标准是保障语文教育质量的最低目标，又是对优秀的承诺，力求明确界定可以预期的学习结果，阐述学习的内容，而这项预期的结果应是可观察的。因此，标准也是评价的尺度，具有公共性、可完成性、可评估性。以标准为基础的课程改革，也成为标准的本位教育改革。

内容标准：具体回答学校应该教什么，学生应该学什么。

评价标准：也叫达标标准。具体地陈述在阶段性学习结束时，学生应该学到什么。大体上可以将美国的"课程标准"理解为内容标准，其

[①] 巢宗祺等.全日制语文课程标准（实验稿）解读[M].武汉：湖北教育出版社，2002

"评价手册"和"学习质量调查"理解为评价标准。英国和加拿大安大略省的课程标准里，分别有内容要求与达标要求。

三、面向 21 世纪的国外母语课程改革特别突出的基本理念

从一些国家的母语课程标准的序言、目标内容和评价资料中可以看出，面向 21 世纪的国外母语课程改革特别突出下列基本理念。

1. 努力追求高质量的语文教育水平，以适应时代发展和参与国际竞争

义务教育是面向所有适龄学生的合格教育，必然关注对教育平等的追求：既希望给每一位公民提供平等的教育机会，也希望有平等的教育结果，即绝大多数人都得到充分发展。然而，平等与卓越之间的统一是一个两难问题，很难两全其美。在新旧世纪之交，一些国家的母语课程标准明确提出，标准"是对优秀的承诺"，而且，"是长久的承诺，不是一时的设想"，"是逆教育'平庸潮流'而动的优秀潮流的标志"，是"具有挑战性"的决策（美国加州英语课程标准）。早在 1983 年，伴随着《国家处在危机中：教育改革势在必行》报告的发表，美国政府开始新一轮的教育改革行动。他们认为，以往教育改革的失败原因在于没有重视严格的学术标准。教育改革旨在提高学生的学业成绩，但教师对学生实际上"需要知道什么"和"能够知道什么"缺乏全面、明确的了解。于是，以"标准运动"为标志，美国教育开始追求卓越、反对平庸，具体行动表现为各个州开始研究与制定课程标准。到目前为止，美国 50 个州都有自己的课程标准。这场运动为美国语文教育制定了具体明确的目标，解决了学生"需要知道哪些语言知识"和"能够用语言做什么"的难题。

再如加拿大安大略省的英语课程标准明确提出：让学生掌握必需的知识和技能，"帮助他们参与广泛经济领域的竞争，使他们成为享有尊严和满意生活的公民"。

2. 母语教学要培养负责的公民，帮助学生形成国家观念，具备应有的道德价值观

尽管许多国家母语课程标准并未单列"思想道德教育目标"，但不能因此认为他们忽视这方面的要求。有的标准在序言里明确提出，语言学习"能丰富人的心灵，培养负责的公民，形成国家是一个集体的观念"（美国加州标准）。法语课程标准的宗旨之一是"使每个学生成为自觉、自治、负责任的公民"。每个国家的标准都强调语言学习与文化的关系。法国强调"给学生提供法国文化的要素"。从内容目标提供的资料（如作品清单）看，文化历史悠久的国家（如英、法、德）在十分重视本民族文化

传承的同时,也相对关注对多元文化的了解——当然"西方文化中心"的倾向也十分明显。

体现在内容目标中的道德价值观,最为突出的是诸如"理解他人、认识自己、顺利交流、团队精神、追求真理,培养审美情趣、负责任、实事求是,学术诚实,慎下判断"等基本价值目标。如一些母语课程标准都强调"分清一手资料和二手资料"、"分析资料的信度和效度"、"为自己所谈所写负责"等,这些内容既具有道德价值意义,也具有认识价值意义。

3. 促进学生的主动发展,培养学生的个性

在美国密苏里州的《语言教育课程草案》的九项指导原则中,首先强调"语言学习是个人化的","语言学习是一个主动的过程"。因此提出"激发学生自身的兴趣和天赋,他们的语言技巧就能得到最好的拓展和开发";"语言的学习是在不同场景的实践中得到提高";"语言的积累体现为交流经验的发展"等。

在听、说、读、写的具体要求中,"鼓励学生作出富有想象力的机智的反应";"对文学作品作出个人的反应";"理解文章含义,表达出自己的独到的见解";"能选择有特色的表达方式";"充满自信地听和说"(英国标准)。

而在美国各州的语言课程标准里,大都将"批判性的思考能力"、"分析、判断、评价能力"的培养贯穿于各个年龄段的要求之中。在加拿大安大略省的语言课程标准中,将"独立进行推理、独立进行交流、独立组织观点、独立运用语言规则"作为高水平的首要表现。

4. 文学熏陶与语言文字的实际应用并重

上述标准都对文学作品的阅读、欣赏、评价提出了详细要求。要求通过具有解释性、创造性的评价反应证明对文学作品的理解,要求从不同历史时期和文化角度阅读文学作品。在英、法、德各国的课程标准中,文学作品阅读量相当大。法国的课程标准强调"给文学作品以重要地位"、"法国文学应该是首选对象"。英国的课程标准要求"让学生尽可能多地接触儿童文学",到第三阶段和第四阶段则详细地列出学生应该读的经典文学作品清单。

上述标准同样注重语言文字的实际应用,强调"在任何领域的学习中,语言都是重要工具",强调"为提出、分析、解决问题而听、说、读、写"。在美国各州的语言课程标准中,"问题学习"的要求最为突出,十分强调听、说、读、写要看对象,要有目的,从而突出言语交际功能,满足更贴近生活的理解与表达要求,更注重对现代社会信息的收集和处理。阅读量大,写作范围(题材、体裁)广也是一个共同特点。同时,国外标准对语言文字的规范性要求也十分具体。

5. 在学习方式上，注重在实践中学习和研究性的学习

从课程目标上看，既注重为实践需要学习，也注重在实践中学习。围绕实际需要组织学习内容，以实际应用效果考察学力水平。

研究性学习在美国各州的语文标准中均有专门要求。如加州自 3 年级就有"研究技术"子项，"要求理解各种参考材料的结构与组织"。7 年级要求"提出问题并评价问题，发展能引导调查和研究的观点，增加引用参考材料的可信度"。8 年级要求"在所研究信息与原有观点之间获得有效平衡"。密苏里州自"学前班"起，要求"提出共同参与的研究内容"，"就主题提出'如何'和'为什么'"。3～5 年级要求就主题"对观点归类，至少从一种原始材料和二手材料中组织信息，提出认识"。宾州在 3 年级、5 年级、8 年级、11 年级分别提出了"语言研究性学习的具体要求、实施步骤及方法指导"。这与他们在三个课程的学习方式中提倡"主题研究性学习"方式密切相关。美国中部六州将"收集和使用与研究目的相关的资料"作为 8 大总体要求之一，并详细制定了 4 个级别水平的具体目标。

6. 强调语言学习必须与不同领域的内容相结合

"语言是沟通各种学科的桥梁，学生必须学会在不同领域内进行有效的听、说、读、写。所有的教师都必须适时适地传授和加强与学生语言交流的技巧。"（美国密苏里堪萨斯城英语课程标准）"在选择必读的文学和提供信息的作品以及布置作文时，地方教育董事会、学校和教师应该利用每一个机会把读写和其他核心课程联系起来，包括历史、社会科学、数学和科学。学生通过读写，探索他们自己的存在与他人存在的关系。"（加州标准序言）而德国的母语课程标准则分年级详细列出"跨学科主题学习内容"。

7. 引进先进技术加强语言学习

加拿大安大略省提出"要掌握利用相关技术收集信息和分析信息的技能"。

密苏里州的九大指导原则的第 8 条是"语言学习可以通过引进先进技术而得到加强"，因为"在今天的社会里，科学技术无所不在。科技使我们可以比以往任何时候都更加快速和有效地进行交流。学生响应科技的发展，因为它融合了语言、画面、音响和动作，它使所有学生都可以接触到更多的信息"。

8. 课程标准与评价紧密结合

课程标准提供"学什么"、"具有什么能力"之类的目标要求，评价则是检验对内容标准的达成度。尽管各国的评价制度和方式不同，但都是将评价作为一种研究过程，力求科学公正，有利于学生的个性发展，有利于课程目标的实现。有些国家是让具有权威性的评价中介组织来承担

阅读与写作的评价任务,由他们编制试题,制定"绩效标准",实施考试,确定分数线,抽取学生作业样本为案例,向公众说明各级考试绩效,力求让学生、老师甚至家长明白语言学习怎样才是"优秀"、"良好"、"合格"与"不合格"。

英国(指英格兰和威尔士地区)则根据标准制定了说与听、阅读、写作三个方面的"成就目标的层级描述",对学生"应知的"和"应能做的"进行比较简要而完整的描述。每项成就目标分别有八个层级和一个特殊表现层级。根据学生年龄,他们将基础教育阶段分为四个关键期:5～7岁的两年幼儿学校教育阶段为第一关键期;7～11岁的四年小学阶段为第二关键期;11～14岁中学前三年为第三关键期;14～16岁中学后两年为第四关键期。第一关键期结束时,多数学生的成就表现应在层级1至层级3,以第2层级为期望层级;第二关键期结束时,多数学生的表现层级在层级2至层级5,以第4层级为期望层级;第三关键期结束时,多数学生的表现应在层级3至层级7,以第5层级或第6层级为期望层级,优秀学生可达第8层级或特殊表现层级。成就层级不适用于第四关键期(对该关键期学业评价另分六级)。以下试举几例英语成就目标的层级描述。

[说和听]

- 层级1:学生谈论一些感兴趣的事物,能互相倾听并且适当回应;他们能传达一些简单信息给不同对象,并开始借此提出细节来扩展他们的想法和叙述。
- 特殊层级表现:学生在不同的情境下能适当选择和运用组织方式风格和声调;他们能根据各种目的灵活使用各种方法来引发和维持讨论的进行,他们在讨论中通常扮演领袖的角色,能专注倾听并了解各种复杂的言论;他们能在不同的场合和按不同的目的,流利运用标准英语。

[阅读]

- 层级1:学生能在简单的内容中认出熟悉的字;在朗读中,他们能利用字母和章节关系知识来阅读文字和建构意义;在一些阅读活动中他们有时需要一些支持;他们能指出诗歌、故事和非小说性质文章中自己喜爱的部分,并作出反应。
- 层级7:不仅能理解广泛的作品,也能评判作者如何透过语言上、结构上的表现手法和方法来达到效果;他们能选择与分析资讯和概念,并说明这些资讯和概念在不同的文本中是如何被传播的。

[写作]

- 层级1:学生的作品能以简单的文字和片语来沟通意思;从阅读和写作中,他们已开始觉察到句号的用法;他们书写的字母通常字体清楚,方向正确。
- 层级 8:学生的作品展现能选择运用特殊的表达方式来传达特别的意思和吸引读者;其在记述体裁的写作上能掌握人物、时间和背景,并能变化结构,在非小说性体裁的写作上,展现出连贯和一致,并能清楚表达观点;其词汇和文法的运用能达到突出和强调的效果,能掌握标点符号和分段的运用。

美国宾夕法尼亚州教育评估报告处近几年连续推出《阅读评价手册》和《写作评价手册》,向学校、教师、家长、学生提供每年有关阅读、写作能力评价的详细材料,包括对阅读、写作能力的阐述,评价的组成部分,评价试题,评分标准和代表性的评价样本。从这些评价报告样本中,我们可以看到"客观题"的合理,可以看到对"主观题"答案的评分分析,是在努力理解学生具有个性的独立阅读能力和写作能力。阅读考试的阅读文章和写作考试的作文题与课程标准规定的目标要求保持高度的一致性。可以看出,评价是在引导学生发展适应现代社会要求的基本语文素养。

《韩国语文课程标准》仅对评价的目的、内容、方法提出了简要的要求。强调:听的评价目标重点在于"听"的本质的理解,推论地听,批判地听;说的评价目标重点在于积极的参与和明确有效的表达;读的评价目标重点在于对"读"的本质的理解,读的态度等;写的评价目标重点在于积极参与写的活动,内容的生成和组织,明确有效的表达等。

上述基本理念和我国语文教学改革所提倡的基本精神有许多相同之处,也有许多具有前瞻性的认识值得我们借鉴。在这次制定的新标准中,特别重视通过语文学习使受教育者养成符合时代要求的价值观和社会责任感。要求语文教学帮助学生扩大视野,吸收民族文化精华,尊重多样文化,具备现代社会所需要的各种能力。

专题小结

国际课程改革的重点体现了这次改革的侧重,也是我国进行课改要抓住的核心,只有抓住重点才能在改革上有所突破;上文中的八大改革理念是课程改革的思想引领和导航,在这样的理念下开展课改才能坚定方向和目标,并一以贯之。我国的课程改革也应该紧跟国际的引领,在吸收借鉴的基础上根据我国的具体国情加以创新。

专题导读

以下简要介绍美国的语文（母语）课程标准。美国的语文课程标准显示出世界语文教育的一些共同的要素和追求，与我国语文课程标准是否也有一些共同之处呢？或对我国的语文教育是否有启发和借鉴之处呢？

专题二 美国语文课程标准简介①

一、20世纪末美国制定语文课程标准的背景

美国20世纪80年代初，为了回应当时"公众普遍的看法，认为我们的教育系统存在着严重的问题"，美国政府启动了题为"处在危机中的国家"的重大教育工程。1983年，全美优质教育委员会发表《国家处在危机中：教育改革势在必行》报告，报告指出：我们社会教育的基础目前正被一股日益增长的"平庸潮流"所蚕食，这股"平庸潮流"正在威胁着我们的国家和民族的未来……

以"标准运动"为标志，美国教育开始追求卓越、反对平庸，开始新一轮的教育改革行动。这场运动为美国语文教育制定了具体明确的目标，具体行动表现为国家及各个州开始研究与制定课程标准，解决了学生"需要知道哪些语言知识"和"能够用语言做什么"的难题。

虽然，美国的课程标准有国家的，有地方的——美国50个州都有自己的课程标准，但它们并不是各行其是，国家标准体现统一的国家意志，各州标准实现地方自治。国家标准对各州和地方教育机构或教育实体没有法律约束力，也不强制遵守执行，各州自愿采用。但国家标准在观念与理论方面影响着各州的标准。

国家标准《英语语言艺术标准》由国际阅读协会和英语教师全国委员会共同制定，于1996年出版。其中提出的一些理念，所界定的概念术语以及语言学习使用的方法技巧策略等，在各州标准里不同程度地被应用推广，为各州语文课程标准的制定提供了一个理论框架。

二、美国国家《英语语言艺术标准》主要的内容和理念

1. 关于"标准"的定义

《英语语言艺术标准》对"标准"的定义是："学生对语言应该知道什

---

① 本节引自巢宗祺等. 全日制语文课程标准（实验稿）解读[M]. 湖北：湖北教育出版社，2002

么和运用语言能够做些什么。"这个定义在各州课程标准中已经达成共识。

2. 课程标准应该完成的使命

为满足学生今天和明天的读写需要；

提出一个读写教育共同分享的远景；

为所有的孩子提升平等，促进卓越。

3. 关于语文教育的最终目标

《英语语言艺术标准》规定了语文教育的最终目标是："确保所有的学生都能获得语言学习的机会，并得到鼓励，使他们形成追求个人生活目标，包括丰富个人生活而发展语言技巧的观念，作为有教养的、有生产力的成员充分参与社会生活。"

4. 关于一些概念和术语的定义

国家《英语语言艺术标准》对一些新概念或术语作了明确的定义，以便统一认识。比如《英语语言艺术标准》对"文本"、"阅读"等具有时代特征的概念的解释如下。

文本：不仅指纸质的印刷品，而且指口头语言形式、书面作品，以及信息技术的交流媒介。

语言：除了指口头与书面形式的表达之外，还包括视觉交流形式。

阅读：除了对印刷品的阅读之外，还涉及听和观察。

美国基础教育特别强调训练学生的"批判性思维"。什么是批判性思维？《英语语言艺术标准》在术语表中对此概念作出的定义是：

批判性思维，是指在文学、艺术、科学和其他学科领域中，具有创造性、批判性和逻辑性的思维过程特征；发散性思维。

与此相联系的"批判性阅读"成为美国语文教育的一个重要概念。《英语语言艺术标准》对此作出如下定义。

用这样的方式阅读文本：提出假设，探讨观察问题的视角，批评社会和政治的基本价值观或立场。批判性阅读是一种对抗性的、积极的阅读方式，把注意力集中到文本与世界两个方面。批判性读者从文本中获得经验，反过来，又借助文本形成并发展自己对个人和社会经验的批评性观点。

《英语语言艺术标准》对批判性阅读的定义及其规定性内涵，已经成为各州共同遵守的规范，批判性阅读成为各州标准考试，甚至 SAT 阅读考试的项目之一。

5. 把学习者放在语言学习的中心位置

《英语语言艺术标准》强调，应该把学习者放在读写训练与语言学习的中心位置，提出了以学习者为中心的交互模式，如图 3-1 所示。

图 3-1 表明，学习者周围是一个非常宽松广泛的语言环境，在这样的

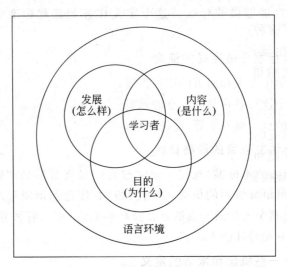

图 3-1 语文课程标准交互模式图

环境中学习语言,首先,应该明确学习的内容,即知道学什么;其次,要了解学习的方式,即知道怎么学,同时还要考虑学习的目的,即知道为什么学习。

三、《英语语言艺术标准》中提出的语文教学内容

《英语语言艺术标准》分别从阅读、写作和交际、探究能力、信息技术与文化课程的整合、尊重多元文化以及对学生综合语文能力的要求和语文教学的最终目的等方面向人们展示了语文教育应该完成的任务,以及最终要达成的目标。提出了以下语文教学的12项具体内容。

(1) 学生广泛阅读印刷或非印刷的文本,建立对文本意义的理解,认识自我,以及对美国和世界文化的理解。通过阅读,获得新的信息,满足社会和工作的需求,同时更好地完善自我。这些文本包括虚构和非虚构类的、古典的和当代的作品。

(2) 学生广泛阅读各个时期的不同类型的文学作品,从很多不同的角度(比如哲学的、伦理的、审美的)来理解人类经验。

(3) 学生运用各种策略方法去理解、阐释、评价和欣赏文本。他们综合先前的经验,利用与其他读者和作者互动的机会,借助词汇知识和其他文本知识、词汇辨认策略,以及对文本特征的理解(比如声音—字母一致,句子结构、语境、图画等),从而形成正确的认识。

(4) 学生依据不同的听众和目的,调整他们书面的、口头的和视觉的语言(如表达习惯、风格和词汇等),达到有效交流的目的。

(5) 写作过程中,学生要调动多种写作技巧和策略,恰当使用多种写

作要素,为了多种目的,与不同的读者进行交流。

(6) 学生运用语言结构知识、语言惯例(比如拼写、标点符号)、媒体技巧,比喻语言及其类型,去创造、批评和讨论印刷与非印刷的文本。

(7) 通过激发思想和问题意识,通过难题的困惑,促进学生对事物的研究,激发研究的兴趣。他们搜集资料,评价和综合来自各种不同资源的数据(如印刷和非印刷的文本、民俗产品、人),用适合他们的目的和听众的方式交流他们的发现。

(8) 学生利用技术和信息资源(比如图书馆、数据库、计算机网络、电视)搜集资料,综合各种信息,创造新知识,并且与他人进行交流。

(9) 学生发展这样一种认识:尊重语言运用和模式的多样性,以及跨越文化、民俗群体、地理区域和社会作用的方言。

(10) 对于第一语言非英语的学生,利用他们的第一语言发展英语语言学习能力,促进他们对跨学科内容的理解。

(11) 学生作为有见识的、会反思、有创造性、有批判意识的成员参与社区文化活动。

(12) 学生利用口头的、书面的和视觉的语言实现自己的目的(如为了学习、娱乐、劝说,以及信息交流)。

专题小结

美国的语文课程标准也是从听、说、读、写等几种能力方面对各个学段的学生提出具体的要求,这一点与我国的语文课程标准也是一样的。他山之石,可以攻玉。两国可以相互借鉴,相互学习。

思考与练习

一、填空题

1. _____和数学、科学三科在许多国家被定为核心课程。
2. 标准作为评价的尺度,应具有公共性、_____、可评估性。

二、判断题

1. 所有国家的课程改革都贯穿了一个根本宗旨:把发展教育、提高教育质量作为参与地区竞争、国际竞争的重要保证。( )
2. 全美英语教师协会和国际阅读协会主持制定的《美国英语课程标准》被视为"国家标准"。( )

三、简答题

1. 国际课程改革的重点主要体现在哪几个方面?

2. 21世纪的国外母语课程改革特别突出的基本理念有哪些?

推荐书目与文章列表

1. 何晓文.五国小学语文课程比较研究[J].外国中小学教育,1996:5
2. 浙江师范大学教育科学研究所.面向未来的教育探索[M].北京:人民教育出版社,1998

第四章
我国语文课程标准的解析与实践

面对世界课程改革的大趋势,针对我国基础教育的具体情况,教育部于1999年年初开始了研制语文课程标准的准备工作,2000年公布了小学、初中和高中《语文教学大纲(试验修订版)》;2000年9月,义务教育阶段各学科的课程标准研制工作正式开始;2001年9月,《语文课程标准》和按此编写的实验教材,在三十多个实验区展开实验。

◆ 学完本章,你将能够:

1. 了解语文课程标准的基本理念;

2. 掌握我国语文课程标准中的几个重要概念;

3. 了解语文课程标准对实践的指导意义。

专题导读

在世界课程改革的趋势下,我国的课程改革也在进行中。《语文课程标准》的制定,便是我国课程改革的重要体现。本专题旨在探讨语文课程的性质与定位,并重点介绍了语文课程标准的基本理念。

专题一 语文课程标准的基本理念

一、课程性质与地位

《语文课程标准》中指出:"语文是最重要的交际工具,是人类文化的重要组成部分。工具性与人文性的统一,是语文课程的基本特点。"

"语文课程应致力于学生语文素养的形成与发展。语文素养是学生学好其他课程的基础,也是学生全面发展和终身发展的基础。语文课程的多重功能和奠基作用,决定了它在九年义务教育阶段的重要地位。"①

关于语文课程的性质,多年来人们提到过基础性、实践性、思想性、科学性、民族性、综合性等。可见,语文课程的性质不是单一的,而是多重的。通过一段时间的讨论,目前,大家获得了比较一致的认识:语文课程性质的核心应该是工具性和人文性的统一。所以《语文课程标准》中指出语文既是工具,又是文化,它是两者的统一。如果仅仅把语文定位于工具,则抹杀了语文的人文内涵;仅仅把语文定位于文化,又与文学、历史、哲学等混同了起来。所以《语文课程标准》明确地指出,语文课程的基本特点是工具性与人文性的统一。"工具性"着眼于语文课程培养学生语文运用能力的实用功能和课程的实践性特点,"人文性"则着眼于语文课程对于学生思想情感熏陶感染的文化功能和课程所具有的人文学科的特点。

语言文字是最重要的交际工具,而语言文字以及由语言文字构成的作品都属于文化的范畴。如中国的语言文字本身就是中华文化——乃至东方文化的一种反映和标志。由语言文字构成的作品更容易理解为是一种文化。《语文课程标准》中指出,语文"是人类文化的重要组成部分",就是指明它的文化属性,"其用意在于提示,它不属于自然现象,不能简单地把自然科学的定理、规则和方法搬用到语文教育中来。自然之物是不以人的意志而存在的,文化之物则不可避免会含有人的情感、意

---

① 中华人民共和国教育部.全日制义务教育语文课程标准(实验稿)[M].北京:北京师范大学出版社,2001:1

志、态度和思想观念的成分"①。

《语文课程标准》指明语文课程的"工具性"和"人文性",目的就在于凸显两方面的功能。语文课程既要培养学生在语言文字方面的基本功,满足交际的需要,又要提高学生的文化品位以及审美情趣和审美能力。

二、语文课程的基本理念

1. 全面提高学生的语文素养

《语文课程标准》中指出:"九年义务教育阶段的语文课程,必须面向全体学生,使学生获得基本的语文素养。语文课程应培养学生热爱祖国语文的思想感情,指导学生正确地理解和运用祖国语文,丰富语言的积累,培养语感,发展思维,使他们具有适应实际需要的识字写字能力、阅读能力、写作能力和口语交际能力。语文课程还应重视提高学生的品德修养和审美情趣,使他们逐步形成良好的个性和健全的人格,促进德、智、体、美的和谐发展。"②

2. 正确把握语文教育的特点

根据语文课程性质,语文应该具有如下特点。

(1) 丰富的人文内涵

语文课程的人文内涵主要表现在以下几点。

① 语文是人类的精神家园

语文对学生精神领域的影响是深广的,因为语文是人类"诗意地栖居"的精神家园,于漪说:"民族文化是民族的根,而民族语言负载民族文化,是根之根。""汉语言文字负载着中华民族数千年的古老文化,它不是没有生命的符号,而是蕴涵着中华民族独特性格的精灵。"而我们的语文教育曾一度极力追求科学化,追求客观性、确定性、抽象性的目标,在自觉不自觉地向自然科学靠拢的过程中,醉心于数量化和标准化,过度地进行理性分析,简单地把对付物理世界的方法运用到解决精神世界的问题上来,丢失了语文固有的人文教育性。现在,我们除了承认语文课程的工具性外,还恢复和强化语文课程的人文性。语文课程的人文性特点决定了语文课不能过分地进行理性分析,必须重视语文的熏陶感染作用和学生的情感投入,提倡师生之间的平等对话,尊重学生独特的情感体验和独创的理解,还必须注意教学内容的价值取向。语文教学除了让学生学习祖国语言及其各种表现形态(口头语、书面语等),学习利用语言进行形象思维和抽象思维之外,更重要的是通过学习祖国语言,继承民

---

① 巢宗祺等.全日制语文课程标准(实验稿)解读[M].武汉:湖北教育出版社,2002:33
② 中华人民共和国教育部.全日制义务教育语文课程标准(实验稿)[M].北京:北京师范大学出版社,2001:1

族精神和人类遗产,提高文化修养,培养高尚情操,形成良好的个性和健全的人格,塑造高尚的灵魂。语文教学应当高扬人文精神和科学精神,传播先进文化,为学生的发展打下"精神的底子"。

② 反对标准化,尊重个性

《语文课程标准》指出:"阅读是学生的个性化行为,不应以教师的分析来代替学生的阅读实践。应让学生在主动积极的思维和情感活动中,加深理解和体验,有所感悟和思考,受到情感熏陶,获得思想启迪,享受审美乐趣。要珍视学生的独特感受、体验和理解。"① 语文课程中具有大量具体形象的、带有个人情感和主观色彩的内容。所以,学生对语文材料的反应往往是多元的,学生对同一篇课文,尤其是文学作品的鉴赏和感悟,具有很强的个性化特点。这是因为每位学生具体的阅读,都包含有每位学生各不相同的"前理解",如知识水平、认识能力、生活经验、审美程度和阅读习惯等,都有各自注重的焦点、程序和方法。基于这种个性差异的阅读鉴赏,即使对同一篇课文,也会产生不同的感悟和理解。比如教学《小白兔和小灰兔》一课,尽管多数小朋友说小白兔好,他向老山羊要种子,自己种白菜,爱劳动等,但也有一些小朋友说喜欢小灰兔:"小灰兔也喜欢帮助别人,他和小白兔一起帮老山羊收白菜";"小灰兔有礼貌,老山羊送给他白菜,他说'谢谢你'";"小灰兔不向老山羊要菜子,可能是他不知道用菜子是可以自己种白菜的。因为他不知道小白兔的白菜是从哪里来的。如果他知道,也一定会要菜子的"……再如,"《坐井观天》快结束时,教师问:'同学们,青蛙听了小鸟的话后,跳出井口看到了什么?'学生想一会儿,纷纷站起来发言,有的说,青蛙看到了广阔的田野,被美丽的景色吸引住了;有的说,青蛙看到了工厂,工人师傅在工作……但有一个学生说:'青蛙又跳了回去!'理由是:当青蛙跳出井口正要喝水,一只老青蛙拦住了它,告诉它河水被污染了,有害,青蛙正想感谢这只老青蛙,听到一声'哪里逃',一柄钢叉把老青蛙叉住了,青蛙感到了外面世界的危险,所以赶紧跳回井里。"②

这种对课文鉴赏理解的多元性,教师应当予以尊重。阅读是学生的个性化行为,要提倡多元解读,鼓励学生发表个人见解和独特的感受,有利于发展创新思维,有助于从多个角度解读文本,丰富阅读感受。但是,正如专家指出的那样,多元解读的前提是尊重文本,是"把握大意",不能似是而非,更不能无中生有,一定要处理好多元解读和阅读导向的关系,从而做到不偏离作者的写作目的和尽到教师教书育人的责任。

如《小猴子下山》,作者的本意是说做事要持之以恒,不可三心二意。而有的教师却背离童话的主旨,引导学生从"经济效益"的角度谈感受。

---

① 中华人民共和国教育部.全日制义务教育语文课程标准(实验稿)[M].北京:北京师范大学出版社,2001:17

② 吴兴群.新课程阅读教学案例与反思. http://blog.cersp.com/36805/343386.aspx

再如《麻雀》,屠格涅夫的本意是赞美勇敢的力量,爱的力量。而当有的学生发表老麻雀太冒险了的看法时,老师不仅不加引导,还顺着学生的发言补充"留得青山在,不怕没柴烧"。[①]

这不仅涉及准确理解课文内容,而且涉及情感、态度、价值观目标的问题,涉及怎样做人的问题。

(2) 很强的实践性

语文课程的实践性体现在:

① 语文学习的过程不在于传授系统的语文知识,而在于学生听、说、读、写的实践活动,是学生在语文实践中受到熏陶感染的过程。以阅读教学为例,《语文课程标准》指出:"阅读教学是学生、教师、文本之间对话的过程。"[②]这种对话首先是学生的读书实践。阅读教学要让学生充分地读,在读中整体感知,在读中有所感悟,在读中培养语感,在读中受到情感的熏陶。所以,阅读教学的主要形式应是"以读为主,讨论交流",一节课大部分时间应是学生的读书交流活动。当然,这种读书活动决不是简单地让学生自己去读书。教师应作为读书交流活动的组织者、促进者和参与者,要有层次地安排学习过程,进行必要的对话式的指导和讲解,使学生的读书交流活动有序、有质地推进。

② 培养学生的语文实践能力。《语文课程标准》提出:"不宜刻意追求语文知识的系统和完整。"它包含两层意思:一是不能从语文学科本身的知识体系出发构建语文课程体系;二是不能从语文学科本身的知识体系出发设计语文教学活动。语文是实践性很强的课程,应着重培养学生的语文实践能力,而培养这种能力的主要途径也应是语文实践,不宜刻意追求语文知识的系统和完整。语文又是母语教育课程,学习资源和实践机会无处不在,无时不有。因而,应该让学生更多地直接接触语文材料,在大量的语文实践中掌握运用语文的规律。

过去,在科学化思潮的影响下,语文课程形成了一种从学科知识体系的角度出发来构建中小学语文课程的思路,有些教材就是按照这种思路来编写的:把构建起来的语文知识系统分解为一百几十个知识点,把这一百几十个知识点分配到9个年级18个学期,按照知识点去寻找课文的"例子",然后再编写"习题"、"导语"、"提示"之类来引导教师的"教"和学生的"学"。这样的教材限定死了教师尤其是学生的思维和理解,语文课程的整个实施过程就是围绕"知识系统"展开的,并按照这个"知识系统"来反复操练。实际上我们大概都见过这样的人,他们说话、写文章都非常的正确流畅、精美形象、妙语连珠,可就是记不清甚至不知道"连

---

① 崔峦.阅读教学要处理好十个关系.福建教育(小学教育),2005-08-31,http://www.fjedu.com.cn

② 中华人民共和国教育部.全日制义务教育语文课程标准(实验稿)[M].北京:北京师范大学出版社,2001:17

动"、"兼语"、"借喻"、"借代"等术语,也不明白自己用了什么修辞格,出现了哪些类型的复句。可有些人知道这些术语和知识,可就是说不好话,写不好文章,甚至文理不通、味同嚼蜡。就犹如有的学生知道加、减、乘、除法,可就是不会买东西,算不清账一样。而语文一个最基本的目的,就是满足"交际"的需要,培养学生的语文实践能力。所以《语文课程标准》指出:"阅读教学的重点是培养学生具有感受、理解、欣赏和评价的能力","在阅读教学中,为了帮助理解课文,可以引导学生随文学习必要的语法和修辞知识,但不必进行系统、集中的语法修辞知识教学。"[①] 所以,我们一定要摆正"语文知识"和"语文实践"的位置,处理好它们的关系。传统教学过分强调接受学习,学习以书本为主、以认知为主、以获得间接经验为主。尽管这种学习保证了人类文明高效率的继承和发展,功不可没,但是这种学习却是以牺牲个体的直接生长体验为代价的。学生在获得"浓缩果汁式"知识的同时,失去了成长过程中所必需的直接经历和体会,失去了人类发展取之不竭的动力——创造精神和实践能力,失去了生命的丰富性和完整性。这种传统的学习已丧失了学习的基本内涵——实践性。

(3) 根据汉语言文字的特点进行教学

语文课程还应考虑汉语言文字的特点对识字写字、阅读、写作、口语交际和学生思维发展等方面的影响,在教学中尤其要重视培养良好的语感和整体把握的能力。

我国语言文字的独特性在于其总体特点是以形表义,音、形、义结合。因而语文教育不仅要进行理性分析,更要重视整体感悟。

新课程改革坚持学习的实践性观点,认为学习是学习者主动建构的过程,无论新知识的获得或是现成知识的掌握,都离不开学习者的积极参与,离不开认知主体的活动。学生学习知识的过程,实质上是一种探究的过程、选择的过程、创造的过程,也是学习科学精神、创新精神,乃至正确世界观逐步形成的过程。因此,本次课程改革使我们在信息化的基础上回归"学习"的本义,让我们的学生不仅仅用接受的方式学习,更多地是在发现、探究的实践活动中学习,学习生活的知识,学习生存的技能,学习生命的意义。这也就是联合国教科文组织 21 世纪国际委员会提出的终身学习的内涵:学会求知、学会做事、学会共处、学会做人。

3. 积极倡导自主、合作、探究的学习方式

"学生是学习和发展的主体。语文课程必须根据学生身心发展和语文学习的特点,关注学生的个体差异和不同的学习需求,爱护学生的好奇心、求知欲,充分激发学生的主动意识和进取精神,倡导自主、合作、探

---

① 中华人民共和国教育部. 全日制义务教育语文课程标准(实验稿)[M]. 北京:北京师范大学出版社,2001:17

究的学习方式。教学内容的确定,教学方法的选择,评价方式的设计,都应有助于这种学习方式的形成。"

"语文综合性学习有利于学生在感兴趣的自主活动中全面提高语文素养,是培养学生主动探究、团结合作、勇于创新精神的重要途径,应该积极提倡。"[1]

可见,《语文课程标准》提倡自主学习、合作学习和探究学习。下面我们分别介绍这三种学习方式。

(1) 自主学习

自主学习,一是指学习的一种方式;二是指学习的态度情感。从学习方式来说,自主学习是指学习主体有明确的学习目标,对学习内容和学习过程具有自觉的意识和反应的一种学习方式;从态度情感来说,自主学习是指学生在学习过程中,选择适合自己的学习方法,积极主动地在解决问题中学习。

从上面的解释可以看出,自主学习有五个特点:

① 学习主体有明确的学习目标;
② 能在学习上进行自我调控;
③ 能有选择地学习;
④ 能创造性地学习;
⑤ 有解决问题的愿望和责任心。

过去的学习基本上是一种被支配、被控制的"他主学习",在这种学习方式下,学生丧失了选择的能力、自我学习的能力和自我监控、自我指导、自我强化的能力。提倡自主学习,就是要改变这样的局面,让学生的学习变"他主"为"自主",帮助他们提高学习的自觉性,逐步掌握学习的方法,养成良好的学习习惯。

(2) 合作学习

合作学习,是指学生在学习群体中"为了完成共同的任务,有明确的责任分工的互助性学习"[2]。

合作学习是相对于"个体学习"而言的。所以合作学习有五个要素:

① 有学习小组;
② 有共同的学习目的和任务;
③ 小组成员相互支持、配合、尊重,并有效沟通;
④ 有一定的分工,个体要承担共同任务中个人的责任;
⑤ 要对共同活动的成效进行评估,以寻求更高效率和质量的途径。

课堂教学中要根据教学内容和目标来进行合作学习,而不是任何情

---

[1] 中华人民共和国教育部.全日制义务教育语文课程标准(实验稿)[M].北京:北京师范大学出版社,2001:2

[2] 巢宗祺等.全日制语文课程标准(实验稿)解读[M].武汉:湖北教育出版社,2002:40

况下都要合作学习。要让学生学会合作学习,这包括合作学习的组织及学习活动。学习任务要明确。小组中每个成员都要积极参与,为完成共同的任务组织活动,积极交流、沟通,互相支持、互相配合,还应有必要的让步。还要学会学习别人、赞赏别人,在共同活动中进行评价。合作动机和个人责任是合作学习产生良好效果的关键。

(3) 探究学习

探究学习,是指学生独立地发现问题、解决问题、获得自主发展的学习方式。[①]

探求是人类的本能,求知欲是人类本性中最大的驱动力之一。探究学习正是适应人类的探求本能,发展和发挥每个人的创新精神和探究能力的一种学习方式。

探究学习的主要特征有:

① 问题性;

② 实践性;

③ 参与性;

④ 开发性。

尊重每个学生的人格,尊重他们的自信心和自尊心,这是探究学习的前提。天底下没有一个不爱求知的孩子,他们很喜欢提出一些自己不懂的问题或自己的一些猜想。比如在学习《小蝌蚪找妈妈》一课时,学生会问:"小蝌蚪穿着黑衣裳,为什么长成青蛙后就变成绿衣裳了呢?"在《探索宇宙的秘密》教学过程中,老师说:"科学家通过翔实的资料证明,地球以外没有生命的存在,因为其他星球不具备生命存在的条件。"一个学生站起来说:"我不同意科学家的结论,我觉得地球之外可能存在着生命。"他的理由是:"地球以外的生命具有特殊功能,不一定需要地球的生命所必需具备的条件。"[②]青少年为探究提出的任何问题和答案都是有他们的逻辑和道理的,有价值的,哪怕是"鸡毛蒜皮"的问题。

要鼓励和帮助每个学生自己提出问题,在探究过程中尝试不同的方法,摸索适合自己获取新知识和解决问题能力的途径,以寻找答案。每个学生都是独特的,世界上的事物是复杂的,因此学生探究的答案可能是多种多样的,有的还可能是错误的。这需要教师的理解和宽容,要允许和鼓励学生敢于说出与众不同的想法。探索的经历和体验对学生的发展是有意义的,错误对学生的学习也是有意义的,尝试错误也是一种学习。

相对于探究学习,传统教学以学生的接受学习为主要学习方式。这次课程改革倡导新的学习方式,就是要让学生在已习惯的接受学习之外学会探究学习。

---

① 巢宗祺等. 全日制语文课程标准(实验稿)解读[M]. 武汉:湖北教育出版社,2002:40

② 吴兴群. 新课程阅读教学案例与反思. http://blog.cersp.com/36805/343386.aspx

当然,探究学习并不是在所有语文学习过程中都是必须的。我们的提法是:根据学生的年龄特点和认知水平,根据教学的需要,决定是否进行必要的探究学习。

4. 努力建设开放而有活力的语文课程

语文涉猎到多种学科,也可以说是各学科的基础。所以现在人们提倡大语文观,即开放性语文课程,拓宽语文学习和运用的领域,打破学科界限,加强综合性,沟通与其他学科的联系,沟通与生活的联系,注重跨学科的学习和现代科技手段的运用,使学生在不同内容和方法的相互交叉、渗透和整合中开阔视野,提高学习效率,初步获得现代社会所需要的语文实践能力。当然,在语文课程中建立跨领域的学习平台,应注意立足于"语文",而不应该是漫无目的的"大杂烩",或取代其他学科。

开放性语文课程的特点有:
① 开放;
② 变化;
③ 发展;
④ 有活力。

开放语文课程,要从知识和能力、过程和方法、情感态度和价值观三个维度进行开放设计;要包括语文学科课程,也包括语文活动课程和语文综合学习课程;要不局限于课本、教室、校园,还应与社会、家庭、学生生活相沟通;要求教师、学生与文本之间交流、互动,强调师生对课程、教材、教法的意义重建;要根植现实,面向未来,还应密切关注社会信息化的进程,推进语文课程的变革和发展。新时期的语文课程应该是开放的、变化的、发展的、有活力的。

持开放性的语文课程观,就必须要有创新的精神。既要积极吸收新的教育理念,探求课程建设新的思路,增强过程的资源意识,注重在过程中传达新思想;又要尽可能满足不同地区、不同学校、不同学生的需求,并能够根据社会的需要,密切关注当代社会信息化的进程,不断自我调节、更新、发展;还要营造有利于创新的氛围:鼓励、赞许、欣赏、理解和宽容,培养学生的创新思维和创新能力。

专题小结

语文是最重要的交际工具,是人类文化的重要组成部分。工具性与人文性的统一,是语文课程的基本特点。

语文课程标准的基本理念为:全面提高学生的语文素养,正确把握语文教育的特点,积极倡导自主、合作、探究的学习方式和努力建设开放而有活力的语文课程。

专题导读

"语文素养"、"动态生成"、"师生平等对话"、"综合性学习"可以说是新课标中最能体现改革理念、改革精神，也是对教学实践最具指导意义的几个重要概念。因此为了更好地理解和实施我国的语文课程标准，有必要对这几个重要概念进行认真的认识。

专题二　我国语文课标中的几个重要概念

一、语文素养

1. 语文素养的含义

小学语文教育专家崔峦认为，语文素养是一种以语文能力为核心的综合素养，其要素包括语文知识、语言积累、语文能力、语文学习方法和习惯，以及思维能力、人文素养等。结合语文课标来看，这是一个开放性的结构，既有不同时代普遍适用的核心内容和要求，又有鲜明的时代特征，随不同时代作不同的规定，具体到语文课标就是业已确定的五个方面：识字与写字、阅读、写作（话）、口语交际和综合性学习。这五个方面与传统的"听、说、读、写"相比，合并了"听说"，加进了"综合性学习"，表明语文素养是一种综合性形态要求。可见，《语文课程标准》中语文素养的内涵是非常丰富的，它包括："字词句篇的积累，语感，思维品质，语文学习方法和习惯，识字写字，阅读，写作和口语交际的能力，文化品位，审美情趣，知识视野，情感态度，思想观念等内容。"[①] 可见，语文素养是一种综合的文明素养，是个体融入社会、自我发展不可或缺的基本修养。

2. "语文素养"和"语文能力"的区别

《语文课程标准》说："语文课程应培养学生热爱祖国语文的思想感情，指导学生正确地理解和运用祖国语文，丰富语言的积累，培养语感，发展思维，使他们具有适应实际需要的识字写字能力、阅读能力、写作能力、口语交际能力。"那么，"语文素养"和"语文能力"又有什么实质性的区别呢？

"素养"一般理解为修养、涵养，它是经过长期熏染教化或学习实践而养成的内在的、达到一定高度的品性和素质。《现代汉语词典》解释为"平日的修养"，《辞海》解释为："经常修习涵养。如艺术素养；文学素养。"

---

① 巢宗祺等.全日制语文课程标准（实验稿）解读[M].武汉：湖北教育出版社，2002：35

《汉书·李寻传》:'马不伏历(枥),不可以趋道;士不素养,不可以重国。'"

能力是指人能够胜任或能够完成某项活动的自身条件,包括心理条件和心理特征。比如语言能力、音乐能力、劳动能力。能力主要是后天形成的。

从"素养"和"能力"的概念来看,素养和能力的形成都必须经过一个培养的过程,但素养是一种达到一定水平,且更具有内隐性,既有功利性,又有非功利性的心理特征;而能力有强有弱,且主要具有功利性。比如,我们说某人有语文素养,是指他不但具有识字写字、阅读写作和口语交际的能力,更具有文化品位、审美情趣、活泼心智、广博知识等涵养。我们说某人有语文能力,可能就是指他具有识字写字、阅读写作和口语交际的能力。可见,"语文素养"高于"语文能力",语文能力包含在语文素养之中。所以《语文课程标准》提出"全面提高学生的语文素养",其目的在于进一步开发语文教育在实用之外的功能,强调增强底蕴、提高修养,跳出工具性的泥淖,以实现语文教育"工具性和人文性的统一"。

二、动态生成

1. 什么叫动态生成

按字面的意思,"动态"指事物运动的状态,"生成"指事物的发生、形成。新的课程理念认为,课堂教学不是简单的知识学习的过程,而是师生共同成长的生命历程,它五彩斑斓,生机勃勃,活力无限。因此语文课程标准中的"动态生成"指的是我们应当从关注生命的高度,用变化的、动态的、生成的而非静止的、僵化的观点来看待课堂教学。

2. 课堂动态生成的具体体现

(1)语文学习不再局限于课文。凡是涉猎到语言、思想、情感的对象都可以成为语文课堂的教学内容。比如观一幅画、听一首音乐、进行一项活动等,都可以促使学生情感、思想以及语言交流的生成。

(2)语文课堂不再是预设的既定课堂。它可以根据学生的此时此景进行或时间上的,或内容上的,或形式上的创造性的调节。

(3)学习方式不再是单一的。动态生成的课堂可以让学生生龙活虎、各得其所地进行最好的学习,而不是按照一个步伐、一个形式按部就班地进行学习。

三、师生平等对话

《语文课程标准》中指出:"语文教学在师生平等对话的过程中进行。"只有对话,才是真正的引导;只有对话,才能走进心灵;只有对话,才能彼此接纳；只有对话，才能相互造就。师生平等对话意味着对学生作为大写的"人"的一种尊重；意味着对学生生命的唤醒与欣赏；意味着人格对等基础上的灵魂交融。关于对话我们在介绍阅读教学的新思潮时再作详细阐述。

四、综合性学习

1. "综合性学习"的提出

综合性学习是语文新课标针对传统语文教学中存在的弊病而提出来的。传统语文教学片面追求知识技能，割裂语文学习与生活的关系，割裂语文学科与其他学科之间密切联系的现象，严重阻碍学生综合能力的发展，阻碍语文素养的提高。为了促进学生语文素养的整体推进和协调发展，《语文课程标准》大力突出"语文是一门实践性和综合性很强的学科"，首次提出了"综合性学习"的要求，同时专列"综合性学习"的目标，且对不同学段的综合性学习提出了不同要求，并在教学建议和评价建议中进行了专项说明，意在"加强语文课程与其他课程及生活的联系"，让学生在感兴趣的自主活动中全面提高语文素养，培养学生主动探究、团结合作、勇于创新的精神，发挥语文在学生整体发展中的特有功能。

2. 综合性学习的内涵

《语文课程标准》明确指出：综合性学习主要体现为语文知识的综合运用、听说读写能力的整体发展、语文课程与其他课程的沟通、书本学习与实践活动的紧密结合。综合性学习应强调合作精神，注意培养学生策划、组织、协调和实施的能力。综合性学习应突出学生的自主性，重视学生主动积极的参与精神，主要由学生自行设计和组织活动，特别注重探索和研究的过程。提倡跨领域学习，与其他课程相结合。

从教育发展史来看，语文学习从来就是综合的。中国古代的《三字经》《千字文》等识字教材除了教学生识字以外，还涵盖了历史地理、文物服器、人伦道德、科学百物等广泛的内容。从第六章我们对中美经典语文教材的介绍中也可看出，语文涉及的知识、能力等也有着广泛的联系。中国古代的大教育家孔子在教育思想观念方面强调智德双修、内外兼通、知行合一，他的这种基本教育理念，体现了语文的"工具性"目标与"人文性"目标的统一整合。多少年来，中国传统语文教育总是把综合作为认识的起点和归宿，现在提出语文综合性学习，正是对传统语文教育合理因素和理论精髓的继承和发展。国外诸多的教育家同样注重语文工具目标和人文目标的统一。

至于综合性学习的特点、实施策略等我们将在第十一章中阐述。

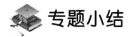专题小结

要了解我国的《语文课程标准》,就要理解"语文素养"、"动态生成"、"师生平等对话"和"综合性学习"这几个基本概念的内涵及其在教学实践中的体现,同时还要注重它们对语文教学实践的指导意义。

课程总目标及教学建议

专题导读

本专题是对《语文课程标准》的详细介绍。主要从教学总目标及教学建议两方面来介绍《语文课程标准》。通过对本专题的学习,我们将加深对《语文课程标准》的理解,从而指导我们的实践。

一、课程总目标[①]

(1) 在语文学习过程中,培养爱国主义感情、社会主义道德品质,逐步形成积极的人生态度和正确的价值观,提高文化品位和审美情趣。

(2) 认识中华文化的丰厚博大,吸收民族文化智慧。关心当代文化生活,尊重多样文化,吸取人类优秀文化的营养。

(3) 培植热爱祖国语言文字的情感,养成语文学习的自信心和良好习惯,掌握最基本的语文学习方法。

(4) 在发展语言能力的同时,发展思维能力,激发想象力和创造潜能。逐步养成实事求是、崇尚真知的科学态度,初步掌握科学的思想方法。

(5) 能主动进行探究性学习,在实践中学习、运用语文。

(6) 学会汉语拼音。能说普通话。认识3500个左右常用汉字。能正确工整地书写汉字,并有一定的速度。

(7) 具有独立阅读的能力,注重情感体验,有较丰富的积累,形成良好的语感。学会运用多种阅读方法。能初步理解、鉴赏文学作品,受到高尚情操与趣味的熏陶,发展个性,丰富自己的精神世界。能借助工具书阅读浅易文言文。九年课外阅读总量应在400万字以上。

(8) 能具体明确、文从字顺地表述自己的意思。能根据日常生活需要,运用常见的表达方式写作。

---

① 中华人民共和国教育部.全日制义务教育语文课程标准(实验稿)[M].北京:北京师范大学出版社,2001:4

(9) 具有日常口语交际的基本能力,在各种交际活动中,学会倾听、表达与交流,初步学会文明地进行人际沟通和社会交往,发展合作精神。

(10) 学会使用常用的语文工具书。初步具备搜集和处理信息的能力。

二、教学建议[①]

1. 充分发挥师生双方在教学中的主动性和创造性

语文教学应在师生平等对话的过程中进行。

学生是语文学习的主人。语文教学应激发学生的学习兴趣,注重培养学生自主学习的意识和习惯,为学生创设良好的自主学习情境,尊重学生的个体差异,鼓励学生选择适合自己的学习方式。

教师是学习活动的组织者和引导者。教师应转变观念,更新知识,不断提高自身的综合素养。应创造性地理解和使用教材,积极开发课程资源,灵活运用多种教学策略,引导学生在实践中学会学习。

2. 在教学中努力体现语文的实践性和综合性

努力改进课堂教学,整体考虑知识与能力、情感与态度、过程与方法的综合,提倡启发式、讨论式教学。

沟通课堂内外,充分利用学校、家庭和社区等教育资源,开展综合性学习活动,拓宽学生的学习空间,增加学生语文实践的机会。

3. 重视情感、态度、价值观的正确导向

培养学生高尚的道德情操和健康的审美情趣,形成正确的价值观和积极的人生态度,是语文教学的重要内容,不应把它们当做外在的附加任务。应该注重熏陶感染,潜移默化,把这些内容贯穿于日常的教学过程之中。

4. 正确处理基本素养与创新能力的关系

语文教学要注重语言的积累、感悟和运用,注重基本技能的训练,给学生打下扎实的语文基础。同时要注重开发学生的创造潜能,促进学生持续发展。

5. 遵循学生的身心发展规律和语文学习规律,选择教学策略

学生生理、心理以及语言能力的发展具有阶段性特征,不同内容的教学也有各自的规律,应该根据不同学段学生的特点和不同的教学内容,采取合适的教学策略,促进学生语文素养的整体提高。

---

① 中华人民共和国教育部.全日制义务教育语文课程标准(实验稿)[M].北京:北京师范大学出版社,2001:4

专题小结

《语文课程标准》规定了语文课程的总目标,并对教学实践提出了建议:要充分发挥师生双方在教学中的主动性和创造性,在教学中努力体现语文的实践性和综合性,重视情感、态度、价值观的正确导向,正确处理基本素养与创新能力的关系,遵循学生的身心发展规律和语文学习规律,选择教学策略。

思考与练习

一、填空题

1. 《语文课程标准》中指出:"语文是最重要的交际工具,是人类文化的重要组成部分。_____与_____的统一,是语文课程的基本特点。"

2. 教师是学习活动的_____和_____。

3. 我国语言文字的独特性在于其总体特点是_____,音、形、义结合。

4. "语文素养"、"动态生成"、"师生平等对话"、"综合性学习"可以说是新课标中最能体现_____、_____,也是对教学实践最具指导意义的几个重要概念。

二、判断题

1. "语文素养"就是"语文能力"。（   ）

2. 语文教学应在师生平等对话的过程中进行。（   ）

3. 语文学习的过程不在于传授系统的语文知识,而在于学生听、说、读、写的实践活动,是学生在语文实践中受到熏陶感染的过程。（   ）

三、简答题

1. 语文课程标准的基本理念有哪些?

2. 什么是综合性学习?

3.《语文课程标准》中提出的教学建议有哪些?

四、论述题

1. 请根据语文课程的性质,论述语文教育的特点。

2. 试论自主、合作、探究的学习方式。

推荐书目与文章列表

1. 中华人民共和国教育部. 全日制义务教育语文课程标准(实验稿)[M]. 北京:北京师范大学出版社,2001
2. 巢宗祺等. 全日制语文课程标准(实验稿)解读[M]. 武汉:湖北教育出版社,2002

第五章
语文教师的素质要求及角色定位

现代化是当今世界经济和社会发展的大趋势,人的现代化要求教育现代化,教育现代化要求教师素质现代化。教师素质要求的提出与我国教育现代化进程的深入、素质教育的全面推进和新一轮基础教育课程改革实施息息相关。不仅是我国面向21世纪教育教学改革的新视点,而且对于提高教师的整体素质,改善教学效率,促进学生的综合发展具有一定的理论意义和实践意义。

本章主要阐述了语文教师应该具备的基本素质,并分析了在教学过程中语文教师应该充当的角色。

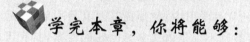学完本章,你将能够:

1. 分析现代语文教师应该具备的素质;
2. 把握在教学过程中语文教师的角色定位。

专题导读

随着社会的现代化，教师需要具备一些什么素质才能跟上时代发展的潮流呢？还需要具备怎样的思想观念才能符合课程标准的要求？这些问题通过本专题的学习将会一一得到解答。

专题一 语文教师素质的要求

人的现代化要求教育现代化，教育现代化要求教师素质现代化。随着我国教育现代化进程的深入、素质教育的全面推进和新一轮基础教育课程改革的实施，对教师素质也提出了前所未有的要求。根据时代的要求和对成功教育的借鉴，以及对我国教育失误原因的反思，新课程改革提出了合作学习、研究学习、探究学习等新课程、新教学。总的指导思想是以学生为主体，让学生自主地探索、研究、学习。这和教师讲、学生听，教师根据课本提问、学生根据课本回答的传统课程与教学有了根本的区别，这对教师也提出了特别的要求。了解教师在现时应具备的特别素质具有重要意义。以下素质在我们看来是现代语文教师应该具备的。

一、教育家的意识

语文新课程与教学更需要的是教育家式的教师，而不是教书匠式的教师。因为，在研究性学习中，教师更需要具备引导、提问、指点、激励的能力。这就需要教师不仅是语文学科问题的专家，具有丰厚的文化底蕴和高层次的学术境界，而且是一个具有自己教育教学理念的，善于在学生学习中引导他们成人、成才的教育家。教书匠式的教师基本上只会把教科书上的语文知识教给学生，或许教得还不错，但学生只理解和记住了书本上的知识，会做教师布置的作业，却没有学会探索、发现、思考、创造和合作、分享、尊重，而这些正是国家语文课程标准所最终追求的。所以，教师应努力追求使自己成为教育家式的教师。具有教育家的意识，就会有更高层次的追求，最终也会使自己的精神得到升华、能力得到提高，并能更多地体会到教师工作的魅力和无穷乐趣，因为向往和追求，本身就是一种幸福和快乐。

观念先行。要成为教育家式的教师，首先要转变一些传统教育观念，树立新型先进的教育观，有了新型先进的教育观指导，教学行为、教学方式才会得到彻底的转变，虽然这是一个渐进的过程，但最终会得到彻底转变。针对传统的教育观念，教师应该在如下方面做一些思考和转变。

1. 人性论

首先必须确立性善的人性假设,即相信儿童的心灵天赋地含着真、善、美的种子,他们是求真趋善向美的。每一种教育观和教育行为背后都隐藏着某种人性论,都有着对人性的某种鲜明或潜在的假设或预设。本来,人天生是性善还是性恶,不能非此即彼地一概而论,也许这本来就是一个并不存在的问题,但教育者对受教育者的人性预设却有着重要的意义,往往决定着教育者教育理念和教育行为的起点,影响和支配着教育者的教育意识和教育行为。比如,如果教师持"人性恶"的观点,就会对学生产生不信任感,认为学生需要严格管束,不然就很容易变坏,于是经常放心不下,监督着学生的一言一行;如果持"人性善"的观点,就会信任学生,相信学生都是向善、向美和向上的,他们是值得信任和尊重的。在信任的前提下,就会尽可能多地给学生以自主和自由。确立了性善的人性假设,教师就会把这种信任延伸到信任学生天生好学向上、具有自主的认知能力、独立的学习能力和探究能力上,由此认识到教育者的责任就是要把儿童真、善、美的天性开发出来,教师重要的任务之一就是给学生提供自主认知、独立学习、大胆探究的机会、条件和问题环境,使学生在信任和尊重的氛围中健康地成长,促进学生身心的健全发展,在这样的心态和环境中工作,也会使教师自己感到平和宽容。

2. 学生的发展是教学的出发点和归宿

学生的发展是教学的出发点和归宿这个观点,来自"学生中心教育"的思想。"学生中心教育"是19世纪末开始在世界上广泛流行的教育思潮,它主张把儿童的发展看做一种自然过程,教育应以儿童自然发展需要及活动为中心。一百余年来,它已逐渐成为现代教育的重要理念。当前,随着我国课程与教学改革的深入,这一教育理念所包含的合理成分已日益为我们所重视和借鉴。

根据国家语文课程标准,教学方式的宗旨就是发挥学生的自主性、主动性和创造性,让学生在自主学习中学会学习,获得成长。可见国家课程标准的基本教育理念之一就是"学生中心教育"。为了更好地理解和把握学生中心教育的基本内涵,以更好地理解学生在教育教学中的地位和作用,充分调动和发挥他们学习的自主性和主动性,有效地实施研究性学习,有必要先对"儿童中心论"、"儿童中心学校"、"学生为本"三个与"学生中心教育"思想相关的概念做一些简单的介绍。

"儿童中心论"亦称"儿童中心主义",其主要代表人物是法国的卢梭和美国的杜威。卢梭认为凡是出于造物主之手的东西都是好的,教师只能作为自然的仆人顺应儿童天性的发展。杜威把儿童的心理内容看成是以本能为核心的习惯、情绪、冲动、智慧等天生心理机能不断开展、生长的过程,教育是发展儿童本能的工具。在他看来,教师的作用就在于了解儿童的兴趣和需要,以及以什么样的活动可以使之得到有益的表现,并据以提供必要的刺激和材料,设计和编制学校的课程;教师要放弃向导和指挥官的任务。他批评以教师和教科书为中心、无视儿童内部本能和倾向的主张,提出儿童应成为教育的素材和出发点,教育的一切措施应围绕他们转动。杜威宣称这一教育思想实现了"和哥白尼把天文学的中心从地球转到太阳一样的革命"。①

"儿童中心学校"(child centered school)是以"儿童中心论"为理念建立起来的学校。它是美国进步教育运动及欧洲新教育运动中出现的一种与传统学校对立的办学形式。美国教育家拉格与苏梅格在合著的《儿童中心学校》一书中最早使用这一名词。书中归纳此类学校有6个特征或办学宗旨:①以自由反控制;②以儿童作起点,反对以教师作起点;③学校变成活动学校;④以儿童兴趣作为课程的基础;⑤注重创造性的自我表现;⑥人格发展与社会适应并重。始建于1907年的比利时布鲁塞尔生活学校就是"儿童中心学校"最好的范例。当时正值"新学校运动"在欧洲蓬勃发展时期。这所学校的创办人是比利时著名教育家奥尔维德·德可乐利(1871—1932)。德可乐利曾被称为"教育学史上最革命的人物之一"、"全世界新学校运动的主要领导人物"。

德可乐利指出:在儿童教育过程中应以培养其个性为中心,以儿童自我发展为原则。他主张"自由教育",提出了"从儿童出发"的著名公式。德可乐利否定传统教育的权威观念,力主发展儿童的创造力、建设力。

比利时布鲁塞尔生活学校没有传统教育的那种教科书。学生们使用的是家庭、学校和市立图书馆的书籍和报刊。学生们所查到的资料和其代表的观点常常是不同的,有的甚至是相互矛盾的。针对这种情况,现任副校长 N.伯维卡尔认为:"这很好。这会使孩子再次确信,书籍并不是神圣的,对待任何知识都要有批判的能力,不要为自己制造偶像。"教学以德可乐利教育思想为指导,以兴趣中心和整体化综合教学为基础。如"饮食的需要"这一主题的教学大纲就包括下列兴趣中心:我们怎么吃、动物吃什么、植物以什么为食、家庭和校内的饮食、消化器官与消化过程、道德与卫生问题、动物性食品、植物性食品、从大地与空气中得到的食品等。通过对上述兴趣中心的学习,达到对饮食需要这一问题的整体理解。

丰富多彩的活动是布鲁塞尔生活学校主要的教学形式,为此,该校采取了多项革新措施,如出版学生报刊、创办学生自我管理组织——"清洁工俱乐部"、定期举行节日庆祝活动等。早在20世纪二三十年代,该校学生就用印刷机印刷并出版了自己的报纸。现在,该校创办的杂志名为《信使》,它的出版是对学生创造性的一种鼓励,也十分有利于学生交

---

① 参见顾明远.教育大辞典(上)[M].上海:上海教育出版社,1998:322.

往能力的培养。该刊编辑通常都是十三四岁的学生,小编辑们从选材到修改,再到出版,担负着办杂志的一系列工作。《信使》杂志成功地、积极地促进了学生个性的发展,开发了他们的想象力,培养了他们的幽默感和文化修养。

在20世纪诞生的众多教育实验学校中,比利时布鲁塞尔生活学校闪烁着夺目的光彩。它不仅在比利时闻名遐迩,而且也是世界教育的一颗璀璨明珠。布鲁塞尔生活学校的成功经验对比利时中小学产生了广泛的影响。1963年比利时通过了在低幼年级根据兴趣中心的方法制定教学大纲的决定。今天,布鲁塞尔生活学校依然是促进比利时中小学教育发展的一个重要而稳定的因素。在欧洲效仿布鲁塞尔生活学校、追随德可乐利教育思想仍是经久不衰的潮流。目前,欧洲的许多新型学校模式的探索都是从布鲁塞尔生活学校获得启发的。在法国巴黎,就有以德可乐利命名的学校[①]。

"学生为本"(student oriented)是一种教学模式。英国艾雪黎、柯恩及史拉特在他们合著的《教育社会学导论》中,将师生班级教学模式分为三类:①教师为本型。认为教师是人类文化的代表、良好行为的模范,教学应完全以教师为中心,学生只有被动接受而无自我选择的余地。为达到教学目的,强调使用奖励方式和强制性训导的方法,以把学生培养成为遵纪守法、具有健全品格的人。因此,教育目标是基本的,而对外适应的方法是监护式的。②教材为本型。强调系统知识的重要性。认为教师的权威来自教师的专门知识与技能或较高的学历资格,教师控制学生的方式是采取实利观点,即要求学生努力求知,以便顺利通过考试、获得文凭或学位。教学活动是手段而非目的。学生求学是为准备升入高一级学校,取得更高资格,以谋取理想工作。教育目标是预备的,而对外适应的方法是学术性的。③学生为本型。强调学习过程的重要性。要求教学过程适应学生身心发展规律,教师只是处于辅导地位。把教学活动看成是形成真诚、接受、理解的心理气氛的过程,是人际关系彼此作用的过程。认知的进行、创造性的开发,都是在这种课堂心理气氛下潜移默化地进行的。因此,其控制学生的方式以引起学习动机为主,采取民主参与的方式,学生偶有错失,主要采取规劝方法。教学功能在于充分发展学生身心,使他们适应未来社会生活,因而比较注重生活教育。教育目标是发展的,而对外适应的方法是传教式的[②]。

以上三个概念,大体上揭示了学生中心教育的基本内涵。根据学生中心教育的基本内涵,可以说,现代教育与传统教育的最大区别之一就体现在受教育者在教育中的地位和价值上。现代教育思想认为,人在教

---

① 中国青年报,2001-12-27

② 参见顾明远.教育大辞典(下)[M].上海:上海教育出版社,1998:1808.

育中具有崇高的地位,学生个人的需要、兴趣、价值、尊严、人的发展特性和规律以及个人的合法权益等,都应得到充分的尊重。在社会越来越文明和人道的今天,教育在这方面的进步程度,也越来越成为衡量一个国家教育现代化水平的重要标志。在现代社会,儿童和青少年的权利和地位已受到社会越来越广泛的关注。1989年11月20日,联合国大会通过的《儿童权利公约》的核心精神,就是维护儿童青少年的社会权利主体地位。这一精神的基本原则是:第一,儿童利益最佳原则;第二,尊重儿童尊严原则;第三,尊重儿童观点与意见原则;第四,无歧视原则。这些原则无疑应该在教育中得到更充分的体现。我国的《未成年人保护法》第十五条也规定:"学校、幼儿园的教职员应当尊重未成年人的人格,不得对未成年学生实施体罚、变相体罚或其他侮辱人格尊严的行为。"

以人为本,以人为出发点,这是现代教育的本质特征之一,也是实现学生中心教育的基本前提。在此基础上,在语文教学中,教师必须树立学生的发展是教学的出发点和归宿的意识,把有利于学生的发展作为教学的根本依据,充分尊重学生的价值、人格、尊严、需要、兴趣、天性、身心发展特性和规律,最大可能地发挥学生的自主性和独立性。

3. 多元性教学理念

现代教学注重发挥学生的自主性、主动性和创造性,让学生在学习中学会学习,获得成长。每一个学生都有自己的学习经验、学习方式,自己的价值观、情感态度和知识积累,所以研究性学习特别需要教师有多元性教学理念。

所谓多元性,就是指事物的多样性和灵活性,这种多样性不仅具有量的内涵,也具有质的内涵。多元性是相对于一元性而言的,它表征着民主、平等、自由,以及开放、选择和宽容,张扬求异、个性和创新。所谓一元性,即事物的单一性和凝固性,它往往是与专制性、等级性、强制性、封闭性、循旧性和排他性联系在一起的,张扬的是求同性、共性和统一性。多元性教育主张教学的多样性、灵活性和应变性,提倡结论的多样性和获得结论的思维方式与认知过程的多样性,强调求异、追求个性、宽容另类、鼓励创新,反对教育的单一性、专制性,以及无条件地求同和以循旧性和强制性为前提的统一性。

多元性教学是实现学生中心教育的重要保证。也就是说,教育中如果没有民主、平等、自由、开放、选择和宽容,学生的中心地位就无从谈起,也不可能培养出学生的个性和创造性。专制性的一元性教育不仅会贬抑学生在教育中的地位,还会造成教育的模式化——模式化的学校、模式化的目标、模式化的教师、模式化的内容、模式化的方法、模式化的管理,最终导致模式化和奴化的学生。

李开复在自己的博客①上谈到美国的教育时说,美国的教育和学习方法所注重的准则是:自由、独立、自主学习、重视理解、重视实用。老师重视学生发表的意见,甚至鼓励学生拥有反驳老师的自由和权力。美国教育中一个基本思想是教育不是死的,不是让学生去把握一系列静态的知识,而是教学生通过理解、思想、创新,来继续增进对知识的理解,然后再进一步去发展新的知识。李开复在教美国学生的时候,也像许多中国学校的老师一样,给学生布置不少的作业和测验,让学生很难有机会偷懒,但是这种测验他从不给分,更不用说排什么名次了,他认为简单片面的分数会妨碍学生在宽松的心态下追逐兴趣、吸收知识。所以,他只用红笔标出对错。学生一看红色笔迹的多少,自己的成绩优劣就已经心中有数。曾有学生拿着没有分数的卷子问李开复:"老师,我的等级是什么?"李开复毫不犹豫地回答他:"你是 A＋＋＋＋＋……"李开复说:"我采用这种方式,就是希望让他们知道:'你们每个人在老师眼里都是最优秀的!'"

杨振宁在比较中美两国在教育理念上有什么不同时认为:"中国的教育态度与美国的教育态度截然不同,最大的区别是中国偏重于灌输式教育。中国学生的根基非常扎实,这是优点,但也有缺点,中国的学生面对新事物总有畏缩心理,与美国学生比起来,创新意识较差。""中国与美国式的教育,不能讲哪一个好,哪一个不好,要因人而异,在教学过程中,对于中国学生,应该让他们多创新,对于美国学生,应该让他们打好基础,这样互相弥补,是最恰当的。"②

语文作为具有强烈人文性和主观性的学科,更应该主张和鼓励主动性和多元性。而在传统语文课程与教学中,常常追求的是标准答案,语文的生动性、情感性等特质消失了。有人戏称语文课上得像数学课:客观、科学。丰富多彩、可以多元理解的语文课走上了一元性的僵化道路。多元性教学要求教师在教学过程中充分尊重学生的主动性和思想自由与选择自由,给学生的思想提供广阔的空间,启发和鼓励学生发表不同意见并充分尊重学生的意见,爱护学生的自信心和自尊心。教学绝不是强迫学生服从教师或真理,教师只能把自己认为正确的知识和结论提供给学生参考,并启发和鼓励学生独立思考并发表自己的意见,最后引导学生做出自己的判断和选择。所以现代语文课程与教学追求的是学生的独立学习、批判性阅读和个性化解读等。如一位教师在导读《强渡大渡河》一课时,鼓励学生提问质疑。一位学生说:"课文第二自然段中有'渡河前,我们做了周密的准备',而在第五自然段中却说'部队决定渡河过去,可现在一无船工,二无准备,还是没有过去。渡河推迟到第二天'说

---

① 请参见李开复博客,http://blog.sina.com.cn/kaifulee
② 从玉华.杨振宁比较中美教育体制优劣[N].中国青年报,2003-09-22

明并没有做好'周密的准备',这不是前后矛盾了吗?"另一位学生说:"课文第五自然段说'渡河决定推迟到第二天',而第九自然段却又说'我们决定按时强渡',这里的'按时'又怎么理解?"……教师充分肯定了同学们的这种认真读书、批判吸收的精神,而且指出"课文并不一定都正确,读书还得自己开动脑筋想一想,不好盲从"。

再如,一位优秀教师教《啄木鸟和大树》一课,有学生质疑:"大树拒绝啄木鸟治病,把啄木鸟赶跑了,虽然不对,但啄木鸟怎么能直到大树快枯死都不再去看望大树,不再做做劝说工作呢?这不是也缺少爱心吗?也许在大树病重时,会认识到自己不对,接受啄木鸟的治疗呢。"这个意见提得很有道理,但课文这样写,也没有错,怎么办?这位教师为了培养学生的发展性阅读能力,便机敏地抓住了这个可贵的教学契机,说:"是啊,原来的故事是有啄木鸟又一次上门劝说的事,可是因为故事太长,没有编进去,现在我们来当小编辑,把这部分编进去,怎么样?"小朋友兴致很高,纷纷续编了啄木鸟二劝大树、三劝大树的故事。[①]

4. 宽容的心态和教育氛围

宽容就是指教师在教学中对学生的质疑和求异应持一种大度、欣赏和鼓励的态度,而不能苛求和压制。教师具有宽容的心态,教育氛围当然相应要自然和宽松,自然和宽松的教育氛围是学生在教育过程中充分确立和发挥其主体性的不可忽视的条件。教育氛围自然、宽松,学生在心理上和思想上就较少有拘束感和压迫感,更有利于激活学生,使学生感到轻松、自信、自由,思维的空间就比较大,就敢于自主地思考问题和发表意见,敢于质疑和求异。质疑和求异体现了学生的思维多样性,往往是创新的开端,是极其珍贵的,必须细心呵护。儿童的质疑和求异不可避免地带有一些稚气,其结论可能与教师或课本上的结论不符,也不那么正确,甚至可能有些荒诞,但这些并不重要,重要的是要使他们从小获得敢于质疑和求异的自信和勇气。

实事求是地讲,学生、尤其是中小学生在学习过程中很难真正创出什么新来,他们今后也不可能都能从事创造性的工作,但创新意识的培养和科学世界观与科学态度的养成对所有学生来讲都是重要的,因为这有利于提高整个民族的创新素质,有利于营造整个社会的创新氛围,也有利于更多的创造性人才脱颖而出。从认识论的角度讲,即便是谬误,也有其特殊的认识论价值。没有谬误可能就没有真理,谬误往往是真理产生的催化剂,在许多情况下,真理是伴随着与谬误的争论而逐渐被发现的,谬误常常可以刺激和启发人们对真理的追求和认识。因此,在教学中,教师应允许学生犯错,教师大可不必那么在乎学生质疑和求异的结果是否正确,而应在乎学生在质疑和求异的过程中创新素质是否有所

---

① 周一贯."超文本":阅读教学改革的世纪视点[J].小学语文教学,2001(6):19-20

提高,自信心是否有所增强,科学态度是否有所养成。如果教师都有了这样一种认识,就不会去压制和苛求学生的质疑和求异,就会有一种宽容的心态。宽容、欣赏还是苛求、压制"特别",直接影响着学生自信心的确立。

5. 重视教学的过程

教学的过程是相对于教学的结果而言的。所谓教学的结果,即教学所需获得的结论;所谓教学的过程,即教学中获得所需结论需要经历的若干程序,如分析、综合、抽象、概括、比较、判断、选择、探索、试误等。重视教学过程就是教师在教学中不应过分重视教学的结果而应更多地关注教学的过程,重视学生是否真正参与了教学过程,是否满怀兴趣或好奇在思考、在探索、在分析,而不应过分重视学生理解了多少知识,记住了多少知识。重视教学过程,教师应追求教学过程的多样性,并引导学生的认知从多元趋于一元。一般来说,结果和过程都是教学所要追求的,但站在学生中心教育的立场上看,重视教学的过程更有意义。重视教学过程,不仅更有利于提高教学结果的质量和开发学生的内在潜质,而且更有利于激发学生的学习兴趣、确立学生学习的主体地位,使学生感受到学习的内在乐趣。

无论从传统还是从现实上讲,中国教育更多的都是一种应试教育,信奉的是考试主义。一种以应试为中心的教学,必定是重结果轻过程的教学,必定是重教轻学的教学,必定是重教师地位轻学生地位的教学。为了应付考试,我们的教学功利性十足,教学的目的就是要尽可能快速、简便、直接地把结论性的知识传递给学生,至于教与学所应经历的过程,却往往被过多地简化或省略了。这种对教、尤其是对学的过程的忽视主要表现在两个方面:一是教师比较习惯于通过简单地灌输直截了当地把知识和结论注入给学生;二是教师比较习惯于"以教代学",即教师越俎代庖,以教师的教替代学生的学。而且追求当堂消化,不给学生留下什么疑难问题。认为只要教学最有利于学生快捷地掌握知识和结论,最有利于应对考试,这样的教学就质量好、效率高。这样的教学尽管学生似乎"学到"(还不如说记住了)了很多知识,但学生却发展后劲不足,大胆创新不足。因为在这种教学中,学生尽管也能掌握知识和结论,但却可能只知其然,而不知其所以然,甚至可能是稀里糊涂就掌握了知识和结论,对掌握知识和结论的过程,对知识和结论的发生过程,可以说并不清楚。

显然,这样的教学既曲解了"教"的内涵,也曲解了"学"的内涵;既歪曲了教师的主导作用,也压制了学生的主体地位。之所以如此,一个很重要的原因就是我们在教学观上片面重视教学的结果,忽视了教学的过程。然而事实证明,学生潜质的开发、能力的培养、整体素质的提高,以及对科学奥秘的感悟和学习乐趣的体验,更多地都是在教学的过程中得以实现的。

  这需要教师在思想上、观念上、教学行为上自觉地重视教学过程,特别是学生学的过程,才能真正克服传统教学的弊病,实现国家语文课程标准的理念。布鲁纳说得好:"把一门学科教给一个人,不是要他把结果牢记心头,确切地说,那就是要让他参与知识的获得与组织过程。我们教一门学科,不是建造这门科目的有关小型现代图书馆,而是使学生自己像一名数学家思考数学,像史学家思考史学那样,使知识获得的过程体现出来。认识是一个过程而不止是一个结果。"[1]

  他虽然说的是数学,但语文又何尝不是如此——不是建造这门科目的有关小型现代图书馆,而是使知识获得的过程体现出来;认识是一个过程而不止是一个结果。

二、创新精神和改革意识

  现代教育要求教师必须进行课程与教学的创新和改革,而且为教师提供了创新和改革的时机和天地。照老传统一本教材、一份备课本可以应付几年,乃至几十年已经行不通了。而且无论是从精神劳动本身的内涵来讲,还是从社会、教育和人的发展变化来讲,都要求教师在自己的工作中必须不断地创新和改革。创新和改革不仅是教师不断提高自身素质和教育质量所必需的,也是教师享受自我实现乐趣的需要。否则,教师就会感到自己的工作日复一日、年复一年地循环往复、枯燥乏味,甚至会把自己的工作仅仅视为谋生的手段,是不得已而为之的负担。教师要想有享受职业、享受工作的美妙体验,最根本的还是要使自己的工作富有创造性。

  但观察当前教育改革的实践,有一种倾向值得我们警惕和注意,那就是把创新改革与基础教学对立起来。在我国的基础教育实践中,本来具有一致性的"基础"与"创新"的关系却成了一种冲突与排斥大大多于一致与互动的关系。因此,我们需要在复杂性的意义上重新审视"基础"与"创新"的内涵及其关系,以避免在研究性学习过程中走向极端:一味求创新,排斥打基础。

  课程与教学的改革是对"应试教育"反思的结果,是实施和实现素质教育的要求,所以分析"基础"与"创新"的内涵及其关系,我们主要从"应试教育"和"素质教育"对"基础"与"创新"的理解出发。

  重视打基础,是教育、尤其是基础教育的基本任务之一,而且也并非应试教育所独有,素质教育同样需要重视打基础,这是基础教育的性质所决定的。应试教育与素质教育之所以会在"基础"与"创新"的关系上

---

[1] 钟启泉,黄志成.美国教学流派[M].西安:陕西人民教育出版社,1993:98

发生冲突与排斥,很大程度上就在于两种教育对"基础"与"创新"的理解有着根本性的分歧。

站在应试教育的立场上,所谓"基础",基本上就是指基础知识和基本技能,即通常所说的"双基",打基础就是使学生掌握系统、现成的基础知识和娴熟的基本技能,而其他方面似乎就不是什么基础了。至于创新,那不是基础教育所能奢望的,不是中小学生所能企及的。此外,在这种教育看来,"基础"与"创新"之间似乎也一定存在着一种天然的正相关:"基础"是"创新"的前提和条件,基础扎实必然有利于创新素质的形成。

在素质教育看来,"基础"当然首先包括基础知识和基本技能,但又远不是"基础"的全部内涵,甚至不一定是其最重要的内涵,从现代社会和现代人发展的需求以及现代教育发展的趋势来看,尤其如此。至于创新,素质教育并不把创新素质的培养看得那么神秘和高不可攀。一是因为素质教育中所说的创新,主要是指创新的意识、创新的勇气、创新的欲望、创新的冲动和创新的习惯,主要在于对创新过程的一种体验,而不在于对创新结果的追求或创新成果的获得;二是因为素质教育中所说的创新,主要是指个体认识论意义上的创新,即学生在教师的指导下,在积极、主动的认知活动中去发现个体原先所不知晓的事物,并不是指要去发现人类尚不知晓的新事物,而个体自主发现自己原先所不知晓的事物在个体认识论意义上也是一种创新。

应试教育在"基础扎实"方面也走入了许多误区。第一,对"基础"的理解过于片面和狭隘,即把"基础"基本限定在"双基"上;第二,对所谓"扎实"的度把握失当,即误以为基础越扎实越好;第三,对"基础扎实"与创新素质培养之间关系的认识存在偏颇,误认为基础扎实与创新素质培养之间存在着天然的正相关,殊不知,如果二者关系把握不当,也会出现负相关,基础如果扎实过度,就可能会对创新素质产生抑制和排斥。

有学者对我国传统教育所谓基础扎实作过深刻反思,认为我国教育是"赢在起点,输在终点"[①],或者说是赢在"基础",输在"创新"。"赢在起点,输在终点"的说法很有启发性,但还有必要作一点复杂性分析。输在终点的教育是否真正赢在了起点上?恐怕未必。既然我国教育培养的人创新素质严重不足,最终缺乏发展后劲,就说明他们的基础并不真正全面和扎实,起码就创新人才的培养而言基础是不扎实的。所谓扎实,过多地陷入到了片面的"双基"方面,这种所谓的扎实,不仅不能对人的终身学习和可持续发展提供什么后劲,反而更多的是抑制。

太重"基础扎实"("双基"意义上的),势必导致迷信权威和思维定

---

① 周烘林,吴国平.赢在起点,输在终点——对我国传统教育所谓基础扎实的思考[N].科学时报,2001-11-22

式,很容易使学生淹没在"双基"的本本主义汪洋大海中,造成学生盲目服从、思想僵化;太重"基础扎实",势必导致教学的机械重复和训练的模式化,造成学生负担过重、兴趣丧失;太重"基础扎实",势必导致评价的一元化和结论的标准化,造成学生过于趋同、从众、死记硬背和谨小慎微,形成某些诸如过于患得患失的"小家子"人格。以上种种,都会造成学生主体性的萎缩、个性的沦失和自信心消解。这样的"基础扎实",总体上讲是得不偿失,对创新精神的培养具有巨大的排斥性。

许多人都认为,中国教育重基础、轻创造,美国教育重创造、轻基础,因而中国学生基础扎实而创造力低下,美国学生创造力旺盛却基础薄弱。这话有一定道理,但似乎又简单化了些。这里有一个问题必须搞清楚,即什么叫"基础"?我们所理解和所重视的基础主要是基础知识和基本技能,在这方面,中国教育无疑是有极大优势的。但也不能笼统地说美国教育就不重基础,只不过它对"基础"或对基础的重点有不同的理解罢了。美国教育对基础知识和基本技能的确有所忽视,这也正是他们要有所加强的,但美国教育非常重视大胆尝试、实践动手、独立思考、判断选择、个人见解、自主建构以及自信心、个性、兴趣、交往和科学精神与科学世界观等方面的态度和能力的培养,这些难道就不是基础吗?当然这些也是基础,而且是更重要的基础,这也正是我国正在推进的素质教育所要力图追求的。此外,美国教育在"基础"方面还十分重视个性化,即尽量根据学生的个性特点为不同学生提供不尽相同的基础。畅销书《哈佛女孩刘亦婷》的作者刘亦婷根据她平时的观察和了解,归纳了中美中小学生素质八个方面的差异,在一定程度上也反映了中美教育对"基础"的不同理解。这八个方面的差异是:①身体素质对比,美国学生占较大优势;②独立工作能力对比,美国的多数学生胜过我国学生;③基础知识对比,我国学生超过美国学生;④团队精神对比,我国学生不如美国学生;⑤主动性与首创精神对比,美国学生大都比我国学生强;⑥人际交往能力对比,美国学生比我国学生强;⑦动手能力对比,美国学生强;⑧刻苦精神对比,我国学生与美国学生差不多。[①]笔者认为,上述美国学生比中国学生强的那些素质,当然也是属于"打基础"的范畴。由于对"基础"有很不相同的理解,中美教育所赋予学生的特质就很不相同。杨振宁在中国科协2000年年会开幕式上发表的题为《中国的文化和科学技术》的演讲中,通过对比美国学生与亚洲学生之间的不同,说明了美国与亚洲在文化和教育上的差别。他指出,美国的中学生在考试中是比不过亚洲学生的,他们常常只能考倒数的名次,但也有人开玩笑说,恰恰是美国学生考倒数的名次,才成就了美国创新的氛围和新经济的发展(这句"玩笑话"十分耐人寻味)。杨振宁概括说:美国学生兴趣广泛,亚洲学生则往往钻入狭窄的专业;美国学生东跑西跑,亚洲学生按部就班;美国学生活

---

① 程杏培.哈佛女孩谈素质教育[N].特区青年报,2010-04-10(4)

力充沛,亚洲学生安安静静;美国文化培养学生勇敢,亚洲文化则训练学生胆怯;美国学生有自信心,亚洲学生则没有自信心;美国学生傲慢,亚洲学生谦逊……①即便在学科教学方面,由于教学目标的片面性,中国中小学生的基础在某些相当重要的方面也是远远谈不上扎实的。据有关人士透露,在第二次国际教育成就评价中,中国初中生科学成绩测试平均百分正确率在参加测试的20个国家和地区中仅居第13位。为什么在这一测试中中国学生的成绩不是人们想象的数一数二?原因就在于这一测试的指标不仅包括科学知识,而且包括科学精神、科学态度和其他方面的科学综合素质。我国科学教育对学生掌握科学基本知识方面虽然是比较有效的,但由于在很大程度上把科学教育等同于了科学知识的教学,严重忽视了对学生进行科学态度与情感、科学精神、科学意识的教育,忽视了对学生进行科学实质和科学意义的教育,忽视了科学与社会、技术、生活的关系的教育,忽视了学生对科学的过程与方法的体验与认识,忽视了学科内部和学科之间的综合与联系,因而在学生科学素质的发展上造成了诸多重大缺陷。

看来,问题不在于要不要重视"基础",而在于我们更需要什么样的基础,以及如何把握"基础扎实"的度。"基础",要有利于现代人和现代社会的发展,要有利于人的创造力的解放,有利于人的潜能的开发和生命力的激活,有利于人的终身学习和终身发展。

三、教育研究的意识和能力

无论是用教育理论指导教育实践,还是在教育工作中不断创新和改革,作为一个现代教师,都必须结合自己的工作开展一些力所能及的教育研究,向科研要质量要效益,走科研兴教、科研兴校的路子。而且,教育研究也是提高教师素质的有效途径。教师工作在教育的第一线,很有资格也很有条件进行教育研究,特别是实践性较强的行动研究。为此,就需掌握一定的教育研究方法,增强教育研究的意识。

教育研究的方法主要包括调查研究、文献研究与行动研究。

1. 调查研究

调查研究包括问卷法、访谈法和观察法;调查的对象可以是教育中的人,也可以是教育事件。调查研究的对象可以是学生、教师或者校长。调查研究的具体方法包括:①问卷法与访谈法;②观察法;③测量与统计。

2. 文献研究

文献研究是一种阅读活动,包括"读书"(教育文学、教育历史和教育

---

① 程杏培.哈佛女孩谈素质教育[N].特区青年报,2001-04-10(4)

哲学)、"读文章"(教育杂志)与"读图像"(教育电影或教育录像、教育报告)。

文献研究也可以视为某种调查研究,是对他人观点和事件的间接调查。

3. 行动研究

实验研究一度成为教育研究的主流,实际上,教育领域中的实验研究常常显示为准实验研究,准实验研究又常常显示为行动研究。

行动研究包括问题研究、课题研究(问题课题化)和课例研究。

(1) 问题研究

行动研究的基本追求是随时随地思考和解决现实的问题。对于行动研究者来说,凡是现实中的问题,都值得去关心并想方设法地去解决,而不在乎这个问题与所谓的立项"课题"是否相关。

(2) 课题研究

教师在解决各种小问题的过程中,总会发现某些问题相互牵连。对这些相互牵连的小问题的整体关注,就意味着这些小问题成为一个比较大的课题,可以称之为"问题课题化"、"问题即课题"或者"问题成为课题"。

(3) 课例研究

对中小学教师来说,所有的研究成果应该导致教师的课堂教学观念与行为的改变,而"课例研究"常常能够直接促进教师的课堂教学观念和行为的改变。

四、获取和处理信息的能力

世界正在进入信息化的时代,信息高速公路四通八达,人们日益生活在信息的汪洋大海之中,获取和处理各种信息已成为现代人生活中的重要部分。教师职业是以获取和处理信息为主的职业,因此这方面的能力显得尤其重要。而在研究性学习中,对教师获取和处理信息的能力提出了更基本、更高的要求。因为,在研究性学习中,学生获取信息更主动、更丰富、更广泛并更具专题性,教师如果没有获取和处理信息的能力就不能应对学生众多的问题,就不能和学生进行很好的对话和交流。

教师使用现代教育技术的能力主要包括以下几点。

1. 功能的明确定位

课堂教学使用现代教育技术的目的是实现教学过程的最优化,提高课堂教学效率。但在实际的教学中,由于教师对教育技术的功能没有明确的认识,往往是为了展示技术或为了表明自己是现代教育而使用教育技术,特别是在一些不恰当的课堂教学评价指标的影响之下,技术使用中的形式主义仍大量存在。正确地使用教育技术,除了需要教师依据教学内容和学生的实际情况来确定技术的具体功能,力图通过技术实现课堂教学目标外,还需要教师注意把现代教育技术作为学生学习的内容和学习、交流的工具。

2. 媒体的优化组合

实践研究表明,恰当选择多种媒体配合进行教学,比用单一媒体教学所取得的教学效果要好得多。这是因为不同媒体的教学功能各不相同。例如,幻灯、投影等媒体易于刻画细节;电视、电影能有效地表现时空变化、渲染场面气氛;计算机则具有人机对话的功能,有利于丰富课堂中的人际互动等。将多种媒体有计划地组合起来,就可取长补短,并调动学生多渠道、多角度感知,从而提高教学效果。

3. 方法的恰当使用

运用现代教育技术辅助教学的方法是多种多样的。例如,音响类媒体辅助教学的方法最常用的就有示范法、比较法、情境法、反馈法等多种。示范法是运用录音材料给学生提供示范的方法。比较法则提供对比性音响材料,引导学生区分鉴别。情境法是利用音响材料创设适合教学的环境,增强教学效果的一种方法。例如,播放配有哀乐的朗读录音来教学《十里长街送总理》,能迅速将学生带入课文的意境,使学生深受感染。反馈法即当堂录放学生的发音、朗读等,并及时进行分析评价的方法。教学中,教师要根据实际情况灵活安排,以最大限度地提高课堂教学效率。

 专题小结

新形势下,教师素质的提高不仅仅是新课程改革的内在需求,也是提高教师个人水平的基本要求。现代语文教师要具备一些基本要求,比如"教育家的意识"、"创新精神和改革意识"、"教育研究的意识和能力"、"获取和处理信息的能力"。

语文教师应担任的角色

专题导读

语文教师在教学过程中究竟应该充当什么样的角色? 传统的教师角色定位对现代教师的定位有什么影响? 要实现现代语文教师角色的转变应该注意哪些问题呢?

语文新课程与教学决定了教师在教学过程中不再仅仅是一个"施予者"、"布题者"和权威与真理的"代表者",在语文教学过程中,教师担任着更重要、更具挑战性的角色：研究者、指导者、课程的开发者、学习者。这里我们只具体说说研究者和指导者的角色。

一、教育的研究者

在研究性学习中，教师必须成为一个教育的研究者，他应该知道怎样有成效地指导学生，怎样有成效地组织教学，而不应该仅仅限于备课（钻研教材）和上课（传授教材上的知识点）。客观上讲，作为一个教师，最关注和最想研究的教育问题可能是"什么是最好的教学"，即怎样教学最富有成效。以这个问题为例，我们来谈谈一个中小学教师怎样进行教育研究。

首先，查阅大量的文献或请教专家，只有这样，我们对教育的问题和诸多的观点才能博采众长，去芜存精，去伪存真，发现教育的真谛。

举个例子。研究文献或专家 A 说最好的教学是"教师说得少，学生说得多；学生与学生、教师与学生互动的频率高（我们暂且称之为课堂互动）"。研究文献（或者请教另一位教授），你会发现，研究文献或专家 B 认为，好的教学的特征是有激起思考的提问（我们暂且称之为问题教学）。能激起思考的提问可以激发学生的好奇心和刺激其认知能力的提高。如果不满意，你可以继续阅读或者再请教一位专家，你会发现研究文献或专家 C 认为好的教学是有刺激学生探究的讨论（我们暂且称之为探究教学）：在这些讨论中，包含逻辑的运用并导向有效思维，例如，确定某种主张的事实根据，或形成聪明的理解，或得出经得起反驳的结论。这样学生在讨论中从知识到能力获得了发展。继续阅读的话，可能又会出现另一种观点 D，认为好的教学平等而如实地对待所教的内容。根据这一观点，好的教学的标准是它处理领域内的概念、术语、理论和事实的广度（我们暂且称之为广度教学）。

因此，关于最好的教学是什么有四种不同的回答，按照这种方式，我们就会得出专家 X 反对专家 Y 的教学观念的结论或争论。我们能说某人正确，某人错误吗？他们只是提问方式不同，所以回答也不同。第一个研究从课堂互动的角度提问；第二个研究从个体认知过程的角度提问；第三个研究从有效思维的角度提问；第四个研究从教材的角度提问。这些研究以四种正确的方式回答了你的问题。我们下一步要做的研究就是对研究成果进行调整，使之有利于决策。四种研究都以不同的角度正确地回答了问题，这时候你需要回答的问题是："我想做什么？哪种教学形式对我要做的最有用？"这样，可能更容易决定"问题教学"、"探究教学"、"课堂互动"、"广度教学"这几个研究哪个更合乎你的目的。上述例子的一个启发是，研究要解答它所要解答的问题，你有你自己所要解答的问题。你可能决定对你的课程做几种不同的事情，上述四个研究可能对你的课程的不同部分有用。你的问题与研究的问题之间的关系如图 5-1 所示。

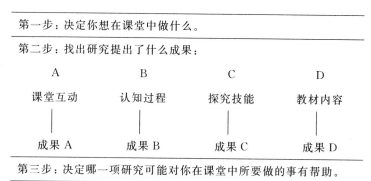

图 5-1　已有的研究与你的决策

（引自 Connelly,Dukacz,Quinlan(1980,第 29 页)）

注意那些描述"是"什么的研究。作为一个教师,你要决定"应该"做什么。因而你的作用是"规范性的"。你必须提前做出决定以便使你提供的教学能够完成你想要达到的目标。要试验性地安排好教学的时间、地点、内容、涉及的人及行动——这些不应该是"碰巧的"。

至于教育研究的方法,在本章专题一中已经提及,这里不再赘述。不论用哪种研究方法,其最终都应归于"我想做什么?"这个问题。

二、学生有效的指导者

在学生的语文学习中,根据对传统教学的反思,尤其要重视对学生学习方式和学习策略的引导。在传统语文教学中,教师关注甚至是唯一的关注就是讲解、灌输,基本上不思考在学习方式或策略上如何引导学生,让他们在学习中学会学习。

语文课程标准注重对学生学习方式的引导,强调自主学习、合作学习、探究学习等,目的就是要学生在学习中学会学习、要教师注意引导学生学习方式,注重引导学生学会学习,着眼于学生学习能力的培养和提高。比如,在教师的引导下展开讨论、小组合作研究及演出等一系列活动,使每个学生在活动中都能独立思考和自主发现问题,充分体现出自主学习精神;让学生们在小组活动中一起合作探究,调动他们浓厚的学习兴趣,促使他们活跃思维,让他们分享合作的收获与喜悦。在交流讨论的过程中既有学生个体的独立钻研,也有学生群体的讨论切磋,体现合作学习精神,全方位展示出每位学习者的进步与成功。

做学生有效的指导者,教师还要注重对学生学习策略的引导。教师授之于法,学生习得其法。在指导学习策略方面可以采用如下步骤:

首先,要指导形成学生探索积累并整理有关信息资源的方法,旨在培养学生的阅读理解能力和分析判断能力。

其次,教师引导学生对于研究问题的目录的使用,通过讨论并查找相关资料。这个环节是训练学生围绕主题搜集信息材料的能力,区分主要信息和相关信息的能力,和对问题的理解、分析、判断能力,并培养学生共享学习资源的良好习惯。

再次,教师指导学生研究相关信息,并把几种信息来源制成一个简单的图表或大纲似的条目等记录下来,概括写出所用到的问题的目录。这是要求学生掌握和实际运用研究的步骤和方法,养成合作学习的意识和习惯。

最后,老师和学生一起复习学生制成的相关图表、大纲、目录,并让学生进一步修改,最后进行展示。

通过这些具体的学习策略的指导和操作,使学生学会着手通过学习研究某个问题,并培养和提高学生对报告研究的运用能力。

 专题小结

教师不再仅仅是以往"知识的传授者",新的环境下,必须做好自身角色的定位,转化为"教育的研究者"和"学生有效的指导者",以提高自己的综合能力与素质。

思考与练习

一、填空题

1. _____是教学的出发点和归宿。

2. "儿童中心论"的主要代表人物是法国的卢梭和美国的_____。

3. 语文课程标准注重对学生学习方式的引导,强调自主学习、_____、探究学习等。

4. 音响类媒体辅助教学的方法中,_____是运用录音材料给学生提供示范的方法,_____则提供对比性音响材料,引导学生区分鉴别。

二、判断题

1. 现代教育与传统教育的最大区别之一体现在受教育者在教育中的地位和价值上。 (   )

2. 只要有了新型先进的教育观指导,教学行为、教学方式就会得到彻底的转变。 (   )

3. 课堂教学使用现代教育技术的目的是实现教学过程的最优化,提高课堂教学效率。 (   )

4. 教师在教学过程中仅仅是一个"施予者"、"布题者"。　　(　　)

三、简答题

1. 教师使用现代教育技术的能力主要包括哪些？

2. 简要阐释学生中心教育的基本内涵。

3. 现代语文教师需要具备哪些基本素质？

四、论述题

1. 现代教育要求教师必须进行课程与教学的创新和改革，但是有这样一种倾向，即将"基础"与"创新"对立起来。对此，你是怎么看待的呢？

2. 结合实际谈谈现代语文教师应该怎样做好自己的角色定位。

推荐书目与文章列表

1. 斯霞. 我的教学生涯[M]. 上海：上海教育出版社，1982
2. 班华. 隐性课程与个性品德形成[J]. 教育研究，1989(12)
3. 董远骞. 教学的艺术[M]. 北京：人民教育出版社，1993

第六章
中美语文经典教材简介

当下学习经典的浪潮一浪高过一浪,一些经典教材又被重新影印,受到学校、家长、学生的广泛欢迎。经典教材究竟有什么样的魅力,让众人对其爱不释手;经典教材对我们现在的教材又有怎样的启发?让我们一同走进经典教材,发现其中的奥秘。

本章主要介绍中美两种语文教材,就此引出我们对语文教学内容的思考。我国主要介绍的是民国时期的三套老课本,即由叶圣陶主文、丰子恺插画的《开明国语课本》,1917年版的《商务国语教科书》,1930年版课本《世界书局国语读本》。美国的主要是介绍威廉·H.麦加菲编写的《美国语文读本(美国原版经典语文课本)》(套装共1~6册)。

◆ 学完本章,你将能够:

1. 了解中美经典国语教材的内容;
2. 掌握中美经典国语教材的特点。

专题导读

我国民国时期老教材是指1912年至1949年间出版的教材。2010年11月，20位教育一线的语文教师共同发起和成立了"小学语文教材中的母亲和母爱专题研究小组"——"第一线教育研究小组"发布新书《救救孩子：小学语文教材批判》，小学语文教材的问题又一次成为大众关注的焦点。同时，重印、讨论、热议我国民国时期的老教材也风起云涌。限于篇幅，本章重点介绍《开明国语课本》、《商务国语教科书》、《世界书局国语读本》这三套老教材。

专题一 我国民国时期老教材

一、民国时期教材编写的背景

民国元年元月，孙中山于南京组成临时政府，就任临时大总统，发表施政宣言，要"尽扫专制之流毒，确定共和，以达革命之宗旨"。1912年民国临时政府成立教育部，即公布了新的教育方针"注重道德教育，以实利教育、军国民教育辅之，更以美感教育完成其道德"。这个教育方针反映了资产阶级民主主义的要求，为了体现和落实教育方针及其社会要求，新式的国文课本如雨后春笋般冒出，在此后的五年里，仅商务印书馆和中华书局两家，就出版了整整12套。

而如叶圣陶、丰子恺、朱自清、吕叔湘、夏尊等文人名士，更是热心于小学课本的编撰，负起"这担责任的事"。

1922年制定的新学制课程标准纲要，认为小学语文教学的目的是"练习运用通常的语言文字；并涵养感情德性；启发想象思想；引起读书兴趣；建立进修国文的良好基础；培养能达己意的表达能力"。编写语文教材的原则是"从儿童生活上着想，根据儿童之生活需要编订教材，形式注意儿童化，内容则适合儿童经验"。

民国教科书的编纂有以下三个显著的特点：

一是民间性，民间在编纂教科书上有较大的自主权，只报教育部审核即可。

二是编纂者都是具有现代思想的第一流的教育家，如胡适、蔡元培、舒新城、郭秉文、朱经农、黎锦晖、廖世承等，由他们来商定给小学生编课本，自然也就体现了民国教育的基本理念。张元济、叶圣陶、丰子恺都是一代大家，这些大作家大画家屈身编写"先生，早"、"小朋友，早"。正如上海作家协会副主席赵长天所说："但他们大概不觉得大材小用，因为他们知道，这些看来最浅近最简单的文字，是最重要的文章，人的智力的开发、道德情操的培养、人格的确立，最要紧的是在幼儿、小学时期。把真善美，把爱，把正直，传达给孩子，是为人的一生打基础，也是为一个健康的社会打基础。"①

三是贴近小孩子的心理和生活。贴近小孩子的心理和生活,似乎是那个年代小学课本编写的一个共识。如《致某校足球会书》:"某校足球会诸君公鉴:经启者,会自组织以来,只有两月,素乏练习,无从观感。久仰贵会热心体育,成绩卓著,原定于本星期六午后三时,拟约贵会诸君,在公共体育场比赛足球,俾得取法大雅,并以联络感情;想诸君亦必乐于赞同也。如荷俯允,请先示复为盼。此上,即颂健安。县立第一高等小学足球会谨启。"

民国时期的语文课本还洋溢着开放的精神,有些问题并不设置唯一正确答案,以引导小学生主动探讨问题。1932年版的《新选国语读本》有篇《两个疑问的信》。课文这样写:"平之:先生时常对我们说,进退要守秩序,应对要有礼貌。但是也有人说,秩序,礼貌,是束缚自由的东西。照你看来,究竟应该怎样呢?"

这样的问题对一年级小学生来说似乎深了些,但这种尊重小孩子,并鼓励他们进行讨论的平等思想很让人服气。尤为可贵的是,有些课文不仅告诉孩子们道理,还会教给他们方法。

二、《开明国语课本》

1932年版的《开明国语课本》由叶圣陶主文、丰子恺插画。

叶圣陶(1894—1988),原名叶绍钧,生于江苏苏州。作家、编辑家、教育家。早年试验新式教学。1915年秋到上海商务印书馆附设的尚公学校教国文,并为商务印书馆编小学国文课本。文学研究会发起人之一,曾主编《小说月报》,作品在文学史上占有重要位置。代表作有长篇小说《倪焕之》、我国第一部童话集《稻草人》、短篇小说《潘先生在难中》等。新中国成立后,曾任出版总署署长、教育部副部长兼人民教育出版社社长、中央文史研究馆馆长。

1.《开明国语课本》特点

由叶圣陶主文、丰子恺插画的《开明国语课本》,是民国众多课本中有代表性的一套。课本经当时的国民政府教育部审定,为"第一部经部审定的小学教科书",教育部的批语说:"插图以墨色深浅分别绘出,在我国小学教科书中创一新例,是为特色。"

这套供小学初级使用的教材(当时的小学教育分初小和高小),共8册,每册均为42课,共336课,自1932年问世至1949年前,就印了40余版次。今天,它再次受到人们追捧,那么,它都有怎样的特点呢?

(1)课文均以儿童生活为中心。"先生,早。""小朋友,早。"两句话,

---

① 赵磊.老课本里的教育智慧[J].都市文化报,2005(6)

七个字，就是《开明国语课本》第一册第3课的全部文字了。把这两句话放在第一册的开头，颇有讲究。叶圣陶说："开学那天，小学一年级的孩子是头一回跨进学校，觉得什么都既新鲜又陌生。见到老师，他们上前去鞠躬问好，老师微笑着欢迎他们。等到上课了，翻开课本一看，刚才温馨的一刹那原来已经写在课本里了，还有像快照似的插图呢。图上画着校园的一角，叶绿花红，美人蕉正开得盛，好个初秋时节！老师此时如果善于启发，定能使孩子感到学习的快活，逐渐养成观察和思考的好习惯。"

从第3课开始，《开明国语课本》里讲述的大多是能引起儿童兴趣的身边的景、物、人、事——从学校到家，从白天到黑夜，从自己的家庭到同学和邻居的生活，从秋到冬，自然与人、花鸟鱼虫乃至猫猫狗狗的题材。特别是前面的几册，都是《先生早》、《北风吹》、《春风来》、《种下几棵树》、《爸爸种菜》、《妈妈裁衣》、《茶话会》、《原来我做了一个梦》、《谁敲门》等内容。

（2）课文以贴近儿童的口吻语调表述，适合诵读或吟咏。像"春天来了，桃花开了，梨花开了……""薄薄几张纸，纸上许多黑蚂蚁。蚂蚁不做声，事事说得清。"就像诗一样的节律，孩子们一读就能成诵。又如："柳条长，桃花开，蝴蝶都飞来。菜花黄，菜花香，蝴蝶飞过墙。飞飞飞，看不见，蝴蝶飞上天。"孩子们口中念着，小小的脑袋里怕是早已现出一副美丽的图景来了。再如"十只猪过桥，母猪在前面，小猪跟在后面。过了桥，母猪回过身来，指着小猪说：'一、二、三、四、五、六、七、八、九，我们共有十只，怎么少了一只呢？'"一句风趣幽默的话，不仅让孩子们开心一笑，也启发了孩子们许多有兴趣的思考。

不仅如此，为了适合儿童喜欢图画的特点，《开明国语课本》图画与文字有机配合，这在当时同类教科书中是很新颖的作法。初年级课本的文字用手写体，由丰子恺书写并绘插图配了很多童稚盎然的图，形象又生动。像第3课的《先生早》，就是一幅大大的学生见到老师的插图。

（3）蕴涵文学趣味。1929年《国语课程标准纲要》提出"选文要蕴涵文学趣味"，"因为少年时期的学生，正是心性活动的时候，读有兴趣的文章，方足以引人入胜"。《开明国语课本》体现了课文蕴涵文学趣味的要求，如《田里的麦熟了》、《一箩麦》、《我被缚住了》……这些意象优美的选文几乎构成了一组儿童田园诗。

总之，《开明国语课本》以确能发展儿童的阅读能力和表达能力为目标，内容紧系儿童生活，从儿童周围开始，逐渐拓展到社会。材料活泼俊趣，文体兼容博取，文章力选各体的模式，词、句、语调切近儿童口语，以适应儿童学习心理。给孩子们编写语文课本，当然要着眼于培养他们的阅读能力和写作能力，因而教材必须符合语文训练的规律和程序。但是这还不够。小学生既是儿童，他们的语文课本必是儿童文学，才能引起他们的兴趣,使他们乐于阅读,从而发展他们多方面的智慧。

2.《开明国语课本》部分目录①

第1课　早上起来

第2课　上学去

第3课　先生早

第4课　红花开

第5课　来拍球

第6课　我拍白球

第7课　一二

第8课　大家看书

第9课　书上

第10课　三只牛吃草

第11课　大家画牛

第12课　大家写字

第13课　明天会

第14课　月亮出来了

第15课　月亮光光

第16课　影子

第17课　起来

第18课　太阳

第19课　母鸡小鸡

第20课　小鸡都不识

第21课　小小房子

第22课　怎么不种花

第23课　田里的菜

第24课　桃花开了

第25课　柳条长

第26课　我画桃花

第27课　这样就好了

第28课　雨下着

第29课　雨点、雨点

第30课　雨停了

第31课　田里

第32课　农人种田

第33课　小房子

第34课　妹妹哭了

---

① 叶圣陶,丰子恺. 开明国语课本[M]. 上海:上海科学技术文献出版社,2010:12

第35课　再搭起来
第36课　妈妈缝衣服
第37课　说故事
第38课　十只猪过桥
第39课　我叫黄小云
第40课　我家门前
第41课　荷花
第42课　可爱的泥人
第43课　我也不知道
第44课　小猫姓什么
第45课　今天早上
第46课　出家门
第47课　泉水和小草
……

三、《商务国语教科书》

1917年版《商务国语教科书》原名《共和国新国文教科书》，是庄俞等编写，张元济校订的。

庄俞(1876—1938)，中国近代出版家、教育家。名亦望，字百俞，又字我一，别号梦枚楼主。江苏武进人。早年与人创设体育会、演说会、天足会、私塾改良会、藏书阅报社等，开展社会教育活动。24岁时受聘为武阳公学教习，旋入商务印书馆为编译员，先后参加编写《最新教科书》、《简明教科书》、《共和国新教科书》、《单级教科书》、《实用教科书》、《新法教科书》、《新学制教科书》等多种课本。1913年后与黄炎培等提倡实用主义教育，发表《采用实用主义》等论文，在教育界引起较大反响。著有《我一游记》、《应用联语杂编》等。

1.《商务国语教科书》特点

《商务国语教科书》自1917年初版问世，10年间共发行七八千万册，是民国时期影响最大的语文教科书之一。其特点是：

（1）取材于居家、处世等方面，以儿童周围事物和见闻立义。如《朋友相助》一文，通过张、李两同学的借还信纸一事，引导了孩子们要有互帮互助之心，而且，也要懂得好借好还之理。小孩喜欢玩火，又不懂危害，于是在《火》一文中，通过父亲的一句话"火不可戏也，偶不慎，小则灼肌肤，大则焚房舍"使得其儿明白了"今知火之为害矣"。再有《储蓄》："左儿家贫，母与以钱，不肯妄用，储之匣中，用以买书。"课本中在教小朋友如何做人时还不忘时时幽默。如《请问尊姓》："永儿的爸爸对永儿说：'如果有客人来，先要问他尊姓。'第二天，对门的徐先生来看永儿的爸爸,永儿说:'徐先生,请问尊姓?'"这样的课文贴近儿童生活,并能让儿童发出会心的笑声。

(2)注意农业、工业、商业等实用知识和日常应用知识,如《打麦》:"麦有多种,大麦先熟,小麦后熟。熟时,持镰刀割之,晒于场中。既干,农夫农妇,入场打麦。"《逐雀》:"红日将下,打麦已完。小雀一群,纷集场上,觅食余粒。数童子立门前,拍手躁逐之。雀闻人声,散入林中。"这两篇课文从小麦成熟写到晒小麦,让孩子生动地知道了整个劳动过程的顺序和做法。

还有《食瓜》课文:"杨儿放学回。天热,行甚急,汗流口渴。见案上有西瓜,剖食过半。有顷,脱胀而痛。母曰:儿食瓜过多,所以病也,后当慎之。"让孩子懂得了一些健康卫生常识。

(3)书中穿插了不少聪明孩子的故事,如《文彦博》、《司马光》两课使孩子学习聪明孩子处理事务和应急的机智:"文彦博少时,于群儿击球。球忽跃入树穴。群儿谋取之,穴深,不能得。彦博以盆取水,灌入穴中。球遂浮出。""司马光幼时,与群儿戏于庭前。有一儿,误堕水缸中。群儿狂叫,皆惊走。光俯取石,急击缸,缸破水流,儿得不死。"

2.《商务国语教科书》部分目录①

第1课　入学
第2课　敬师
第3课　爱同学
第4课　课室规则
第5课　操场规则
第6课　仪容
第7课　早起
第8课　清洁
第9课　应对
第10课　孝父亲
第11课　友爱
第12课　慎爱
第13课　衣服
第14课　温课
第15课　勤学
第16课　游戏
第17课　休息
第18课　守时刻
第19课　好学

---

① 庄俞等.商务国语教科书[M].上海:上海科学技术文献出版社,2010:12

第 20 课　守秩序
第 21 课　诚实
第 22 课　整理
第 23 课　专心
第 24 课　勤操作
第 25 课　亲恩
第 26 课　爱亲
第 27 课　敬老
第 28 课　敬客
第 29 课　公平
第 30 课　礼节
第 31 课　扶助他人
第 32 课　公德
第 33 课　爱生物
第 34 课　起居
第 35 课　卫生
第 36 课　清洁
第 37 课　节饮食
第 38 课　惜物
第 39 课　惜时
第 40 课　好学
第 41 课　储蓄
第 42 课　爱亲
第 43 课　事亲
第 44 课　友爱
第 45 课　睦邻
……

四、《世界书局国语读本》

《世界书局国语读本》是陈丹旭编写，沈知方校订，于 20 世纪 30 年代出版的。这是受五四新文化影响最早的用白话文编写的教科书之一。2005 年，由魏冰心等编，薛天汉校订，对民国初年的这套老课本进行重新影印，在力求保持原貌的同时，根据小学生的阅读习惯，在老课本的原文下用简体字重新排列并标点。

1.《世界书局国语读本》特点

（1）注重学生的阅读趣味。课文内容中采入寓言、笑话、自然故事、生活故事、传说历史和儿童民歌,以增加学生的阅读趣味。

(2) 图文并茂、朗朗上口。

(3) 避免简单说教。

2.《世界书局国语读本》部分目录[①]

第 1 课　小猫咪咪

第 2 课　小狗汪汪

第 3 课　捉鱼

第 4 课　昆虫

第 5 课　小弟弟

第 6 课　小妹妹

第 7 课　拍拍手

第 8 课　你拍球

第 9 课　快快来

第 10 课　拍一拍

第 11 课　咪咪叫

第 12 课　小狗好

第 13 课　一只黄狗

第 14 课　弟弟做老鼠

第 15 课　手拉手

第 16 课　好朋友

第 17 课　飞飞飞

第 18 课　咪咪咪

第 19 课　猫小姐

第 20 课　捉住了

第 21 课　天亮了

第 22 课　太阳红

第 23 课　太阳　太阳

第 24 课　清早起

第 25 课　四个好宝宝

第 26 课　五个小朋友

第 27 课　捉迷藏

第 28 课　你打鼓

第 29 课　地上有一个东西

第 30 课　马比羊高

---

① 魏冰心.世界书局国语读本[M].上海:上海科学技术文献出版社,2010:12

第31课 马儿跑
第32课 牛要吃草
第33课 弟弟睡觉
第34课 小小泥人
第35课 老猪叫小猪磨麦
第36课 老猪吃饼
第37课 我没有胡须
第38课 他是谁
第39课 汪汪汪
第40课 摇摇摇
第41课 姐姐高敲门
第42课 月亮弯弯
第43课 不倒翁
第44课 小泥人跌了
第45课 猴子滚铁环
……

 专题小结

三套民国时期的经典教材,让我们感受到了童真、童趣。这三套教材最大的共同点是具有很强的趣味性,贴近儿童的生活。从家庭生活到学校生活再到社会生活,生活中处处都有教材的内容。儿童在这样的教材中既享受了生活的快乐,又学到了实用的知识。

专题导读

近年来,除了民国三套老教材引起了出版社、读者的极度热情,汉译或原版美国语文教材也在社会上引了热烈的反响。这里,主要介绍由美国著名教育家、俄亥俄大学校长威廉·H.麦加菲花费20多年时间倾心主编的《美国语文读本(美国原版经典语文课本)》(简称《美国语文读本》)。

美国语文教材简介[①]

一、威廉·H.麦加菲简介

威廉·H.麦加菲1800年出生于宾夕法尼亚州,是美国著名教育家。曾担任过迈阿密大学语言学教授,俄亥俄大学校长。自1845年开始任弗吉尼亚大学道德哲学教授。他还帮助组建了俄亥俄州公立学校体系。

---

① [美]威廉·H.麦加菲.美国语文读本(美国原版经典语文课本)[M].上海:三联书店,2011

早在19世纪初期,麦加菲就意识到,应该给那些孤独的垦荒者和欧洲移民的后代提供普遍的教育,于是他利用自己作为演讲家与教育工作者的天赋,开始为孩子们编写系列教材。他前后花费了20多年的时间完成了全套教材的编写。这套教材共分7册,从学龄前至第6年级。教材面世后在75年间销量高达1.22亿册,被美国很多学校选为课本,直到今天仍以各种版本流行于西方。这套教材被美国《出版周刊》评为"人类出版史上第三大畅销书",四五代美国人在这套书的伴读下成长,对美国青年的心灵塑造与道德培养产生了史无前例的影响,对当今美国精神与文化、美国道德与价值观应该说起到了不可磨灭的贡献。

如今,在迈阿密大学,还一直开放着威廉·H.麦加菲纪念馆。

二、《美国语文读本》简介

《美国语文读本》的英文原版共分7册,包括启蒙读本和第1～6册。第1册从字母表开始,主要侧重于字母的发音与书写、简单的单词与句型,同时强调英文书写,课文后面附有不少书法练习。从第2册开始,均是比较正式的课文了,每一课包括词汇和课文,对一些生词有英文解释,让学生学会通过简单英文理解生词,养成用英语理解和思维的习惯。第4册还附有课后思考练习,这些练习可以帮助学生更好地理解文章,引发孩子们的思考。第5册和第6册的课文前增加了作者简介与相关背景知识,内容丰富而有一定深度。

从文体方面我们可以看出,除了常见的记叙、散文体以外,这套读本对诗歌、戏剧、论说文等文体也很重视,书中选取了不少名家的名作名篇。

这是一套通过道德文字向孩子传授知识、进行美德教育的优秀读本。汇集了狄更斯、华盛顿·欧文、莎士比亚、爱默生、梭罗等名家名篇,通过一篇篇短小精悍的故事,将道德教育的内容倾注于作品之中,让孩子在欣赏这些优美文字的同时,从中感受到道德教育的力量,潜移默化地形成影响他们一生的美德观念。全书根据全文,按主题进行分类,共分为10篇:亲近自然、动物亲情、正直诚实、勤奋友爱、坚毅勇敢、同情善良、自尊自律、人际沟通、求知思考、快乐人生。

《美国语文读本》从19世纪中期至20世纪中叶,一直被广泛用作美国学校的语文教材,据称有10000多所美国学校用它做教材。美国著名汽车制造商亨利·福特称赞这套书是他儿童时代最有兴趣的读物,后来他自费大量印刷这套书,分发给很多学校。到了21世纪,西方一些私立学校(Private School)和家庭学校(Homeschool)仍用它作为教材,足见这套书的价值与影响力。据估计,这套书从问世至1960年,至少发行了1.22亿册;1961年后,在西方每年销量仍达30000册以上。应该说,没有哪一套个人主编的教材能超过此发行量了!

人类文化的瑰宝不仅源远流长,而且具有很大共通性。《美国语文读本》让我们深感孔子的睿智和真理的普遍性。孔子先成人后成才的观念在这套书中得以体现,可见真理走到哪里都是真理。教育是育人心。语文不仅仅是学习语言的驾驭能力,还要帮助孩子建立正确的人生观,建立评判是非的道德底线和良好的生活习惯、待人接物的礼数。《美国语文读本》从第2册开始概述了历史、生物、天文、动物学、植物学、餐桌礼仪、行为举止、对神和老师的态度等。综合比较,中美两国的语文教材,不难发现有两处是相同的,即都比较重视"义理"教育——"文以载道"是中美两国语文和教材的共同特点。第二个共同点是两国都重视学生的阅读和写作。

　　当然,对比当下我们的语文教育,《美国语文读本》也给很多值得我们借鉴与反思的地方。我们的语文课总是上得让很多孩子头疼,固定的教学模式、比较粗糙的内容、道德品行教育的生硬等。《美国语文读本》则在教会字词、语言的同时,更注重做人的培养,将做人的美德与标准融于精美的故事之中,可见育人之良苦用心!语文教学的功能是什么,这套书或许还给我们很多答案。

三、《美国语文读本》部分目录

　　第一篇　亲近自然
　　第二篇　动物亲情
　　第三篇　正直诚实
　　第四篇　勤奋友爱
　　第五篇　坚毅勇敢
　　第六篇　同情善良
　　第七篇　自尊自律
　　第八篇　人际沟通
　　第九篇　求知思考
　　第十篇　快乐人生

　　最后,这里再略微介绍美国另一套书——《你的N年级孩子应该知道什么》和《美国语文读本》联系起来,可以使我们更进一步了解美国的语文教材及其追求。

　　《你的N年级孩子应该知道什么》在美国也很受欢迎,虽然学校的老师不会完全按照它上面的内容讲授,但大体上反映了学校里应该学到的东西了。老师会建议家长买这本书,然后配合学校辅导。这套书按学前班、一年级、二年级、三年级、四年级、五年级分类。比如一年级的书名就是"what your first grader needs to know"。

　　一年级有关语文的内容介绍如下。

语言和文学（Language and Literature）

一年级学生的读、写（Reading, Writing, and Your First Grader）

教孩子阅读，注意平衡（Teaching Children to Read: The Need for a Balanced Approach）

学习阅读和写作（Learning to Read and Write）

读写的目标：从学前班到一年级（Goals for Reading and Writing: From Kindergarten to First Grade）

一个好的一年级教学计划是什么样的？（What Does a Good First-Grade Program Do?）

家长如何帮助？（What Parents Can Do to Help?）

文学（Literature）

引言（Introduction）

大声朗读（Read-Aloud Activities）

诗歌（Poetry）

传统民谣（Traditional Rhymes）

小沙利沃克（Little Sally Walker）

如果愿望能变马（If Wishes Were Horses）

红心女王（The Queen of Hearts）

三个聪明人（Three Wise Men of Gotham）

所罗门·格兰门（Solomon Grundy）

九月有三十天（Thirty Days Hath September）

绕口令（Tongue Twisters）

谜语歌谣（Riddle Rhymes）

更多给一年级的诗（More Poems for First Grade）

牧场（The Pasture）

希望（Hope）

一个好游戏（A Good Play）

裁缝（The Swing）

青蛙（The Frog）

紫色的牛（The Purple Cow）

我知道所有动物发出的声音（I Know All the Sounds That the Animals Make）

猫头鹰和小猫咪（The Owl and the Pussy-cat）

我的影子（My Shadow）

跳绳歌谣（Rope Rhyme）

餐桌礼仪（Table manners）

唱首人们的歌（Sing a Song of People）

华盛顿（Washington）

云肯、布林肯与诺德(Wynken, Blynken and Nod)

感恩节(Thanksgiving Day)

伊索寓言(Aesop's Fables)

狼来了(The Boy Who Cried Wolf)

狐狸和葡萄(The Fox and the Grapes)

马槽中的狗(The Dog in the Manger)

卖牛奶的女孩(The Maid and the Milk Pail)

披着羊皮的狼(The Wolf in Sheep's Clothing)

下金蛋的鹅(The Goose That Laid the Golden Eggs)

故事(Stories)

所有的故事都是阿南西的(All Stories Are Anansi's)

在堤防上的男孩(The Boy at the Dike)

兄弟兔得到了兄弟狐狸的晚餐(Brer Rabbit Gets Brer Fox's Dinner)

青蛙王子(The Frog Prince)

奇幻森林历险记(Hansel and Gretel)

跳跳虎的早餐(In Which Tigger Comes to the Forest and Has Breakfast(from The House at Pooh Corner))

一寸法师:一寸少年(Issum Boshi: One-Inch Boy)

拇指汤姆(Tom Thumb)

事情总可能变得更糟(It Could Always Be Worse)

杰克与仙豆(Jack and the Beanstalk)

膝盖高的人(The Knee-High Man)

半鸡(Medio Pollito)

花衣魔笛手(The Pied Piper of Hamelin)

匹诺槽(Pinocchio)

公主与豌豆(The Princess and the Pea)

穿靴子的猫(Puss-in-Boots)

长发姑娘(Rapunzel)

烂皮儿踩高跷皮儿(Rumpelstiltskin)

睡美人(Sleeping Beauty)

彼得兔的故事(The Tale of Peter Rabbit)

为什么猫头鹰有双大眼睛(Why the Owl Has Big Eyes)

戏剧(Drama)

狼来了:戏剧(The Boy Who Cried Wolf: A Drama)

日常俗话(Family Saying)

一天一苹果,医生不上门(An apple a day keeps the doctor away.)

己所欲,施与人(Do unto others as you would have them do unto

you）（注：西方的"金科玉律"）

正中要害（Hit the nail on the head.）

一次不成功，努力再努力（If at first you don't succeed, try, try again）

挪得之地（Land of Nod）（注：引申为"梦乡"）

让那只猫从口袋里出来（Let the cat out of the bag）（注：它的实际意思是：在不小心的情况下泄露了秘密）

多多益善（The more the merrier）

今天能做的事今天做（Never leave till tomorrow what you can do today）

熟能生巧（Practice makes perfect）

没有比家更好的地方（There's no place like home）

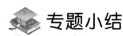

专题小结

这套《美国语文读本》是孩子们阅读的财富，它按照一定的主题进行课文的选择，每个主题又有几篇系列文章。文章内容选择广泛，不同的体裁，不同的学科都在这套教材中得到了很好的结合。这样一套内容丰富、色彩鲜明、贴近生活的"大百科全书"怎能叫人不喜欢。

思考与练习

一、填空题

1. 我国民国时期的三套经典老教材主要是指：_____、《商务国语教科书》、《世界书局国语读本》。

2. 1932年版的《开明国语课本》由_____主文、丰子恺插画。

3.《美国语文读本》编者是美国的著名教育家_____。

二、判断题

1. 民国时期教材的内容都是民间故事，具有民间性。　　　（　）

2.《商务国语教科书》具有很强的实用性。　　　　　　　（　）

3.《美国语文读本》是一套通过道德文字向孩子传授知识、进行美德教育的优秀读本。　　　　　　　　　　　　　　　（　）

三、简答题

1. 民国时期教科书编撰的主要特点是什么？

2. 《世界书局国语读本》的主要特点有哪些?

推荐书目与文章列表

1. 叶圣陶,丰子恺. 开明国语课本[M]. 上海:上海科学技术文献出版社,2010
2. 庄俞. 商务国语教科书[M]. 上海:上海科学技术文献出版社,2010
3. 魏冰心. 世界书局国语读本[M]. 上海:上海科学技术文献出版社,2010
4. [美]威廉·H.麦加菲. 美国语文读本(美国原版经典语文课本).[M] 上海:三联书店,2011

第七章
识字教学（上）

小学语文识字教学是语文教育的入门。不识字，就根本无法阅读和写作。而抽象的文字对于主要是形象直观思维的小学生，尤其是低年级的小学生来说是十分困难的。所以识字教学这一内容我们用了上下篇来阐述。本章是上篇，主要阐述了识字教学的重要性及"集中识字"、"分散识字"、"注音识字，提前读写"三种比较系统的识字教学实验。

学完本章，你将能够：

1. 认识到识字教学的重要性；

2. 了解小学各学段的识字目标；

3. 分别掌握"集中识字"、"分散识字"、"注音识字，提前读写"三种识字教学实验的内容、做法、影响与评价。

专题导读

小学语文识字教学是阅读和写作的基础，是整个小学阶段语文教学的关键。抽象的文字对于主要是形象直观思维的小学生，尤其是低年级的小学生来说是十分困难的。因此，教师更应该认识到识字教学的重要性，在了解小学各学段的识字目标的基础上开展识字教学。

专题一 识字教学概述

一、识字教学的重要性

1. 小学识字教学是阅读和写作的基础

小学语文识字教学是阅读和写作的基础，是整个小学阶段语文教学的关键。敏捷、准确、高效率的口头和书面语言能力，是以扎实的基础知识、纯熟的基本技能为基础的，语文教学首先应当过好识字关。

要读书、作文必先识字。字识得太少，阅读、作文必将遇到很大困难。所以说要教学生掌握书面语言，能读会写，必先认识足够数量的汉字。

2. 小学识字教学是小学语文教学的重要内容

文字不仅能记录广阔无边的事物，也能细腻地表达丰富微妙的心灵，还能通过由其组成的视觉语言，激发人的智慧，陶冶人的性情。认识文字，是儿童从运用口头言语过渡到书面语言的基本环节，同时也是儿童自主浸染以文字符号为载体的文本世界的开始，对于其语文综合素养的建构具有奠基性的作用。正是基于这样的意义，识字教学历来被认为是低年级语文教学的重点内容。

3. 小学识字教学也是小学语文教学的主要难点

由于汉字是依据点、横、竖、撇、捺等数十种笔画，按照千变万化的方式组合而成的，不像拼音文字由字母组成，字形表示读音，所以小学生学习起来非常困难。

二、小学各学段的识字目标

1. 第一学段（1～2 年级）[①]

（1）喜欢学习汉字，有主动识字的愿望。

---

① 中华人民共和国教育部.全日制义务教育语文课程标准（实验稿）[M].北京：北京师范大学出版社，2001：5

（2）认识常用汉字1600～1800个，其中800～1000个会写。

（3）掌握汉字的基本笔画和常用的偏旁部首，能按笔顺规则用硬笔写字，注意间架结构。初步感受汉字形体美。

（4）养成正确的写字姿势和良好的写字习惯，书写规范、端正、整洁。

（5）学会汉语拼音。能读准声母、韵母、声调和整体认读音节。能准确地拼读音节，正确书写声母、韵母和音节。认识大写字母，熟记《汉语拼音字母表》。

（6）能借助汉语拼音认读汉字。能用音序和部首检字法查字典，学习独立识字。

2．第二学段（3～4年级）[①]

（1）对学习汉字有浓厚的兴趣，养成主动识字的习惯。

（2）累计认识常用汉字2500个，其中2000个会写。

（3）会使用字典、词典，有初步的独立识字能力。

（4）能使用硬笔熟练地书写正楷字，做到规范、端正、整洁。用毛笔临摹正楷字帖。

（5）有条件的地方，可学习使用键盘输入汉字。

3．第三学段（5～6年级）[②]

（1）有较强的独立识字能力。累计认识常用汉字3000个，其中2500个会写。

（2）硬笔书写楷书，有一定的速度。

（3）能用毛笔书写楷书，在书写中体会汉字的优美。

专题小结

识字教学在小学语文教学中占有重要地位，是阅读和写作的基础，是小学语文教学的重要内容，同时也是小学语文教学的主要难点。根据我国《语文课程标准》，在小学的三个学段中，对识字教学分别有着不同的目标与要求。

[①] 中华人民共和国教育部．全日制义务教育语文课程标准（实验稿）[M]．北京：北京师范大学出版社，2001：7

[②] 中华人民共和国教育部．全日制义务教育语文课程标准（实验稿）[M]．北京：北京师范大学出版社，2001：8

专题导读

"集中识字"实验始于 1958 年,"文化大革命"期间受到冲击,1977 年后再次兴起,且规模扩大。

"集中识字"是与分散随课文识字相对而言的。"集中识字"的基本特点是在小学低年级以识字为重点,识字时暂时脱离课文,让学生集中精力在两年内学习 2000～2500 个常用字。因此也有人称之为"先识字,后读书"。

"集中识字"实验对我国小学语文教学实践影响很大,后来的小学语文教材的不同版本不同程度地采用了"集中识字"教学的经验。

专题二 "集中识字"实验

一、"集中识字"实验的由来与历程

1. "集中识字"实验的由来

"集中识字"其实是我国识字教学的传统。我国传统的识字教学历来采用"先识字,后读书"的办法,先后以《急就篇》《三字经》《百家姓》《千字文》等为识字教材。清人王筠在其《教童子法》一书中曾明确提出"蒙养之时,识字为先,不必遽读书……能识两千字,乃可读书"①,可谓对我国传统识字教学经验的总结。

到了 1922 年实行"新学制",儿童识字课本发生变化。课本由文言变为白话,识字方法放弃了几千年来的"先识字,后读书"的集中识字传统,借鉴西方识字教学的经验,强调"寓识字于阅读之中"。每课生字只有三五个或六七个,"一般课本两年只教 1200 字左右"。这样,传统的集中识字法为分散识字法取代。从 1923 年起直到 1958 年三四十年间我国小学一二年级识字量平均在 1200 字左右,最少的甚至只有 900 余字。分散识字法的这种"少慢差费"现象在 1958 年前后受到挑战。

2. "集中识字"实验的兴起(1958—1960)

1958 年,辽宁黑山北关小学(即现在的北关实验学校)鉴于识字教学拖住了阅读教学的后腿,致使语文教学速度慢,质量低,提出从识字教学改革入手,进而全面改革语文教学的要求。该校的贾桂枝和李铎等人在研究传统的"三、百、千"(《三字经》《百家姓》《千字文》)识字教学经验和解放初期成人扫盲速成识字法的基础上,正式提出"集中识字"教学法并进行实验研究。实验结果表明一二年级学生可识字 2500 汉字左右。这个识字进度比当时的普通学校快一倍。

1959 年 10 月,中国科学院心理研究所参加了这项试验,在原来两个试验班的基础上,又招收两个春班,实验效果更为明显。

---

① 张田若,集中识字的实践与理论,中央教育科学研究所、集中识字教研课题组. 集中识字教学论文集[M]. 呼和浩特:内蒙古人民出版社,1995

"集中识字"实验虽然从1958年才开始出现,实际上它代表了当时小学语文教学界的普遍呼声。所以"集中识字"实验启动之后,迅速引起广泛的关注。1960年4月,中共中央宣传部、教育部在北关小学召开现场会,肯定了集中识字的教学经验。中宣部副部长张磐石亲临会场,并在《人民教育》上发表题为《黑山经验值得重视》的文章。

同年,教育部批准在全国所有试行的十年制学校,在一二年级采用集中识字法教学识字。该年创办的北京景山学校也采用这种方法教学识字,与北关小学的集中识字实验遥相呼应。从此,黑山北关实验学校、景山学校("两山")成为集中识字教学实验的主要代表。

1961年后,实验规模迅速扩大,辽宁锦州、江苏常州、河北涿州等地纷纷仿效。人民教育出版社于20世纪60年代初编印了五年制小学的集中识字教材,供当时全国所有五年制小学采用。到1966年试验持续了8年,教材与教法不断完善,推广面逐步扩大。

3. "集中识字"实验的中断(1968—1977)

"文化大革命"期间,集中识字实验受到批判而基本中断。即使有些学校坚持实验研究,也往往以某种扭曲的形式存在,比如有些学校编写了"一个观点做统帅,一条红线穿起来"的集中识字教材,教师教"白"字时只能说"白求恩"而不能说"白菜",教"甜"字时,只能说"忆苦思甜"而不能说"糖是甜的"。

4. "集中识字"实验的"复兴"(1977—2000)

直到1977年,集中识字教学才重新恢复,并迅速在全国传播。当年北关学校的贾桂枝、杨树等到北京景山学校,共同探讨并重新规划集中识字实验。1978年黑山北关实验学校和北京景山学校恢复集中识字实验,北京和江苏常州等地有几个学校参加了实验。景山学校在这一年出版了新的课本。1979年黑山北关实验学校在中央教科所的帮助下也编印了集中识字课本,供全国实验班采用。

1980年中央教科所在辽宁锦州市和黑山县召开了全国集中识字经验交流会。出席这次会议的有来自全国15个省市自治区的集中识字实验教师和教研人员300余人。会议交流了各地恢复集中识字实验的情况和经验,并从理论上进行了探讨。

此后,集中识字实验在全国更大规模地开展起来。后来编辑出版三套集中识字专门教材:①辽宁省教育学院编,辽宁教育出版社出版的课本(六年制),共12册,使用这套课本的学生每年达13万。②北京景山学校编的五年制课本,共10册,使用这套课本的学生共3万。③中央教科所基础教育课程教材研究中心和辽宁省黑山北关实验学校编的五年制课本《新世纪义务教育语文课本》,从1999年9月开始在全国使用。

二、"集中识字"实验的基本内容与做法

集中识字实验其实不只是识字教学改革,而是以集中识字为先导,促进"大量阅读,分段习作"。到 20 世纪 90 年代,形成了"集中识字、大量阅读、分段习作"的小学语文整体教学实验。

1. 识字

"集中识字"强调小学一二年级以识字为重点,让学生集中学习 2000～2500 个常用汉字。黑山北关实验学校的集中识字教学继承了清末的文字学家王筠运用汉字规律指导识字教学的思想,并在其基础上发现了汉字的形声规律,最后以基本字带字作为集中识字教学的主要方法。

我国传统的识字教材("三、百、千"等),虽然容易诵读、记忆,但就识字来说,字与字之间并无任何构字上的联系。直到清末的文字学家王筠才提出将汉字分类教学的主张,先教独体字,后教合体字,又根据六书将汉字分为象形、指事、会意、形声四类字进行教学。这可以说是汉字构字法在识字教学中的初步运用。但是王筠的经验并未将形声字的规律突显出来,未把形声字再分类组合,分组教学,更没有编出教材。黑山北关学校把集中识字教学法逐步发展完善,从教材到教法形成了一套独立的教学体系。在 1960 年以前,北关小学主要采用"以歌带字"、"同音归类"的方法,后转为以"形声归类"、"基本字带字"为主要的集中识字法。①

第一,以歌带字到同音归类。黑山北关小学最初受成人扫盲教育经验的启示,采用以歌词带字的方法来集中识字。一支《东方红》歌曲,用其每个字的四声变化,十课时就教会 317 个字,经过验收,全班 59 名学生,每人平均学会 276 个生字,比当时全国通用教材第一册的 223 个字,还多 53 个。②但儿童可学的歌曲毕竟有限,歌词的字数也是有限的,而且每一支歌不是所有的字都能广泛带字。如《东方红》一歌,虽有 113 个字,可是实际能起带字作用的只有 59 个。这就给更多的识字带来了困难。

为了克服以歌带字的局限性,充分利用音的规律,他们改用"四声带字"(也称"同音归类")的办法。按照汉语拼音的顺序,利用汉字的 411 个音节,及其各自的四声变化,把音调相同的字分别组在一起。认识一个音节,就可学会一串汉字。如 ba——八、巴、笆、拔、跋、把、爸、吧等。比起以歌带字进了一步,仅用 34 个课时,就学了 1400 个汉字。

---

① 杨树.集中识字二十年的情况汇报.见:中央教育科学研究所.集中识字教学经验[M].北京:教育科学出版社,1980:33
② 杨树.集中识字二十年的情况汇报.见:中央教育科学研究所.集中识字教学经验[M].北京:教育科学出版社,1980:31

但是，这种同音归类法也存在明显的问题：①书写和运用汉字的错误较多，尤其是字形错误和别字较多。如"冬天"成为"东天"，"冰冻"写成"冰动"等。②汉字的音形义不统一。只重字音，忽视字形和字义。当时进行试验教学的教师发现在同音字组中，若一组字都是形声字，错误就少。如清、晴、情、请等。

第二，由同音归类到形声归类。同音归类虽然突出了音的规律，但忽视了形的规律，而学生识字的主要困难在"字形"上，这样就容易造成汉字的音形义脱节，学生对形声字的学习却较好地解决了音形义的脱节问题。这一现象启发了黑山北关小学的试验教师，他们开始注重对汉字规律的探索。形声字组中汉字的音形义容易统一，字的声符表音，字形相间，字的义符——偏旁部首——表义；学生从声符掌握字音、字形，再从义符理解字义，既好学，又不易出错。他们在研究了《六书》和《说文解字》之后，发现，尽管汉字经过长期的演变，但形声字有着固定的构字规律，就是半部表音，半部表义。而且形声字在汉字中所占比例很大，约80%左右。于是，以解决字形为主的形声归类法取代了同音归类法。

第三，由形声归类到基本字带字。以形声字归类同样存在一定的局限性，有部分汉字属于非形声字，这部分汉字如何归类、如何学习呢？如昔—醋、错、借、惜、猎、鹊；头—实、买、卖；豆—逗、痘、短、登。这三组字中有的是形声字，有的是非形声字，如按形声字归类，这三组字不能各自成组，也不好称为形声字归类。但是每组字在字形结构上又有共同之处，每组字中都有一个共同的字，虽不能完全标音，但字形相同。他们根据汉字的这一字形规律，把这一个共同的字称为"基本字"。"基本字"就是指一组合体字中，在字形结构上，共同具备的又是最基本的那一部分。也就是说，利用形声字的特点归类的字组，在字形结构上共同具备的基本部分叫基本字，基本字多数是独体字但也有合体字。这种归类法就叫做"基本字带字"。基本字带字法，还是以形声归类为主，但也可包容基本字相同的非形声字。

基本字在常用汉字中有多少？能带多少字？2500个常用字中基本字约有360多个，用它带字可以带出2200个左右。就是说，学生掌握了360多个基本字和几十种偏旁，就可以运用这两大部件去学习绝大多数的合体字。[①]

第四，"基本字带字"。就是把归类后的一组合体字所共同具备的基本部分——基本字提出来放在前面；然后把它所带出来的字依次排列起来（如果音节相同，就按四声排列）如"巴、芭、笆、疤、把、爸"和"工、功、贡、红、江"。每个字的上面有注音，后面有词语。带出来的字组，就字形

[①] 杨树.集中识字二十年的情况汇报.见：中央教育科学研究所.集中识字教学经验[M].北京：教育科学出版社，1980：33

来说,异中有同,同中有异,大同小异(基本字相同,偏旁全异),突出规律。

很多基本字都是常用字,但也有些基本字不是常用字;极少数的合体字还不能按字形归类。针对上述情况,他们主要采取了两种带字方法:一是直接带字,如"巴"、"工"、"里"等字组;二是间接带字,如"孩、刻、核"。①

这里的"基本字带字"主要指以上两种方式。此外,在"基本字带字"的识字教材中还有些字是通过词、句带出来的。如,学会了"行"字,"旅"字就可以通过"旅行"一词带出来;认识了"便"字,就组成"随便"一词把"随"字带出来。有时在句子中也带一些,如"对人要有礼貌"、"杨柳绿,燕子来"中的"貌"、"燕"等。这些,都要有熟字作为基础。以词语、句子带出的字,在字形结构上是毫无规律可循的。因此,凡能用基本字带出的字,尽量少用或不用这种方法。即使不可避免地用了一些,在教学中也应把音、形视为两大难点,要比基本字带出的字多下些力量。

2. 集中识字中的"读写"训练

集中识字的目的是要发展学生的语言。识字是阅读、作文的基础。中高年级当然以读写教学为主。问题是低年级在以识字教学为重点的前提下,如何发展学生的语言,如何处理好识字与读写的关系。

集中识字实验在创始阶段,对识字教学与发展语言的关系缺乏必要的研究。由识字、识词到课文阅读,中间缺少了句、段过渡。先编的教材,虽然每个字都是通过词出现的,教学过程中教师也要求学生组词、造句,但教材中的词、句训练还未能充分体现出来。1983年后经过修改,尤其是1989年新编教材,比过去增加了语言训练因素。这其中经过了一个由字到词、由词到句的探索过程。

首先是"由字到词"。教材中的字通过词出现,体现了字不离词的语言规律,通过词义理解字义。如下面一组字:采(采用)—彩(彩色)—踩(踩着)—睬(理睬)—菜(白菜)。

在教学实践中,每个字不只组成一个词,有的要扩到三五个词,甚至十几个词;扩词的多少,决定于字(词、词素)的构词能力大小和教学目的。这样,在词语教学中伸缩性较大。这里有一个问题就是,由字到词,扩词范围如何确定?教学如何要求?根据以往的教学经验,主要有三种做法:①每组字除随字出现的词外,能扩出的其他词,最好分类要求,一类在教材中反映出来,可在字组下边出现词组,如雪(下雪)一字组中出现,词组中又出现:大雪、白雪、雪花、雪地。一类可由教师掌握。但应以前者为主。②扩词范围不能过大,一定

---

① 杨树. 谈谈"基本字带字"的识字方法问题. 见:中央教科所、集中识字教研课题组. 集中识字教学论文集[M]. 呼和浩特:内蒙古人民出版社,1995:91

要体现常用词构词能力强的字,体现在教材词组中的词,以三个至五个为好,学生的口头练习可以稍多一些。③一个字所扩的词若反映在教材词组中,如果后边课文中不出现,最好在句子或练习中再现出来,使词语教学得到落实使学生能够掌握。

其次是"由词到句"。最初编的教材中,除了字(词)组外,没有句组。在教学实践中,大多数教师注意了句子练习。除了以词让学生进行口头造句外,有的教师还自编句子让学生练习。目的是使学生从语言环境中理解字(词)义,进行语言训练。为了进一步体现词不离句的语言规律,实验教材经过修改,字组下边增加了词组和句组以及片断。凡字组中出现的词,一般能在句组中出现。这样,从教材上体现出语言训练的序列,由字词直接到课文,发展到由字到词、由词到句、由句到片断、再到篇章。

识字教学与阅读教学相对集中,紧密结合。一段集中识字以后,紧接着就是阅读教学。在集中识字阶段,把汉字从课文中抽出来,按字形规律编成识字教材。这样,容易学,容易记。学了两三百字以后,紧接着就阅读包含这些字的课文。在集中识字阶段,以教汉字为主,着重解决字音、字形问题,初步解决字义问题。在阅读阶段,除了朗读能力的培养,词语、句型方面的基本训练外,还要在课文中巩固识字,加深对词义的理解,使集中识字阶段所学的汉字再回到语言环境中去。通过写词、听写句子、抄写课文,以及组词、造句等多种练习学会对字词的运用。在阅读教学中,要培养学生的阅读能力和灵活认读汉字、灵活运用汉字的能力。

总体而言,集中识字教学实验主张"先识字、后读书",小学一二年级以识字为重点;识字时脱离课文;"难点分散,任务单一"。但是,集中识字并不是集中学习2000～2500个汉字之后才正式读书,而是"每学三五百字,就读几篇课文"。一面巩固所学的字;一面进行初步的阅读训练。识字时,也是每学一字,就带出一词,把字放在词中去学,同时进行组词、扩词与造句的练习。具体安排是:"一上练口,一下练笔,二上启蒙,二下开篇。"一年级上学期以说话训练为主,由句到段,连段或文。有时也做些书面训练,把说过、读过的再写下来。一年级下学期以写话为主,说的训练也不完全排除。二年级上学期练写成篇短文,但只要有个头尾,把一件事写清楚就行,这时看图说出几段连贯的话的训练,仍十分重要。二年级下学期逐步学习自己拟题,向文有中心的方向引导。到了三年级以后,就可放开步子,每学期都比教材中课文多学几十篇文章,而且每周都练习一篇作文,每读一篇文章还要进行扩写、缩写或其他形式的单项练习。

在集中识字阶段,所识字主要从课文中抽出来,按字形规律编成识字教材。以教汉字为主,着重解决字形、字音问题。接下来将所集中学习的三五百字(景山学校主张两三百字)返回到课文中去,通过课内阅读和课外阅读相结合的方式巩固汉字,加深字义、词义的理解。另外,一二年级在集中识字时也穿插进行说话、写话训练。[①]

3."大量阅读,分步习作"

集中识字实验一开始,就是从语文教学整体改革出发的。当时黑山北关小学的教师们就认为识字教学拖住了阅读和作文的后腿。于是,他们提出从改革识字教学入手,进而全面改革小学语文教学。在改革之初,他们着重于集中识字方法和理论的研究。从1978年恢复实验研究之后,他们进一步明确,要提高小学语文教学质量,首先,必须研究识字、阅读、作文三者的内部规律,正确处理好三者的关系;其次,必须研究语言和思维的内部规律,正确处理好发展语言和发展思维的关系;最后,必须研究儿童学习语言的规律,解决好低中高各年级的关系。基于以上认识,他们逐步建立了以集中识字为基础的小学语文教学体系。

低年级以识字教学为重点,采用集中识字方法,以汉字构字规律为指导,充分运用汉字的知识结构和学习迁移规律,将汉字归类,适量集中,分批教学。识字与阅读分段穿插,教学一批生字,阅读数篇课文,识字和阅读间隔分批进行;识字为重点,同时进行学词、学句、读文、说话、写话教学。在集中识字阶段,加强字与词、字与句的联系,词汇教学结合识字教学进行,尽量做到"字不离词,词不离句"。用字组词,造句练习,用字词联话写话,在课堂上大量去做,与识字教学有机结合在一起。复习巩固生字,主要在课堂上完成,在课后留少量作业进行复习巩固也是必要的。这样,使识字既有规律可循,又和发展语言思维相联系。一二年级在识字基础上,增加了阅读量,一年级开始写日记、看图写话;二年级能写片段和短文。为三年级以后的阅读和作文创造条件,奠定基础。

从三年级开始,基本上不再进行"集中识字"训练,转入以读写为重点的阅读教学。三年级以阅读为主,四年级读写并重,五年级以作文为主。就识字而言,三年级以后所学的1000多个常用字是采用"随课文识字"的办法。

三年级后的阅读教学,适当增加阅读量,采用单元分组教学,精读带略读,读写结合的方法。利用一组教材的语文知识结构作为训练重点,读写结合。作文教学实行说话、写话、作文分步训练。这样,以集中识字为基础的小学语文教学体系,不论识字、阅读还是作文,都从小学语文教学的整体出发,又分段突出教学重点和训练重点,使识字、阅读、作文三者相互联系、相互促进。

---

① 杨树.集中识字二十年的情况汇报.见:中央教育科学研究所.集中识字教学经验[M].北京:教育科学出版社,1980

三、"集中识字"实验的影响与评价

1. "集中识字"实验的影响

"集中识字"实验对我国小学语文教学影响较大。"以基本字带字"为主的这一归类识字方法后来已被全国小学语文通用教材和由省、市自编教材普遍采用。

1963年教育部颁布的《小学语文教学大纲(草案)》肯定了集中识字的经验,当时十年制试点学校的一二年级语文教材,就是采取集中识字的方法编写的。1978年编写的十年制小学语文教材,仍采取集中识字的方法编写。各类教材所不同的仅限于每次归类字数多少不同,所选字种不同。

集中识字所创造的识字"四项基础"的经验(汉语拼音,汉字基本笔画、笔顺,字的偏旁部首和基本字)在我国小学语文教学实践中得到广泛的运用。"集中识字"实验积累的教学经验如阅读课文采用单元分组教学、精读带略读、利用一组教材的语文知识结构作为训练重点、读写结合等后来几乎成为小学语文教学的基本模式。

2. "集中识字"实验的评价

"基本字带字"作为集中识字的主要方法,突出了汉字的构字规律,使识字教学走上了一条科学化的道路。有研究者认为,"今天我们不能小看这一变化,因为适应了汉字长期演变和汉字简化的历史情况,既便于汉字归类,又便于儿童掌握。形声归类法和基本字带字法各有特点,二者又都突出了字形难点,完全适合初入学儿童的知识基础。总之,由同音归类到形声归类的发展,决定了集中识字教学的可行性,提高了集中识字教学的成功率。使集中识字教学有了科学的方法,使集中识字方法由经验的探索,发展到汉字规律的指导。"[1]

集中归类,比较分析,有助于培养儿童的比较鉴别能力。在以基本字带字为主的集中识字教学中,学生对"基本字"这个共同点已经熟悉。小学生在比较字形异同时,掌握字形之间的共同性大于差别性,即一般表现为容易找出相同点,不易找出相异点。[2]当学习以"基本字"这个共同点带出的一连串生字时,学生就有可能在教师引导下,着重比较生字之间的相异点。

---

[1] 田本娜,高恒利.集中识字教学方法的发展与理论探索——纪念集中识字教学三十年.见:中央教科所、集中识字教研课题组.集中识字教学论文集[M].呼和浩特:内蒙古人民出版社,1995:101

[2] 朱作仁.集中识字的心理学问题探讨.见:中央教育科学研究所.集中识字教学经验[M].北京:教育科学出版社,1980:143

第一是"常用字表"的问题。集中识字教哪些字？这个字表不只是一个数量问题，还是一个质量问题，即所选字的常用性、字的组词能力、是否符合基本字带字的字串特点等。一般常用字的选取主要是从成人读物中筛选的高频率字；有的是从已编中小学语文教材中选取的。但对于儿童口语中的常用词汇，分年龄阶段的口头常用词汇调查还不够，这也是确定常用字的重要来源之一。如果儿童学的生字，是他口头词汇中已经掌握的，学起来就容易得多。

第二是集中的"单元大小"问题。包括一册书识字量集中次数及每次集中的识字量，以及一组字的数量等问题。北关实验学校以五六百字为一个单元（可称之为大集中），学生集中学习五六百字之后再去阶段性地阅读。他们认为两年分四次集中，每次集中的识字量为500字、700字、800字、500字。景山学校则以两三百字为一个单元（可称之为中集中，分散识字可视为小集中）。中集中一般一个学期分为两个单元，先识一批字，后读一些课文。现在的集中识字以中集中居多。以中央教科所和黑山北关实验学校合编的教材为例，1～4册每册一般集中2～3次；每次集中学习的生字量，第1册100字，2～4册200～300字；每组字3～5个（以教材中出现的生字为主）。但这些数据需要更多的论证。可见，集中识字实验中对于集中的单元大小的看法，是存有分歧的。每次集中识字究竟多少为宜，是一个值得进一步探讨的问题。据有关心理学研究，每次集中学习200字不如集中100字效果好，即每次集中识字的单元以100字左右较为适当。[①]但是，100字是否适当，仍有待研究。

第三是小学一二年级的集中识字与阶段阅读存在"文从字"与"字从文"的矛盾问题。集中识字实验强调集中学习的汉字应从课文中抽出来，一段时间后再将这些汉字返回到课文的阅读中去巩固。其实，这些课文是按照"文从字"的原则编写的，难免会影响课文的生活真实性。"我们选用课文，基本上是文从字而不是字从文的。这一阶段的读书，主要目的是为了复习巩固所学的字。因此词语扩展，语言训练都力求适度，避免喧宾夺主。"[②]这种"文从字"的结果往往会造成"假课文"。这不利于让学生在真实的语言环境中理解字、词的意义和用法。其实，真正做到"文从字"也不是很容易的事。而"字从文"又不利于汉字规律的体现和基本字带字方法的运用。很多识字教材根据课文的用字编

[①] 朱作仁. 集中识字的心理学问题探讨. 见：中央教育科学研究所. 集中识字教学经验[M]. 北京：教育科学出版社，1980：141

[②] 杨树. 集中识字二十年的情况汇报. 见：中央教育科学研究所. 集中识字教学经验[M]. 北京：教育科学出版社，1980：38

写,如果是"字从文"的教材常常不能发挥基本字带字的作用(如"羊样洋"可以组成一串,因为本册课文中没有"洋"字,下一册才有"洋"字,因此本册识字教材只出"羊样",下册再出"羊洋");有时还搞乱了基本字带字的系统性(如"云运会"组,最好是"云运"还有"酝芸耘"等组成一组,"会绘"另成一组)。这就涉及"文从字"和"字从文"的教材编写问题。集中识字二十年经验反思时人们也注意到集中识字教材的尴尬。"与过去相比,我们的教材虽然有变化,有发展,但也有一定问题。最为明显的是后两册字串过短,汉字规律体现得不够突出,其实质是文从字没有很好做到,在某种程度上仍有些字从文的影响。再是教材体系如何更好地适应基本字带字的方法、特点等,都有进一步改进的必要。"①

另外,从"集中识字"实验的产生背景来看,1958 年出现的"集中识字"实验明显地带有当时"教育大革命"的色彩。其具体表现为两点:一是急躁性。集中识字实验在 1958 年骤然兴起,一个重要的原因是人们急于改变当时语文教学"少慢差费"的现象。他们寄希望于集中识字能够带来"多快好省"的效果。当集中识字实验初见成效,表明一二年级学生可认识两三千个汉字时,它立即得到当地县委、县教育局,乃至中共中央宣传部、教育部的支持和现场关怀。其"跃进"的心情可见一斑。二是偏左现象。在对待欧美的实验研究成果及教学经验上,排外倾向是明显的。1922 年以美国学制为蓝本制定的"新学制"主张"寓识字于阅读之中"(即分散识字),在集中识字实验研究者看来,它与资产阶级教育学的"量力性原则"一样,导致了小学语文教学的少慢差费。故他们反其道而行之,以集中取代分散。

专题小结

"集中识字"实验是一次我国小学语文教学实践影响很大的实验。"集中识字"的基本特点是在小学低年级以识字为重点,识字时暂时脱离课文,让学生集中精力在两年内学习 2000～2500 个常用字。它以集中识字为先导,促进"大量阅读,分段习作"。到 20 世纪 90 年代,形成了"集中识字、大量阅读、分段习作"的小学语文整体教学实验。它对我国小学语文识字教学起到正面影响的同时,也有一些本身固有的问题,其不良影响也值得我们探讨。

---

① 杨树.集中识字二十年的情况汇报.见:中央教育科学研究所.集中识字教学经验[M].北京:教育科学出版社,1980:38

专题导读

中国传统的识字教学方式是"集中识字"。1922年以美国学制为蓝本制定的"新学制"主张"寓识字于阅读之中"（即分散识字），于是，"边识字边读书、寓识字于阅读教学之中"，成了近代小学识字教学的主要方法。中国传统的"集中识字"被摒弃。1958年前后，教育界开始关注"分散识字"的"新传统"和"集中识字"的"老传统"的识字效果。黑山北关小学等地在改造"老传统"的基础上开始进行"集中识字"试验。南京师范学院附属小学（即现在的南京师范大学附属小学）斯霞则在改造"新传统"的基础上倡导"随课文识字"。

专题三 "分散识字"实验

一、"分散识字"实验的由来与历程

1. "分散识字"实验的由来

中国古代教学传统历来采用"集中识字"，而"分散识字"大体属于舶来品，是伴随着现代学校的兴起而产生的。特别是"五四"新文化运动以来，教育界提倡白话文，开展"国语"运动，小学《国语》教学也开始了改革。1922年"新学制"主张"寓识字于阅读之中"（即分散识字），它以白话文为基础，学习和套用了欧美的语文教学经验，强调"边识字边读书"。

"边识字边读书"走的是"分散识字"的道路。学生一入学就学习课文，教师结合课文内容进行识字教学。每课生字只有三五个或六七个，小学一、二年级只识字1200～1300个。

为了配合"边识字边读书"，识字的课文很短，比如读"狗，小狗，来来来"，就学"小狗来"三个字；再读"大狗跳，小狗跳，大狗叫，小狗叫，大狗小狗，叫一叫、跳一跳"，又学"大、跳、叫、一"四个字。

"分散识字"让学生在"有意义"的课文中识字，容易使学生觉得有趣。但这种"分散识字"的缺点很明显：首先是生字的出现难以得到由易到难编排，课文中需要什么字，就学什么字；其次是课文长了，每课生字数难以控制，分布不均，有的一课中的生字多达二三十个；第三是师生注意力放在课文的内容上，难以集中力量识字，影响识字效果，而教阅读时又要花时间识字，阅读教学也受到影响。

后来教育界普遍批评这种分散识字是"少慢差费"的识字教学，认为识字教学拖了阅读教学的后腿，导致1958年辽宁黑山北关小学（即现在的北关实验学校）等地开始"集中识字"实验。

1958年前后，南京师范学院附属小学斯霞在采用"分散识字"的办法时，同样认识到"分散识字"可能出现"少慢差费"的现象。但在她看来，改变"少慢差费"的现象并不一定要舍弃"分散识字"的道路，而应当调整和改造"分散识字"的具体做法。

2. "分散识字"实验的起始阶段(1958—1964)

斯霞在接受了试行五年制的试验任务(当时小学学制是六年制)之后,由于当时既没有五年制的教学大纲,也没有五年制的教材,就试着自编教材。在识字教学方面,她采用的是"随课文分散识字法",并对这种方法进行了新的试验和创造,把识字、阅读、写话三者结合起来。①

改造过的分散识字,目的是让学生多识字、快识字,针对的也是少慢差费的新传统的分散识字法。

1962年,原江苏省教育厅在常州主持召开了有关语文教学的会议,对中、小学和师范学校加强语文基础知识和基本训练制订了详细的措施。会议上斯霞的识字教学法受到关注,也有人提出相关的建议,如:"大小"、"上下"、"山羊"等字,可以把它们组成各种词语如"大羊"、"小羊"、"大羊大"、"小羊小"、"大羊上山"、"小羊下山"、"大羊在山上吃草"、"小羊在山下吃草"……这样学生就学得灵活,学得有趣,也容易巩固。会后《江苏教育》发表了题为《一切优秀的教学经验都应当在全省开花结果》的文章。这篇文章把斯霞的语文教学"试验"总结为"以语言教学为中心,把识字、阅读、写话三者结合起来"。②

1960年斯霞被评为全国"三八"红旗手,出席在北京召开的全国文教群英会。斯霞曾写作《迅速培养小学一年级学生读写能力的经验》一书,由人民教育出版社出版;并先后在《江苏教育》发表有关拼音、识字、写字、说话与写话、作文等方面的文章。

第一轮试验的结果显示,学生在两年里识了两千多字,读了一百七十四篇课文,实验班(三年级)达到四年级的水平。四年级起用六年制的高年级教材进行教学,在没有加班加点的前提下,完成了五年制的教学实验任务。第二轮五年制学生只教到三年级而被迫停止。

3. "分散识字"实验的中断(1964—1977)

1963年,新华社记者实地采访斯霞,经过一个多月的调查访问,发表了介绍斯霞教育经验的文章《育苗人》,后又在《人民日报》上发表《斯霞和孩子》。文章发表后在教育界引起较大反响。"谁知祸从天降。1964年从北京传来消息说,《斯霞和孩子》这篇文章有问题——宣扬'人性论'、'阶级斗争熄灭论'、'童心母爱',要批判。……还说'母爱是资产阶级的东西,是一种思潮'。"③

于是,一篇篇批判斯霞的文章发表出来。不少文章提出"教育战线上有没有战斗?""现在是乌云密布,该下一场透雨的时候了"。并把斯霞的教育做法和意大利的教育名著《爱的教育》对照,认为斯霞的教育"完

---

① 斯霞.分散识字浅见[J].教育研究,1979(1)
②③ 斯霞.我的教学生涯[M].上海:上海教育出版社,1982:15

全是资产阶级教育思想的翻版"。①

1966年,"文化大革命"开始后,斯霞被戴上"反动学术权威"、"修正主义分子"等好几顶"帽子",斯霞教的学生也成了"修正主义苗子"。其间,斯霞一度被剥夺"上课"的权利。

1969年,斯霞虽然被准许上课,"但上的是常识、政治、图画、体育等课,还不能做班主任"。"母爱"问题一直到1979年全国教育科学规划会议上,教育部才予以澄清,并宣布给斯霞平反。②

4. "分散识字"实验的发展(1977—1995)

1973年斯霞被调到教育局参与编写小学语文教材,几年后斯霞主动申请回学校工作。1977年,斯霞再次回到课堂,重新开始"以语言教学为中心,把识字、阅读、写话三者结合起来"的小学语文教学改革。1995年斯霞退休后,仍然心系教育。诗人臧克家曾为斯霞写过一首诗:"一个和孩子常年在一起的人,她的心灵永远活泼像清泉;一个用心温暖别人的人,她自己的心也必然感到温暖。"斯霞说,她最喜欢最后一句,"人虽老了,心仍温暖如初。"③

二、"分散识字"实验的基本做法

"分散识字"的基本做法是借助汉语拼音和"独体字"让学生随课文识字,保持"字不离词,词不离句,句不离文",将识字教学寓于阅读之中。

1. 教好汉语拼音和一批独体字,给学生提供识字的工具

随课文教识字,并不是一开始就教课文,而是先教汉语拼音。因为汉语拼音是工具,学生掌握了这个工具,就能读出注了音的生字。考虑到一连几个星期都学拼音会使孩子觉得枯燥乏味,教汉语拼音的时间控制在一定限度内。教汉语拼音,最初用六个星期,后来缩短为四星期、三星期。最后用两星期多一点儿就教完拼音,学生会读声母、韵母和整体认读音节,会临写字母和音节(不要求默写),会四声声调,会拼音。学生如果对汉语拼音还不熟练,在以后的识字教学中反复运用,到一年级期末,一般都能达到熟练程度。整个小学阶段始终不放松利用拼音来学习生字新词和正音,充分发挥汉语拼音的工具作用。

教完拼音,就教学生学独体字。许多独体字是合体字的偏旁部首或其他组成部分,掌握一批独体字也就是给予学生另一个工具,这个工具

――――――――
①② 斯霞. 我的教学生涯[M]. 上海:上海教育出版社,1982:16
③ 斯霞. 给孩子全部的爱. http://web.peopledaily.com.cn/huadong/199908/25/newfiles/C105.html

有助于识记合体字的音、形、义。教独体字时,主要结合笔画名称和笔顺规则来教。学生识记一批独体字,并懂得笔画名称和笔顺规则,便具备了识字的基本能力,为识记大量的合体字和多读课文多识字打好基础。

二年级上学期教学生按音序查字法查字典,下学期教学生按部首查字法查字典,让学生根据字音或字形查字义,正字音,掌握字形。斯霞认为,学会了使用字典这个工具,学生就取得了学习的主动权。当然教学生查字典也"并非越早越好"。从实效看,学生通过查字典能掌握字的音、形、义,起码得有识七八百字的基础,否则,徒然增加学生负担,起不到应有的作用。

2. 让学生随课文识字,做到"字不离词,词不离句,句不离文"

教了拼音和一部分独体字之后,就让学生"随课文识字"。为了提高学生识字的兴趣,"随课文识字"强调课文本身应该是有意义的。尽可能使课文的内容丰富,尽可能使课文本身成为一个小故事,让学生感到易学好记。同时,"随课文识字"采用灵活多样的教学形式,让学生认认字,读读书,还有一些听、说、写的练习活动。

这样,"随课文识字"就使生字新词的出现和讲解都在具体的语言环境中进行,做到"字不离词,词不离句"。如《我们爱老师》这一课中的两句话:"我们是祖国的花朵,老师是辛勤的园丁。"其中,"花朵"、"园丁"都是新词,离开句子单独讲,"花朵"就是一朵朵的花,"园丁"就是种花栽树的工人。但这儿的"花朵"指的是小学生,把小学生比作鲜艳的花朵;这儿的"园丁"指的是老师,把老师比作辛勤的园丁。教学时,联系全句,配合幻灯、实物,引导学生说说他们亲眼看到的"花朵"和"园丁";学生不但认识了生字新词,还懂得它的含义。斯霞认为,有些生字,如玻、璃、突、然、必、须,只有组成词才有确切的含义;有些词一词多义,要联系上下文,才能懂得它的含义。一些较抽象的词,如英明、克服、祖国等;一些多义词,如强大、倔强、觉得、睡觉、着凉、看着;一些同音字,如风、锋、丰、向、象等,应该放在具体的语言环境中教学。如果没有具体的语言环境,学生就容易写错别字。斯霞谈到她的一个学生在一年级下学期结束时在听写作业中把"刚才"写成"钢材",这两个词字音完全相同,而字形、字义却截然不同,这正是由于听写字词时没有具体的语言环境造成的。斯霞经过长期的教学实践得出结论,"字不离词,词不离句"是识字教学的重要原则,遵循这条原则去办,就能大大提高识字教学的效率。[①]

3. "怎样有利于学生接受就怎样教"

一篇课文的生字新词,也有个先教什么、后教什么的问题。斯霞认为教师的教法应当适合学生的学法,"怎样有利于学生接受就怎样教"。

---

① 斯霞. 我的教学生涯[M]. 上海:上海教育出版社,1982:41

在一般情况下，可以随课文的情节顺序提出生字新词进行教学。如《乌鸦喝水》一课，"乌鸦"这两个生字就可以结合课文进行教学。乌鸦口渴了，要找水喝，"渴"是生字，和熟字"喝"作比较分析，启发学生说出为什么"喝"是口字旁，而"渴"是三点水旁。乌鸦去找水喝，找到了一个瓶子，"可是"瓶子很高，口又小，水很少，乌鸦喝不着。它看见瓶子"旁边"有许多小石子，就想出"办法"来了，它把石子一个一个地"衔"到瓶子里去，瓶子里的水慢慢"升"高了，乌鸦就喝着水了。就这样边演示实验，边顺次教"瓶子、可是、旁边、办法、衔、升"等生字新词。生字新词学习完了，课文的意思也就理解了。有些词如"可是"或其他一些虚词，如果单独提出来讲，就很难讲清楚；结合上下文讲，就很容易理解。

这样进行识字教学后，"讲读课"就一定要做到学生懂了的坚决不讲；不懂的，简要地讲讲，决不可喋喋不休地讲。讲多了，就会分散学生注意力，影响识字这一重点。如《乌鸦喝水》这一课识字教学后，就不再讲解，而是让学生读课文，然后提出一个问题让学生思考："为什么乌鸦把石子衔到瓶子里水就能上升？"这个问题课本上是没有现成答案的，学生积极开动脑筋，联系看到的实验，回答说："因为石子比水重，石子放下去占了水的位置，水就上升了。"第二课时让学生讲讲自己做的实验，再读读、写写，练习复述，就结束了全文的教学。

这样，十多个生字新词和生动有趣的课文内容结合在一起教学，学生既进行了多种多样的听、说、读、写练习，又看了和做了实验，轻松愉快地掌握了生字新词，还受到了科学知识的教育。

有一些课文的生字新词顺着课文内容教学有困难，可以做一些变通，使生字新词的教学做到由浅入深，循序渐进。如《我们爱老师》一课中的第二句，有"祖国、花朵、辛勤、园丁"这几个生字新词，"祖国"这个词比较抽象难懂，而"花朵"这个词比较具体形象，这就可以不按课文中生字新词出现的顺序教，而先教"花朵"，由"花朵"引出"园丁"，由"园丁"带出"辛勤"，最后才教"祖国"。这里，重要的是一定要从学生实际出发。方法的变换首先得服从教学的目的。年级越低，越要考虑教学方法的生动有趣而又富有吸引力。

4. 在随课文分散识字中加强"读写"训练

"分散识字"在引导学生"随课文识字"的同时，也强调"读写"训练。学生在识字过程中，随时受到课文中规范化语言的熏陶，刚学过的生字新词就在课文中出现，学习课文，既巩固了生字新词的识记，又进一步领会了生字新词的运用，这就有助于学生把课文中的语言变成自己的语言，为培养学生的读写能力打下良好的基础。具体说，教生字新词时，启发学生自己分析字形结构，理解字（词）义，组成新词、造句、说话等；讲读中让学生回答问题，提出问题，复述课文内容，分段，概括段落大意等，都有利于学生读写能力的培养。

斯霞认为，在"随课文识字"中培养学生的听、说、读、写能力，使学生多种感觉器官同时调动起来，比起单一使用某种感觉器官效果要好得多。在一堂课中，认读、说话、观察（图片、幻灯、演示、实验）、书写等多种活动结合着进行，学生大脑经常受新异活动的刺激，就能保持较好的注意力。当然，也要明确识字是低年级语文教学的重点，在这一前提下同时注意读写能力的培养。

三、"分散识字"实验的影响与评价

1. "分散识字"实验的影响

表面上看，"分散识字"实验虽显得规模较小，似乎不如"集中识字"实验那样规模宏大而热闹，实际上，"分散识字"在当时以及后来的小学低年级教学实践中几乎成为普遍流行的教学方式。甚至可以认为，当时以及后来的识字教学"主流"是"分散识字"的道路，而"集中识字"不过是在"分散识字"这个"主流"教学方式的基础上进行的"小范围"实验。

如果某种教学方式具有某种普遍性，如果某种教学方式显示为"主流"的教学实践，那么，这种教学方式即使不那么张扬，却仍然发挥其广远而深刻的影响。"分散识字"实验大抵属于这种虽不张扬却影响广远而深刻的教学方式。

2. "分散识字"实验的评价

"分散识字"强调"字不离词，词不离句，句不离文"，有利于让学生"尽早阅读"，而且有利于学生在"阅读"中理解生字的意义。

儿童识字初期的主要矛盾表现为字音和字形的关系，经过一段时间的汉语拼音教学和掌握字形结构规律的训练，识字的主要矛盾就会转向字形与字义的关系。"字义"的理解和运用问题可能是整个小学语文的根本问题，坚持"字不离词，词不离句，句不离文"的原则，加强字义教学，使字义和音、形之间建立巩固的联系，有助于字形和字义的理解。让学生从一开始就对汉字形成整体认知，尤其可以联系上下文理解汉字。

"分散识字"实验因代表了当时以及后来教学实践的基本做法而显示出某种内在的合理性。但"分散识字"实验仍有值得讨论的地方。比如，一篇课文很简单，生字不多，分散识字所强调的"先读书后识字"或"寓识字于阅读之中"尚有可能，但如果课文较难，生字较多，是否也能坚持"寓识字于阅读之中"或"先读书后识字"？如《小壁虎借尾巴》，全文有三百三十多字，生字新词有二十一个，就在第一课时教完生字，第二课时讲读课文。如果生字障碍不先扫除，学生读通课文就有困难。

这正是"集中识字"的理由。在"集中识字"的倡导者看来，"字不离词"是可以的，但没有必要坚持"词不离句"，因为字词教学完全可以离开句子,以加快识字的速度。① 由此,斯霞特别提出"'字不离词,词不离句'的原则不是绝对的,不能机械地去理解"②。

其实,"分散识字"与"集中识字"并非字面上所显示的那样"针锋相对"。无论是分散识字还是集中识字,其目的都不在识字,而是为了尽快地阅读和写作。也正因为如此,后来出现了旨在"尽快"读写的"注音识字,提前读写"的教学实验。

专题小结

"分散识字"又称"随课文识字",其基本做法是借助汉语拼音和"独体字"让学生随课文识字,保持"字不离词,词不离句,句不离文",将识字教学寓于阅读之中,有利于让学生"尽早阅读",而且有利于学生在"阅读"中理解生字的意义。

"分散识字"实验虽然在规模上不如"集中识字"实验广阔,但在实践中却有广泛的影响。"分散识字"与"集中识字"并列为小学语文识字教学的两个基本"流派",二者长期并存于我国小学语文教学领域。

专题四 "注音识字,提前读写"实验

一、"注音识字,提前读写"实验的由来与历程

1. "注音识字,提前读写"实验的由来

"注音"识字的前身是"切音字"。早在 20 世纪初,就有人提出以"切音字"与汉字并列的办法达到"通国家家户户,无不识汉字"的目的。1906 年卢戆章在《北京切音字教科书》中指出:倘以切音字翻译京话,上

---

① 张田若.简论汉字教学的几个问题.见:中央教育科学研究所.集中识字教学经验[M].北京:教育科学出版社,1980:193

② 斯霞.我的教学生涯[M].上海:上海教育出版社,1982:42

专题导读

"注音识字,提前读写"(简称"注提")即充分发挥汉语拼音帮助阅读的功能,从改革汉语拼音教学入手,变"呼必有三"为"直呼音节",让学生从阅读纯拼音文章开始,到注音课文,写作可以用拼音写作,或者用拼音夹汉字,汉字夹拼音等形式,以便提前进行读写训练。这种注音识字也可以称为"先读书,后识字"或"边读写,边识字"。

"注音识字"的方法由来已久。几乎所有的识字法都把汉语拼音字母作为最根本、最主要的辅助工具,所有的小学语文课本也都包括拼音教学和生字注音等内容。但这里的"注音识字,提前读写"把关注点放在读写的"提前"上,让汉语拼音代替部分汉字以帮助学生提前阅读和写作。这项实验的基本设想是:以学好汉语拼音和发挥其多功能的作用为前提,以发展语言、寓识汉字于学汉语之中为原则,在儿童入学不久、不识汉字或识字不多的情况下,采取阅读和写作同时提前起步、密切结合、互相促进的做法,以达到发展儿童语言、培养读写能力、发展儿童智力的目的。

截汉字,下截切音,由切音以识汉文,则各色人等不但能拼读切音,兼能无师自通汉文。①

新中国成立后,1950年在教育部召开的第一届全国工农教育会议上,北京师范大学"中国大辞典编纂处"提出了"利用注音识字,推行工农大众识字教育"的建议。

20世纪50年代初期,祁建华速成识字法的基本经验就是注音识字,把注音字母引入到识字教学中来,利用注音字母大量突击识字。注音识字要求首先达到"会认",其他的都推迟到以后的学习阶段去解决。它最突出的特点是"速成"。1958年第一届全国人民代表大会第五次会议批准推行《汉语拼音方案》。

1959年山西万荣县的"注音识字"扫盲法曾引起广泛关注。它利用汉语拼音字母在全民中推行注音识字。男女老少都用拼音字母识字,用了一两年时间全县实现了"无文盲县"的目标。1960年4月22日中共中央作了关于推广注音识字的指示,同年5月11日《人民日报》发表社论:《大力推广注音识字,争取提前扫除文盲》。随后,国务院业余教育委员会、教育部、中华全国总工会、中国共产主义青年团中央委员会联合发出通知,提倡在业余初等学校推广注音识字。可见,注音识字方法最初主要运用在成人扫盲运动中。

小学推行注音识字,始于1952年。1952年,全国第一次实行统一课本,吸收了注音识字的经验,在识字之前增学注音字母,但试验没有取得成功,课本没有继续编下去。1957—1961年,教材做了多次修订,把汉语拼音编入教材,继续推行注音识字,明确提出"一二年级的语文教学以识字为重点"。1962年以后,试行修订的教学大纲,教材继续推行注音识字。但当时并没有收到明显效果,主要原因是拼音字母难学,没学好,不管用。1958年《汉语拼音方案》公布后,全国改用汉语拼音字母给汉字注音。为了推行注音识字,拼音教学得到改善,人们都在"以简驭繁"、"化难为易"上下工夫,一年级的学生经过4~5周的时间,能够把拼音学会,能用来帮助识字。

以后的小学语文汉语拼音教学的功能多定位在帮助识字上,而对其帮助阅读的功能发挥不够。尽管"在当时的试验中曾经采用过'汉字与拼音夹用'的方法,实践证明这是一条成功的经验"②。因为在儿童识字不多的情况下,利用这种形式,可以丰富词汇、帮助阅读、写话。这对巩固识字、发展语言、增强阅读都是有利的。"当然要看到它是一种过渡形式,一旦儿童的识字过了关,他们便会自动放弃,因此,担心这种形式'不正规',实在是没有多大的必要。②"但只有在"注音识字,提前读写"教学

---

① 丁义诚."注音识字,提前读写"实验报告[J].教育研究.1983(11)
② 詹恒乙.关于提高识字效率的问题.见:中央教育科学研究所.集中识字教学经验[M].北京:教育科学出版社,1980:179

实验中才正式关注汉语拼音帮助阅读的功能。

2. "注音识字,提前读写"实验的初始阶段(1982—1984)

1980年以后,以汉字拼音化(即把汉字改为拼音文字)为特征的文字改革运动兴起,电子计算机拼音输入法的问世也对这场文字改革运动起了推波助澜的作用。拼音文字虽没有像某些人所预言的那样"要接汉字的班"①,却启迪人们对小学语文中如何更好地解决识字与读写这一矛盾的思考,促使人们从一个新的角度作出新的尝试。

1982年8月,中国文字改革委员会和黑龙江省有关教育部门共同在黑龙江佳木斯市第三小学、拜泉县育英小学和讷河县实验小学等三所小学一年级6个班开展"注音识字,提前读写"实验。

1983年9月,在该项实验进行一年之后,教育部派出调查组对这种教学法进行了调查,并发表了调查报告。调查结果显示,实验班学生在拼音、识字、阅读、作文等方面都有提高。在四周拼音教学结束时,实验班的大部分儿童已经达到直呼音节的程度。到一年结束时,多数儿童已经形成正确、流畅阅读拼音文章和注音课文的能力。据各校测查,儿童除要求"四会"的350个字外,儿童经过阅读注音读物自己独立认识的字,上学期平均240个,下学期平均460个,到第一学年末,一般儿童都识字1000个以上。调查组从要求四会的350个字中,在三校分别抽100字进行听写和抽10个同音字进行组词测试,六个班的正确率都在90%以上。调查组从三校实验班上、中、下三种程度的学生抽样测试,让他们朗读一篇没有学过的纯拼音文章和没有教过的注音课文,除了差生朗读能力一般,有些地方需要思索、停顿、暗拼以外,其余学生大多读得比较正确、顺口。一部分学生还读得入情入理,兴味盎然。在作文方面,调查组这次以"开学第一天"、"在电化教室上课"、"我领到新书"为题,在三校各抽一个实验班用一课时进行作文测试,各班作文的平均字数多的有284字,少的134字;拼音代汉字的出现率为6%~13%;错别字的出现率为1%~1.5%。调查组在讷河召开了一次实验班学生家长座谈会,到会的家长对于实验工作和自己孩子在实验班取得的进步,普遍表示满意。②

由于从一开始就得到了有关教育行政部门的大力支持,并受到著名语文学家吕叔湘、蒋仲仁等人的高度评价,"注音识字,提前读写"实验很快就在全国各地发生影响。

3. "注音识字,提前读写"实验的发展与推广(1984—1992)

经过两年的可行性实验之后,"注音识字,提前读写"实验迅速扩大到全国除台湾以外的30个省、市、自治区。1988年后的九年制义务教育人教版小学低年级语文教材出现"注音字"和"注音课文",不再安排"集

---

① 杜松涛.汉字汉语拼音,汉语拼音文字[J].文字改革,1983(3)
② 张田若等.中国当代汉字认读与书写[M].成都:四川教育出版社,2000:142

中识字",显然是受了"注提"实验的影响。

这一阶段明显的变化是编写了正式的"注音识字"教材。1982年开始实验时,"注音识字,提前读写"的教材是地方自编。一年级第一学期用的是注音课文,学生阅读后,教师要帮助他们完成从拼音阅读向汉字阅读的转换。二年级仍用注音课文,但生字量增加了,教师要指导学生由读拼音为主,兼顾汉字,转为以读汉字为主,兼顾拼音。三年级以后,教材由注音文章逐渐过渡到难字注音课文,即在一篇课文里,只有难字加注音,其他的字不加注音。1991年5月,王均主编的"注音识字,提前读写"实验课本《语文》(修订本)由语文出版社出版,到1991年10月出齐全套10册。这套课本是根据九年义务制小学语文教学大纲编写的,各册的生字量与通用教材相近。修订本的第1~4册,全部课文和课文后面的练习都加有注音。第5~6册是注音课文与非注音课文交替出现。第7册以后不再出现注音课文,只作难字注音。每册课本都分别标明精读课文与略读课文。

1992年,国家教委颁发了《关于推广小学语文"注音识字,提前读写"教改经验的若干意见》,并附发了《小学语文"注音识字,提前读写"教学改革实验纲要(试用)》。

自此,"注音识字,提前读写"实验基本上成为我国小学语文教学的一个日常教学方式。"注音识字,提前读写"实验转化为"日常教学"方式之后,其"实验"的探索性减少,其影响却因此而扩大。

二、"注音识字,提前读写"实验的基本做法

"注音识字,提前读写"是小学语文教学的一项整体改革实验,着重发展学生的语言,对原有小学语文教学体系进行相应改革。其基本做法是:在正确估计儿童口语水平和智慧潜力的基础上,以学好汉语拼音并发展其多功能作用为前提,寓识字于读写之中,对入学不久的儿童在未识字或识字不多的情况下,就开始听、说、读、写的训练,把读写教学提前,促使儿童的口头语言和书面语言协调发展。

1. 提倡直呼音节,强化汉语拼音教学

为了充分发挥汉语拼音的作用,使阅读和写作同时起步,在阅读和写作的实践中发展语言、增识汉字。这就有必要提高汉语拼音的教学要求,改进教学方法。

汉语拼音教学目标是,培养学生熟练直呼音节和书写音节的能力,使汉语拼音成为提前读写、全面进行语言训练的有效工具。

为此,在儿童入学后先用7周左右的时间,教学汉语拼音的基本内容,然后通过阅读拼音课文、注音课文和写话中夹写拼音等,使学生学会直呼音节和书写音节。到第一学期末,能熟练地直呼音节,为提前读写

做准备。

汉语拼音教学以掌握音节为中心,熟练地掌握音节是充分发挥汉语拼音多功能作用的前提。在汉语拼音教学中,除了声母、韵母、声调的发音和拼读的必要指导外,应着重进行直呼音节和书写音节的训练。

汉语拼音教学要和语言训练相结合。要充分利用语言材料,把汉语拼音同语义联系起来,还要注意丰富词汇,发展语言,为提前阅读和写作创造条件。

在教学实践中,各实验学校在使用统编课本拼音教材的条件下,对拼音教学进行了改革。第一阶段,以音节为中心,加强直呼音节的训练。即在教声、韵、调的过程中,尽量缩短拼读练习,着重进行直呼音节的训练,改变"呼必有三"的拼音习惯。进而用音节组成词语,使学生做到一见即识,不用现拼现想。同时,认读和拼写密切结合,培养学生见到一个音节能读下去,听到或想到一个音节能写下来。第二阶段,在直呼音节的基础上,进行拼音文章的阅读教学。在学会一定数量的声、韵母之后就着重进行读拼音词汇和句子的练习,使汉语拼音尽早进入儿童的语言环境,把拼音和语意相联系,使拼音真正成为读写的工具。这样既可以收到熟读音节的效果,又有利于儿童口语的发展。通过纯拼音课文和注音课文的教学,还可以继续巩固和提高拼音教学的成果。

2. "寓识字于读写之中"[①]

在教学汉语拼音的基础上,然后通过阅读拼音课文、注音课文和写话中夹写拼音等,逐步达到熟练地直呼音节和书写音节,寓识字于读写之中。对入学不久的儿童在未识字或识字不多的情况下,就开始听说读写的训练,把读写教学提前,促进儿童口头语言、书面语言和思维能力的协调发展。

"寓识字于读写之中",目的就是让儿童在入学后暂时绕开"生字"这个"拦路虎",采取"迂回"的办法解决识字难的问题。"边读书,边识字",对汉字的音、形、义和识、写、用分步提出要求,即识归识,写归写。在这个过程中,对于学生掌握的字,要鼓励运用;对于识记不清的字,要强化训练;对于一时还没有掌握好的字,要防止滥用。

识字的基本要求是读准字音,认清字形,了解字义,并能正确地书写,大部分会用。识字、写字教学的主要途径:一是通过课内外阅读让学生不定量地增识汉字,再根据课内的阅读教材规定出其中必学的汉字并提出"掌握"、"认识"两个不同层次的要求,以保证各年级的识字任务得到落实,做到提前阅读、大量阅读。二是通过写字课对学生进行扎实的识字、写字基本功训练,学习汉字的识、写方法,提高识、写能力,并结合书写巩固识字。三是通过各种书面作业、练习,指导学生把汉字识好、写

---

① 张田若等. 中国当代汉字认读与书写[M]. 成都:四川教育出版社,2000:147

好、用好。可以让儿童利用汉语拼音写话,再用拼音夹汉字的方式作文,最后用汉字作文,做到提前作文、大量作文。在一年级,可以先要求能识会写 350 个左右典型汉字,掌握汉字结构规律,提高独立识字、写字能力,进而在不断阅读中增识汉字,在不断读写和作文中练习写字和用字,把定量的"有师指导"和不定量的"无师自通"结合起来。随着年级的上升,结合教学大纲和教训对各年级识字、写字的要求,完成小学阶段的识字任务。

3. 大量阅读

阅读教学的目标是在充分估计儿童学习潜力的基础上,提前阅读,扩大阅读量,通过阅读实践掌握阅读的基本知识,培养独立阅读的能力和良好的阅读习惯,促进听、说、读、写能力的整体发展。

汉语拼音教学结束之后就开始阅读教学。学生先从阅读纯拼音课文和读物入手,再读汉字和拼音对照的注音课文读物,最后读难字注音课文和纯汉字的课文读物。课文和读物尽量做到文质兼美,三个学年的阅读总量为 52 万字左右。这样,在大量阅读的过程中对生字"渐碰渐熟",既有利于增识汉字,又实现了阅读的提前。

阅读教学的起步阶段,主要阅读拼音课文和注音课文。教学实践中要特别重视朗读的练习和指导,培养学生阅读的兴趣。课文的讲解不宜过细,要从全局着眼安排学生的阅读量。这一阶段阅读知识和方法的学习要渗透于阅读实践中。

发展阶段,阅读注音课文和难字注音课文。在阅读量扩大的基础上,指导学生精读和略读,把精读和略读结合起来,量中求质,进一步培养学生独立阅读的能力。这一阶段,在学生从语言实践中获得感性认识和具有一定阅读能力的基础上,开始比较系统地学习阅读基本知识,并在读写中加以运用。

提高阶段,在保证一定阅读量的前提下,加强精读的训练,着重培养独立阅读能力,特别是分析、概括、理解和鉴赏的能力。

上述三个阶段,在教学要求上既各有侧重,又紧密联系。每个阶段都要注意阅读教学各因素的联系以及阅读与识字和听、说、写诸因素的联系。

扩大阅读量是实现实验目标的保证。在实验之初,由于安排"四会字"的数量减少一半,学生自己又能够利用拼音认读生字,这就从学习时间和阅读能力两个方面为提前和大量阅读提供了可能。他们确定第一学期课内外的阅读量各为 5000 字左右,第二学期各为 15000 字左右。而学生的实际阅读量都超过了计划阅读量。根据实验方案的安排,二、三年级的阅读量将逐年递增。二年级上学期 5 万字,下学期 9 万字;三年级上学期 14 万字,下学期 22 万字;三年的课内外阅读总量共 52 万字。几年实验下来,各地的实践经验表明,学生课内阅读和课外有指导的阅读,其总量一般在100万字以上(其中一年级5万字,二年级15万字,三年级25万字,四年级30万字,五年级30万字)。

4. 提前写作

写作跟阅读同时并举,从读学写,以写促读,两个过程相辅相成。拼音教学结束后就开始说话和写作训练。说话教学包括听话和说话两个方面,其教学目的是,发展儿童的口头语言提高听话和说话的能力,并借助说话训练促进学生思维的发展和读写能力的提高。方言区和少数民族地区还要借助汉语拼音学习普通话。说话教学要从低年级儿童的口头语言水平高于书面语言水平的实际出发,把教学建立在较高的起点上,注重说话教学与思维训练结合,注意与阅读教学、作文教学的联系,发挥其对读写的促进作用。

说话教学注意激发学生说话的兴趣,鼓励学生勇于发表自己的意见。要让学生在一定的交际情境中进行对话,表达思想。

说话训练结合日常学习、生活随时随地进行。要开展多种形式的课外活动,如演剧、故事会、朗诵比赛等。

在写作教学方面,当学生掌握拼音以后,就指导学生组词造句,接着进行看图写话,情景写生,命题作文。开始,不会的汉字就写拼音,最后全用汉字。一年级培养学生动笔的习惯,发展观察、思考、想象和逻辑思维的能力。一年级以看图写话(由单幅到多幅)为主,部分命题作文;二年级全部命题作文。这样,写作先从造句、写话、素描练起,到第二学期末进入命题作文。除了结合讲读课经常进行练笔之外,每周在语文课内设作文两节,培养学生运用语言文字的能力和写作习惯。

学生作文可以利用"拼音"代替汉字,可以用拼音写作,或者用拼音夹汉字,再逐步从汉字夹拼音过渡到全用汉字。这就把儿童的写作潜力从不识字和识字少的桎梏中解放出来,为进行写作训练创造了条件。

作文教学的目标是:在儿童已有的口头语言和思维能力的基础上,激发儿童书面表达的愿望,提早作文,扩大作文量。通过写作实践掌握写作的基本知识,培养作文能力。

作文教学从整体入手,先求完整,后求发展。在起步阶段,采用看图或观察事物说话的方式,从说到写,说写结合,鼓励学生自由表达。发展阶段,在作文结构逐步完整的基础上,引导学生充实内容、扩展情节、突出重点、用语贴切生动,并学习一些写作基本知识,逐步形成写作能力。提高阶段,着重指导学生将学过的写作基本知识运用于作文实践,在这个过程中,重视内容的选择,认识的深化,遣词造句的准确性和逻辑性,进一步提高作文水平。

作文教学重视培养观察事物、分析事物的能力,坚持按照观察、思维、表达相统一的原则进行系统的训练。

作文教学和阅读教学密切结合。学生在大量阅读中获得的语言感受,学到的用词造句、布局谋篇的知识,有助于内部语言的发展,提高表达能力。教师还要指导学生学习作者观察事物、分析事物、表达思想感情的方法,并在作文中运用。

作文教学通过多条渠道进行,如指导学生写日记、书信和读书笔记,办手抄报、墙报、黑板报等。

在实验开始的第一学年内,据三校的统计,实验班第一学年进行看图写话、课内素描、命题作文等写作练习35~43次,小练笔43~75次,每个儿童平均写了6800多字。学年末用一课时作文,一般都能写出200字左右的短文。

三、对"注音识字,提前读写"实验的影响与评价

1. "注音识字,提前读写"的影响

"注音识字,提前读写"强调在儿童不识字或识字不多的情况下,全面进行听、说、读、写训练。它作为一项小学语文教学整体改革实验,以其"整体性"尤其是"提前阅读"的特点在我国小学语文教学界影响较大。

1992年后,"注音识字,提前读写"实验的基本经验获得比较广泛的认可。一方面,"注音识字,提前读写"成为广大小学语文教师的日常教学方式;另一方面,"注音识字"的经验在我国不同版本的小学语文教材中留下了不同的影响。大多数小学语文教材都采用了"注音识字"的方式。

2. "注音识字,提前读写"实验的评价

第一,充分开发和利用了"拼音"识字与读写功能。学生在阅读纯拼音课文或注音课文时,能够直接读出汉字,在写作时,也可以直接把拼音作为汉字加以运用。这样,拼音就成为"读写"的工具,而不只是"识字"的工具。

第二,"识写分开"有利于学生对生字"渐碰渐熟"。由于"注音识字,提前读写"并不要求学生最初接触一个生字时就达到"四会"水平,而是在汉语拼音的帮助下,知道这个汉字的正确读音,在具体的语言环境中大体明白它的意义。这样做的好处是:既可以避免字字要求"四会",造成学生学习负担过重,又可以防止"识"、"写"相互掣肘,而导致认不快,又写不好[1]。另外,"多识"有利于学生尽早、尽快、尽可能多地认字,以便及早进入汉字阅读阶段,给他们打开一个生活经验世界之外丰富多彩的文本世界,这无论对发展孩子的情感和思维,还是对培养获取信息的能力,都有重要意义。

第三,"读写提前"有利于提高学生的语文素养。利用"注音"避开识

---

[1] 巢宗祺等.全日制语文课程标准(实验稿)解读[M].武汉:湖北教育出版社,2002:51

字关,在学生不识字或识字不多的情况下提前开始阅读和写作,这对小学生语文能力的提高,知识经验的丰富,智力的早期开发均有一定程度的促进作用。

不过,"注音识字,提前读写"实验所显示出来的这些特点也隐含了一些问题,主要有:

第一是"汉语拼音"在语文教学中的定位问题。"注音识字,提前读写"实验把拼音的代字功能挖掘出来,强化拼音帮助阅读和写作的功能,这对拼音教学的要求就提得比较高。既要能够直呼音节,又要能够书写音节。当把拼音作为辅助识字的工具时,一般说来达到能拼读就可以了,不必要求拼注,尤其在一二年级不宜要求过高。如果把大量时间用在练习拼注上就会影响识字任务的完成。学拼音不是目的,学识字才是目的。除了拼注的要求外,还有拼音字母的书写训练,都要考虑学生的承受能力,注意减轻学生负担。

2000 年 3 月颁布的试验修订版教学大纲提出汉语拼音的功能是帮助识字、学习普通话,而在此前的小学语文教学大纲中规定,汉语拼音具有帮助识字、阅读、学习普通话三项功能。可见,不再把汉语拼音的学习目标定在"帮助阅读"的位置上,并适当降低汉语拼音教学要求,看来是一个基本趋势。当然,一些教改实验地区、学校,可以根据实验的需要,适当提高汉语拼音的教学要求。

第二是错别字的问题。拼音毕竟不是汉字,晚识字或轻识字的做法在以后由拼音向汉字转化的过程中,错别字在所难免。特别是到了高年级,学生仍习惯于汉字夹拼音的写或错别字频繁出现,既不符合人们的阅读习惯,又容易影响正确表达,引起误解。注音识字只是暂时回避了识字问题,并没有从根本上解决识字与读写之间的矛盾。

四、对几种"识字"教学实验的总体评价

在我国小学语文识字教学领域,大体上分化出"集中识字"与"分散识字"两个派别。而"注音识字,提前读写"实质上属于"分散识字"。由于"集中识字"与"分散识字"各有其合理性,因而二者一直并存于我国小学语文教学界。但总体上看,"分散识字"有比较明显的优势。

第一,"分散识字"与"注音识字"实验暂时避开识字关,有利于学生"提前读写",也因此而有利于发展学生的思维能力和读写水平。相比之下,"集中识字"尽管提出了"大量阅读,分步习作"的体系,且 20 世纪 80 年代重新编写了"以读写为主线"的小学语文实验课本,但由于一二年级的课文保持着"文从字"的体例,真正的读写只是在三年级以后。所以,"集中识字"实验实际上是"推迟读写"。本质上仍然在坚持王筠所述的"蒙养之时,识字为先,不必遽读书"的传统。

第二,"分散识字"的独特之处是让学生"边阅读边识字"、"字不离词,词不离句,句不离文",有助于把汉字的音、形、义三者结合起来,特别有助于学生理解和运用"字义"。相比之下,"集中识字"有一些明显的不足:一是不少中国文字已失去原有的构字规律,要利用文字特点进行归类集中,一定会受局限;二是集中识字以认识单字为先,不能使字、词、句、文有较迅捷地结合;三是集中识字的识字量颇大,如果教材、教法不善,学生会感到单调、乏味,而且容易把学过的生字遗忘。①

第三,"分散识字"在其实践过程中不断地吸收了集中识字的某些有效策略,尤其是"分散识字"在强调"字义"的理解时,也从"集中识字"那里吸取了关注"字形"的经验。比如不少教师在采用"分散识字"时也重视"形近字带字","基本字带字"等经验。1978年的全国通用小学语文教材(试用本)也显示出"分散识字"与"集中识字"的融合,采用集中与分散相结合的办法(又称"多种形式识字法")。

第四,无论是"分散识字"还是"集中识字",其共同的目的是促进学生的"读写"。就此而言,无论采用"分散识字"还是采用"集中识字",都应该将教学的重点聚焦到"读写"上。

识字与读写的矛盾是我国低年级小学语文教学存在的最根本问题,尽快识字的目的是为了"尽早读写"。1956年到1988年,《小学语文教学大纲》不断强调"低年级以识字为重点",这在某种程度上间接地肯定了集中识字的经验。但到1988年,《义务教育小学语文教学大纲》提出"在语言环境中识字",实际上是"分散识字"、"注音识字,提前读写"的教学经验起了作用。或许可以认为,在今后较长时间内,"分散识字"将成为我国小学语文识字教学的主流。

专题小结

"注音识字,提前读写"是小学语文教学的一项整体改革实验,着重发展学生的语言,对原有小学语文教学体系进行相应改革。其基本做法是:在正确估计儿童口语水平和智慧潜力的基础上,以学好汉语拼音并发展其多功能作用为前提,寓识字于读写之中,对入学不久的儿童在未识字或识字不多的情况下,就开始听、说、读、写的训练,把读写教学提前,促使儿童的口头语言和书面语言协调发展。

在我国小学语文识字教学领域,大体上分化出"集中识字"与"分散识字"两个派别。而"注音识字,提前读写"实质上属于"分散识字"。在今后较长时间内,"分散识字"将成为我国小学语文识字教学的主流。

---

① 李学铭.中国语文教学中的集中识字教学.见:中央教科所、集中识字教研课题组.集中识字教学论文集[M].呼和浩特:内蒙古人民出版社,1995:139

思考与练习

一、填空题

1. 小学语文识字教学是阅读和写作的_____,是整个小学阶段语文教学的_____。

2. 黑山北关实验学校的集中识字教学继承了清末的文字学家王筠运用汉字规律指导识字教学的思想,并在其基础上发现了汉字的形声规律,最后以_____作为集中识字教学的主要方法。

3. _____与_____的矛盾是我国低年级小学语文教学存在的最根本问题,尽快识字的目的是为了"尽早读写"。

4. 识字教学的教学目标即寓识字于_____之中,通过定量的有师指导,使学生扎扎实实掌握2500个常用汉字。

二、判断题

1. 集中识字实验其实不只是识字教学改革,而是以集中识字为先导,促进"大量阅读,分段习作"。　　　　　　　　　　　(　　)

2. 注音识字只是暂时回避了识字问题,并没有从根本上解决识字与读写之间的矛盾。　　　　　　　　　　　　　　　　(　　)

3. "注音识字,提前读写"实质上属于"集中识字"。　　　(　　)

三、简答题

1. 小学语文识字教学的重要性体现在哪几方面?

2. 集中识字的基本做法是什么?

3. 分散识字的优缺点分别是什么?

4. 如何评价"注音识字,提前读写"实验?

四、论述题

1. 试分析与比较"集中识字"、"分散识字"、"注音识字,提前读写"三种识字教学实验。

2. 在"集中识字"、"分散识字"、"注音识字,提前读写"三种识字教学实验中,你更倾向于哪种识字教学方法?为什么?

推荐书目与文章列表

1. 中央教育科学研究所,集中识字教研课题组.集中识字教学论文集[M].呼和浩特:内蒙古人民出版社,1995
2. 杨树.集中识字二十年的情况汇报.集中识字教学经验[M].北京:教育科学出版社,1980

第八章
识字教学（下）

随着教育改革的深入，学校的教学水平有了一定的提高与改善，教师与学生的整体素质也有一定的改观。而在这样的背景下，小学识字教学也被人们列入重要的位置，日益受到人们的关注。这样不仅仅有利于教师教学水平的提高，而且对于小学生掌握生字词具有一定的实际意义。

本章首先阐述了小学识字教学的基本方法，然后阐释了识字教学应该注意的一些问题，最后附录了大家最常见的错别字，帮助大家进一步做好识字教学工作，促进师生的共同进步。

 学完本章，你将能够：

1. 掌握小学识字教学的基本方法；
2. 清楚在识字教学过程中应该注意的问题。

专题导读

《语文课程标准(实验稿)》指出:"识字教学要将儿童熟识的语言因素作为主要材料,同时充分利用儿童的生活经验……运用多种形象直观的教学手段,创设丰富多彩的教学情境。"因此,小学识字教学要善于发现挖掘儿童身边"熟识"的语言物质材料,充分结合儿童身心规律培养识字的习惯,采用多种教学措施指导识字方法,激发和培养学生的兴趣。

专题一 小学识字教学的基本方法

一、插图识字法或字配"画"识字法

在学习汉字的初级阶段,为了充分利用学生已有的认知实物的"前期经验",为学习较为抽象的文字符号铺平道路,教材配有大量的插图,我们应充分利用这一优势来帮助学生学习汉字。学生只要能将图画与文字挂起钩来,凭借日常生活对这些事物的先期认识,就能轻而易举地读出这个字的读音并掌握它的意思。

除了利用教材的插图外,教师还可以自己准备一些图片。爱因斯坦说过:"想象力比知识更重要,因为知识是有限的,而想象力概括着世界上的一切,推动着进步,并且是知识进步的源泉。"在识字教学中,教师要根据学生思维的特点,引导学生想象,帮助他们把抽象的符号具体形象化,培养学生的识字能力。

如教学"休"字时,可出示人靠着树的图片,告诉同学们,这个人累了,正靠着树干休息。再如学"蚕"字,图中剪贴上蚕的幼虫、成虫、蛹、蛾(蝶)的美丽图样,在图样底下写上相应的文字。教学时,启发学生通过直观想象得出蚕会吐丝结茧成蛹化蛾(蝶),蚕丝可织成美丽的花布,蝶会飞上天,所以"虫"上面是"天"。这样看图联想延伸,由具体直观的感性认识轻松过渡到抽象的理性认识,不但触动了学生的多项感官,还提高了学习兴趣。

二、游戏识字法

根据字形特点,编成谜语或儿歌。儿歌朗朗上口,生动有趣,一旦记住便永久难忘。平日教学中注意抓住字的特点编一些通俗易懂的儿歌。如教学"碧"字,编成"王老头,白老头,同坐一块大石头";如教"法、丢"字时,先复习"去"字,再以旧字带新字,编成一句儿歌:"'去'字头上戴斜帽,丢、丢、丢;'去'字旁边冒水泡,法、法、法";"上'立'下'十'辛辛辛,上

'艹'下'田'苗苗苗";教"朋"时,可编成儿歌"两个月亮并排走,一会就成好朋友"。如此一编,易学易记,妙趣横生。

新字教学中,以猜谜的方法教学生字。方法是先出现几个新字编上号码,老师念谜语或儿歌,学生以手势表示猜得的结果,比比谁猜得字又准又快。如,双木不成林——"相"字;人在云上走——"会"字;一半绿油油,一半红彤彤,待到丰收时,农民笑呵呵——"秋"字;"上边毛,下边毛,中间一个黑葡萄"——"目"字;"千条线,万条线,掉到水里看不见"——"雨"字;"十张口,早就有"——"古"字;"一只手遮着眼"——"看"字等。

三、象形会意识字法

很多汉字是由古代的象形字演变而成,课本中的"山、石、田、土、井、日、月"这些字与实物都有许多相似处,所以让学生观察实物或实物图片后再识记,轻而易举。低年级学生的形象思维能力比抽象思维能力要强得多,所以,识字教学与具体的事物和形象相结合,利于学生识记。如用手遮目成"看",用竹毛制成"笔"。教"灶"字,可先出示灶的图片,问学生这是什么,是用来做什么的,使学生明白"灶"里烧着火,正在煮饭;灶是用泥土砌成的,最终记住:"灶"是用泥土砌成的,所以右边是个"土"字;"灶"是用来烧火做饭的,所以它是"火字旁"。教"歪"字,也是让学生观察挂歪的图,从而认识挂得不正,不正就是"歪",充分利用会意字的造字特点,借助儿童形象思维的优势,让他们把一幅幅具体形象的画面和文字的形状一一对应起来,树立形象上的联系,并通过描述,在学生头脑中建立起直观印象,达到了既认形又明意的效果。也使学生学会了看图领会字义,借助图意记忆字形的方法。

四、结构比较分析法

如清、晴、请这几个形象字都有"青"(qing)的声旁,它们所不同的形旁是:"清"是"水"旁,表示水纯净;"晴"是"日"旁,表示阳光明媚;"请"是"言"旁,表示语言动作。

五、形声识字法

汉字中有相当一部分的字是形声字,部首表意,声旁表音。形声字的这一特点能比较有效地帮助学生理解、记忆字形。例如,"蜻"是蜻蜓的"蜻",所以用虫字旁,右边读音,整个字也读"qīng"。从这个角度思考、讲解,学生基本做到过目不忘。

六、情景识字法

语言学告诉我们：一个字（词）的意思是随着语言环境的确定而最终得到确认的。如果让字离开了具体的语言环境，就无法做到真正意义上的识字。应当在语言环境中教识字，引导学生通过观察图画和实物、联系生活实际识字，把识字和认识事物结合起来，和听说读写结合起来。语言环境包括社会环境、自然环境、听读对象、作者心境等因素，是人们进行语言交流的依据。以此为训练前提，那么对词语的理解就不会是静止的、简单的、表面的，而是动态的、综合多种因素的、深层的。

七、词串识字法

词串识字法即以准韵文的形式，围绕着一个中心串起来的有内在联系的一组词语，用来表现某个画面、场面、意境等，让儿童能借助韵文的形式和韵文的情境以及"情境图"来识字。

让小学生通过对韵文或韵语的诵读去识字，是已经被传统蒙学证明了的行之有效的经验。江苏教育出版社 2001 年版义务教育课程标准实验教科书在吸取前人经验的基础上，编写了这种类型的识字。将原本孤立的汉字，置于具体的语言环境之中，使其成为合辙押韵的"韵语"，念起来顺口，听起来悦耳，连起来读，又像是一首音韵和谐的写景诗，让学生通过诵读的方式，初步感知每一个字的意思是可以随着语言环境的变化而变化的，潜移默化地让学生将文字符号的"能指"意义与其在具体语境中"所指"意义结合起来进行立体地感悟，提高识字的兴趣和效果。

如《识字 5》：

沙滩　贝壳　脚丫
海风　海鸥　浪花
珍珠　鱼虾　海带
港湾　渔船　晚霞

这一课就是围绕着大海这个中心把词语"串"起来的。经过精心组织，这 12 个词语就产生了内在联系，并形成了一个极为生动的语言环境，读起来就像是一篇小韵文。学生可以利用这些资源来识字。

类似这样的识字教材江苏版小学语文教科书还有一些，如：

骏马　秋风　塞北
杏花　春雨　江南
椰树　骄阳　海岛
牦牛　冰雪　高原

又如：
春天　春风　春雨
柳树　小草　嫩芽
蜜蜂　布谷　燕子
梨花　杏花　桃花

"词串识字"教学要注意：注意不要孤立识字；在词语与事物挂钩这个教学环节，注意采用卡片对号入座、画连线等方式来辅助教学（有条件的可以用电脑课件）；无论是"连词成串"的读，还是"连串成篇"的读，都要注意这是韵文，要读得有韵味。

这些识字方法，都是人们在长期的教学实践中摸索、创造出来的。只要做一个有心人，任何教师都可以寻找到或创造出新的有效的识字方法。

专题小结

小学识字教学充分结合儿童身心规律培养识字的习惯，采用多种教学措施指导识字方法，有利于激发和培养学生的兴趣。其中，基本识字方法有插图识字法、游戏识字法、形声识字法、情景识字法等，这些对于提高小学生的认字水平和帮助学生更好地理解教材发挥了一定的作用。

专题二　识字教学应注意的问题

专题导读

通过上一个专题的学习，我们了解了小学识字教学的一些基本方法，但是也许大家可能还会存在这样的疑问：为什么小学生容易犯这样的错误？这种错误是否存在一定的规律？教师在教学中又要避免什么误区呢？下面的专题将会为大家解答心中的疑惑。

1. 儿童容易读写错误的字的特点[①]

（1）汉字的笔画数越多，学生越容易写错。字的结构越复杂学生越易写错。

（2）读音相同相近，如"食不果腹"误为"食不裹腹"，"粗犷"误为"粗旷"。

（3）字形相似，如"气概"误为"气慨"，"辐射"误为"幅射"。

（4）意义混淆，如"凑合"误为"凑和"，"针砭"误为"针贬"。

---

① 最常见的 100 个错别字，http://misszheng.bokee.com/3449669.html

(5) 不明典故，如"墨守成规"误为"默守成规"，不知道"墨"指战国时的"墨翟"，"黄粱美梦"误为"黄梁美梦"，不知道"黄粱"指的是做饭的小米。

2. 识字教学应避免的误区

（1）识字教学机械重复

人们对当前中小学识字教学的共同看法是：咬文嚼字、重复训练、死记硬背、枯燥乏味。例如，识字教学中要求学生对生字词读音准确、会讲会用，这是十分必要的训练。但是，在实际授课中，一些教师过分强调正音正字，把这项训练绝对化、机械化了。根据心理学家分析，小学生认读一个字，大概写2～3遍印象最深，而有的教师却让学生写二三十遍乃至更多，无休止的反复枯燥的训练，导致学生对语文课失去兴趣。

从心理学角度来看，刚进校门的一年级学生，手腕、手指肌肉发育不全，容易疲劳，此时用抄写和默写的方法孤立地反复训练他们对字形的精确记忆，机械烦琐地去掌握字的意思，不仅低效，而且容易引起厌学情绪。

（2）孤立地识字

由于"应试教育"的影响，我国识字教学曾出现了书越教越死、路越走越窄的趋势。违反儿童认读识字的规律，离开课文和学生的生活，生吞活剥某一个枯燥的词语，死记硬背，导致教学效果越来越差，学生的个性得不到充分发挥，学习语文的内在潜力得不到发挥。使人们的心灵变得越来越简单、狭窄，思维变得越来越教条、刻板，结果恰恰是从小学一年级便开始下大力气严格训练的识字教学，到高三毕业时，成绩反而最差。据北京市教研中心语文教研员孙荻芬介绍，前不久，他们在中学进行语文学习现状调查时，按照教学大纲的要求，从应当掌握的3500个字中挑选出200个最常用的字，要求两所区重点校高二学生准确认读，结果，全对的学生仅占47%。另一道题是要求学生将一篇400字的短文抄下来，几百份问卷中竟找不到一份全部抄对的。这说明，学生没有很好地运用祖国语言文字的习惯。另外，答卷中字迹潦草、语句不通、用词不准确、不规范的更不是少数。

（3）过分追求考试内容，忽略基础的培养

小学阶段应使学生能认好字、写好字、读好课文、听懂别人的话，说明白自己要表达的意思；中学阶段应全面打好听说读写的基础，使学生掌握和具备正确使用祖国语言文字的能力。但一些学校写字课不练写字，说话课不学说话，阅读课不让学生阅读，忽视基本功的训练。教师为了押考题，抛开编选精良的教材，找来大量的偏字、怪字、难字等不常用的字让学生死记硬背，而最常用、最基本的字词恰恰忽略了，造成学生课业负担重，教学效率低下。

附：最常见的 100 个错别字（括号中为正字）[①]

1. 按（安）装
2. 甘败（拜）下风
3. 自抱（暴）自弃
4. 针贬（砭）
5. 泊（舶）来品
6. 脉博（搏）
7. 松驰（弛）
8. 一愁（筹）莫展
9. 穿（川）流不息
10. 精萃（粹）
11. 重迭（叠）
12. 渡（度）假村
13. 防（妨）碍
14. 幅（辐）射
15. 一幅（副）对联
16. 天翻地复（覆）
17. 言简意骇（赅）
18. 气慨（概）
19. 一股（鼓）作气
20. 悬梁刺骨（股）
21. 粗旷（犷）
22. 食不裹（果）腹
23. 震憾（撼）
24. 凑和（合）
25. 侯（候）车室
26. 追不急（及）待
27. 既（即）使
28. 一如继（既）往
29. 草管（菅）人命
30. 娇（矫）揉造作
31. 挖墙角（脚）
32. 一诺千斤（金）
33. 不径（胫）而走
34. 峻（竣）工
35. 不落巢（窠）臼
36. 烩（脍）炙人口
37. 打腊（蜡）
38. 死皮癞（赖）脸
39. 兰（蓝）天白云
40. 鼎立（力）相助
41. 再接再励（厉）
42. 老俩（两）口
43. 黄梁（粱）美梦
44. 了（瞭）望
45. 水笼（龙）头
46. 杀戳（戮）
47. 痉孪（挛）
48. 美仑（轮）美奂
49. 罗（啰）唆
50. 蛛丝蚂（马）迹
51. 萎糜（靡）不振
52. 沉缅（湎）
53. 名（明）信片
54. 默（墨）守成规
55. 大姆（拇）指
56. 沤（呕）心沥血
57. 凭（平）添
58. 出奇（其）不意
59. 修茸（葺）
60. 亲（青）睐
61. 磬（罄）竹难书
62. 入场卷（券）
63. 声名雀（鹊）起
64. 发韧（轫）
65. 搔（瘙）痒病
66. 欣尝（赏）
67. 谈笑风声（生）
68. 人情事（世）故
69. 有持（恃）无恐
70. 额首（手）称庆
71. 追朔（溯）
72. 鬼鬼崇崇（祟祟）
73. 金榜提（题）名
74. 走头（投）无路
75. 趋之若鹜（鹜）
76. 迁徒（徙）
77. 洁白无暇（瑕）
78. 九宵（霄）
79. 渲（宣）泄
80. 寒喧（暄）
81. 弦（旋）律
82. 膺（赝）品
83. 不能自己（已）
84. 尤（犹）如猛虎下山
85. 竭泽而鱼（渔）
86. 滥芋（竽）充数
87. 世外桃园（源）
88. 脏（赃）款
89. 醮（蘸）水
90. 蜇（蛰）伏
91. 装祯（帧）
92. 饮鸠（鸩）止渴
93. 坐阵（镇）
94. 旁证（征）博引
95. 灸（炙）手可热
96. 九洲（州）
97. 床第（笫）之私
98. 姿（恣）意妄为
99. 编篡（纂）
100. 做（坐）月子

[①] 引自：http://misszheng.bokee.com/3449669.html

专题小结

在识字教学中,教师也要注意一些易错字的特点,例如"汉字的笔画数越多,学生越容易写错"、"字形相似"、"不明典故"、"意义混淆"等,但是掌握了这些特点,也难免容易走进识字教学"机械重复"、"孤立地识字"等误区,所以教师在这些方面要特别注意。

思考与练习

一、填空题

1. 在学习汉字的初级阶段,为了充分利用学生已有的认知实物的"_____"。

2. _____方法可以帮助学生在头脑中建立起直观印象,达到既认形又明意的效果。

3. 语言环境包括社会环境、自然环境、_____、作者心境等因素。

二、判断题

1. 如果让字离开具体的语言环境,仍然可以做到真正意义上的识字。（   ）

2. 凭借日常生活对事物的先期认识,能轻而易举地读出这个字的读音并把握它的意思。（   ）

3. 以准韵文的形式,围绕一个中心串起来的有内在联系的一组词语,来表现某个画面、场面、意境等,这属于"情景识字法"。（   ）

三、简答题

1. 举例说明小学识字教学常用的基本方法。

2. 儿童容易读写错误的字有什么特点?并举例说明。

四、论述题

请结合实际谈谈教师在识字教学中应该避免哪些误区。

推荐书目与文章列表

1. 斯霞.我的教学生涯[M].上海:上海教育出版社,1982
2. 张田若等.中国当代汉字认读与书写[M].成都:四川教育出版社,2000

第九章

阅读教学（上）

如果说，识字是语文教育的入门口，阅读则是语文教育的主要天地。因为，写作能力、口语交际能力、语文综合实践能力、语文素养都是在阅读中得到生长和发展。事实证明，没有一定量的阅读，这些能力都是无源之水、无本之木。

阅读教学是语文教学中的重要组成部分也是核心内容。新课程标准为阅读教学指明了方向，一线教师以及专家学者对阅读教学的研究也从未间断过，近年来对阅读教学的探究也更加活跃，不断地涌现了许多新的教学方法。

本章是阅读教学的上半部分，主要从"阅读教学的重要性"、"阅读教学的概述"、"阅读教学的新思潮"三个方面介绍阅读教学，了解阅读教学发展的过程以及当今阅读教学的研究进展。

学完本章，你将能够：

1. 正确认识阅读教学的重要性；
2. 掌握新课标对阅读教学的具体要求；
3. 了解阅读教学的新思潮。

专题导读

我们可以从两方面来看阅读的重要性：一是各个国家的重视程度；二是从阅读与个人成才的关系。通过这两个方面的介绍，希望能够激发我们的阅读欲望，意识到阅读在我们生命中的重要作用，让阅读从现在开始，从身边开始。

专题一 阅读的重要性

一、各国对阅读的重视

在每个犹太人家里，当孩子稍微懂事时，母亲就会在《圣经》上滴几滴蜂蜜，然后叫小孩去吻《圣经》上的蜂蜜。这种仪式的意思不言而喻：书本是甜的。犹太人爱书如命。

法国高度重视小学阅读教学，认为阅读教学是小学教育的奠基工程，不掌握阅读，就不会有事业的成功。

美国是一个文字社会——一个世纪前就规定，社会生活是建立在文字读写的基础上的。美国在实施1993年度国家教育目标的资料中，其中有一项关于幼儿是否每天阅读的调查，结果显示：以3～5岁的孩童为例，53％的是，47％的否。

据报道，在芬兰，有18％的中学生每天花一两小时，单纯为了享受阅读的乐趣而阅读。有资料说，芬兰学生是世界上最会阅读的学生。获得这样的赞誉无疑与许多学生能够做到单纯为了享受阅读的乐趣而阅读有很大关系。

二、成才受惠于广泛的文学阅读

作为我国人文社会科学的最高科研机构，中国社科院拥有大批顶尖级专家和学者，仅其研究生院就有博士生导师500多人，历来被视为"中国的脑库"、"中国的智囊团"。这么多博士生导师，其学问、为人一直是外界好奇和向往的。几名中国社会科学院研究生院的研究生，2003年2月起自费开始了一项"百名博导推荐书目"调查。他们向社科院的330多名博导发出问卷，请教两方面问题："哪些书籍曾对你的学术思想、为人产生过重要影响？为什么会是这些书籍？"

该调查策划人李朱说："这次调查就为人们和学界名家在思想上实现碰撞和对话，让更多人分享到名家的精神世界。"

报告所指的"法学片",为方便统计分析,实际上涵盖了法学研究、政治学、国际政治、社会学、民族学等领域。有效问卷为22份,反馈回来的内容丰富、生动,充满情趣,让人看到了学界名家的另一面。22位法学片博导一共推荐了99部(篇)论著,其中国内著作40部(篇),译著59部(篇);被重复推荐的,主要包括《论语》、《红楼梦》、《家庭、私有制与国家的起源》、《毛泽东选集》、《论法的精神》、《牛虻》等。对读书,博导们所持的态度惊人一致:"作为学者,读书如同吃饭,否则思想就会枯竭。"大多数博导强调,要想做好学问,首先要学会做人。做学问很艰辛,要学会忍耐和坚强。博导们强调"知识的积累"——在广泛阅读的基础上,批判继承别人的观点,积累构建自己的知识体系。部分博导强调英文功底的重要性,他们自己就经常阅读英文原著。他们建议:要阅读原著,少看或尽量不看译著。调查反映出一个有趣的现象:对很多博导影响最大的,不是专业书籍,而是非专业书籍,且多数是小说。郝时远研究员说:"开卷有益,读书未必一定要局限于自己所学专业,只有广博的知识基础才能做好精湛的专业。"梁慧星研究员透露:"我读许多书,自觉对自己影响最大的、受益最多的,是在大学期间读过的3本翻译小说:《牛虻》、《怎么办》、《被侮辱的和被损害的》。"一些博导强调,读书可以调剂生活,避免生活的枯燥和单调。夏勇研究员写到:"《复活》第一次让我感到,为某种理由而活着,加上可能无理由的激情,等于最好的生活方式。"部分博导认为,中国传统文化之博大精深令后人汗颜,如今的年轻人一定要打好国学功底,因为它是做好学问和陶冶情操的必需。刘翰研究员说:"作为中国的知识分子,不通读几遍《四书》是很遗憾的。另外,从国学修养的角度来说,《四书》也是必不可少的。"郑成思研究员说:"我多年读、诵、背《李贺诗集》中的诗,至今不能释手。"

在"法学片"之前,"经济学片"博导分析报告在2003年5月份就初步做出来了。周叔莲、张晓山等50多位经济学者,推荐最多的书目,是马克思的《资本论》、萨谬尔森的《经济学》、恩格斯的《家庭、私有制和国家起源》、亚当·斯密的《国富论》、凯恩斯的《通论》等。尤其是《资本论》,博导们认为,"这不仅仅是一部经济学经典,同时也是一部哲学、历史学乃至文学经典。"

这里,我们再列举一些数学家成长的故事,或许更能说明,成才,离不开广泛的阅读。

在不少人看来,数学和文学似乎是磁铁的两极,前者靠理性思维,后者属形象思维,两者互相排斥。所以在我们的学校中,存在一个普遍现象,即文理分明,学生偏科也严重。学理科的几乎与人文科学绝缘;学文科的,几乎与数理学科绝缘。这也是我们国家为何难以产生世界级大家的重要原因之一。

法国数学家塞尔是迄今为止数学界唯一获得诺贝尔、菲尔兹、沃尔夫三项大奖的"三冠王"。他60岁接受法国记者采访时回忆说:"从我童年起,读书就是我的一大爱好,我的太太也是如此。我们建立了一个大图书室,英文书也同法文书一样多。在我喜欢的作家当中,我可以举出圣西门、司汤达、普鲁斯特、吉奥诺、凯诺、尤瑟纳、道尔麦森,还有诗人魏尔兰、兰波、佩斯;美国作家福克纳、奥康纳、纳博科夫、辛格、厄普代克;英国作家吉卜森、福斯特;德国作家托马斯·曼和伯尔;北欧作家拉格洛夫、拉格奎斯特、汉姆松、迪那森;意大利作家布扎蒂、卡尔维诺;日本作家川端康成、谷崎润一郎、三岛由纪夫;阿根廷作家博尔赫斯。在这个名单上我还应该加上我曾经喜欢过但现在不再喜欢的作家,像陀思妥耶夫斯基、纪德、萨特"。[①]塞尔在数学上的广博令人惊奇,很少有人会想到他的文学阅读如此之广。

历史上许多大数学家都有较好的文学修养。德国数学家莱布尼兹,从小对诗歌和历史怀有浓厚的兴趣,他充分利用家中藏书,博古通今,为后来在哲学、数学等一系列学科取得开创性成果打下坚实基础。法国数学家笛卡儿对诗歌情有独钟,认为"诗是激情和想象力的产物",诗人靠想象力让知识的种子迸发火花。美籍匈牙利数学家波利亚年轻时对文学特别感兴趣,尤其喜欢德国大诗人海涅的作品,并以与海涅同日出生而骄傲,曾因把其作品译成匈牙利文而获奖。数学王子高斯在哥廷根大学就读期间,最喜好的两门学科是数学和语言,并终生保持对它们的爱好。他大学一年级从图书馆所借阅的25本书中,人文学科类就占了20本。正当做数学家还是做语言学家的念头在脑中徘徊时,19岁的高斯成功地解决了正17边形的尺规作图问题,才坚定了从事数学研究的信念。继高斯之后的伟大数学家柯西从小喜爱数学,当一个念头闪过脑海时,他常会中断其他事,在本上算数画图。他的数学天赋被数学家拉普拉斯和拉格朗日发现。据说拉格朗日曾预言柯西将成为了不起的大数学家,并告诫其父不要让孩子过早接触数学,以免误入歧途,成为"不知道怎样使用自己语言"的大数学家。庆幸的是,柯西的小学是在家里上的,在其父循循善诱下,系统学习了古典语言、历史、诗歌等。具有传奇色彩的是,柯西政治流亡国外时,曾在意大利的一所大学里讲授过文学诗词课,并有《论诗词创作法》一书留世。柯西的文学功底由此可见一斑。1921年来中国讲学的罗素是当代著名的哲学家、数理逻辑学家,著名的"理发师悖论"的发现者。但他也是一个文学家,有多篇小说集

---

① 胡作玄.塞尔的文学阅读[J].中华读书报,2005(8)

出版发行，并于 1950 年获得诺贝尔文学奖。

再看看国内的数学家。徐利治先生把自己的治学经验概括为：培养兴趣、追求简易、重视直观、学会抽象、不怕计算五个方面。他在南京讲学时又特意补上一条——喜爱文学，并谆谆教导后学，不可忽视文学修养。华罗庚也能诗善文，所写的科普文章居高临下，通俗易懂，是值得后人效法的楷模。苏步青自幼热爱旧体诗词，读过许多文史书籍。他把诗词作为自己的业余爱好，靠它来调剂生活。许宝综自幼即习古典文学，10 岁后学作古文，文章言简意赅，功底非同寻常。李国平不仅是中国的"复分析"奠基人之一，也是一位优秀的诗人，其诗集《李国平诗选》1990 年由武汉大学出版社出版发行，序言则是苏步青的一首颂诗："名扬四海句清新，文字纵横如有神。气吞长虹连广宇，力挥彩笔净凡尘。东西南北径行遍，春夏秋冬人梦频。拙我生平偏爱咏，输君珠玉得安贫。"传为数坛佳话。

实际上，阅读给人带来的丰富和愉悦乃至幸福，可以说是所有自主阅读的人都体会到的，也可以说是很多人成功的重要基础。所以，凡有见识的人在谈到教育时无不大声呼吁让学生大量阅读。如作家王安忆说："养育精神的最好途径是文学艺术，对此我提两点建议：第一是要提高文学艺术品质，有些东西看起来也许并没有最广大的消费市场，但是有它和无它是大不一样的，就像森林，也许你一辈子都不会见到，但是它们却在改善着你的呼吸；第二是推广文学艺术的普及面。我曾经看到过一份学生假期的书单，是哪个教育部门推荐给中学生阅读的，其中全部都是知识性科普读物和社会名流的成功经验，没有一本文学作品。由于考试制度的严酷，学生对于课堂以外的阅读开始渐渐失去了兴趣，学习变成了功利行为，这严重影响着他们吸收精神方面的养料，所以，我建议从小学起就要开设阅读课，初中、高中直到大学。"[①]

专题小结

古今中外，那些著名的科学家、教育家、文学家的成功都受到了阅读的恩惠，阅读给他们带来的不仅仅是成功，还有享用一生的启迪与智慧。阅读是一个人的精神食粮，是陪伴我们一生的好朋友，懂得阅读的人是幸福的。

---

① 沈祖芸.与作家王安忆对话[N].中国教育报，2002-04-02(第5版)

专题导读

什么是阅读？什么是阅读教学？阅读教学在小学各个阶段有怎样的要求？这三个问题是本专题要解决的问题，新课标对阅读教学有明确的要求，对这个纲领性文件的准确把握是我们进行阅读教学的前提。

专题二 阅读教学概述

一、对阅读的理解

什么是阅读？《中国大百科全书》（教育卷）对此所作的定义性界说中有这样的话："阅读是一种从印的或写的语言符号中取得意义的心理过程。"这个心理过程当然是指读者主体的心理过程。而不同读者对同一读物所产生的心理过程（阅读效应）往往会有很大的差异，所谓"仁者见之谓之仁，智者见之谓之智"（《易经·系辞》），就说出了"有一千个读者就有一千个哈姆雷特"的道理。可以说，阅读既凭借于文本，其结果又往往会超越了文本。阅读是一个极其复杂的心理过程，而且教学中的阅读含义更丰富，所以为了更全面、更立体地理解阅读，《语文课程标准》特别指出："阅读是收集处理信息、认识世界、发展思维、获得审美体验的重要途径"；"阅读教学是学生、教师、文本之间对话的过程"；"阅读是学生的个性化行为"。

可见，我们可以从以下三方面来理解阅读。

（1）阅读是学生成长的重要途径之一。在阅读中，学生收集分析处理信息，从而认识世界、发展思维和获得审美体验，从能力到情感都获得发展。

（2）阅读是一个对话的过程。阅读不是一个单向活动，不单是学生的读，或单单是教师的教，而是一个多边交流对话的过程：学生与文本、学生与教师、学生与学生。所以我们要明白阅读教学包含三个要素：教师、学生、文本。

（3）阅读是个性化行为。即阅读必须是学生自己的阅读，任何人不能代劳。而且学生是独立的、有个性的、有灵性和创造性的个体，学生个体之间是有差异的。因此要尊重学生的独特体验，尊重对文本多元化的解读，而不能整齐划一，追求统一结论和标准答案。

概括地说，阅读教学是学生面对文本，在教师的组织与引导下，围绕一定的话题，以对话的方式，经历感悟、积累、迁移的心理过程，逐步形成能力、丰富情感的一种实践活动。

二、小学各学段的阅读目标

1. 第一学段（一至二年级）[①]

(1) 喜欢阅读,感受阅读的乐趣。

(2) 学习用普通话正确、流利、有感情地朗读课文。

(3) 学习默读,做到不出声,不指读。

(4) 借助读物中的图画阅读。

(5) 结合上下文和生活实际了解课文中词句的意思,在阅读中积累词语。

(6) 阅读浅近的童话、寓言、故事,向往美好的情境,关心自然和生命,对感兴趣的人物和事件有自己的感受和想法,并乐于与人交流。

(7) 诵读儿歌、童谣和浅近的古诗,展开想象,获得初步的情感体验,感受语言的优美。

(8) 认识课文中出现的常用标点符号。在阅读中,体会句号、问号、感叹号所表达的不同语气。

(9) 积累自己喜欢的成语和格言警句。背诵优秀诗文50篇(段)。课外阅读总量不少于5万字。

(10) 喜爱图书,爱护图书。

2. 第二学段（三至四年级）[②]

(1) 用普通话正确、流利、有感情地朗读课文。

(2) 初步学会默读。能对课文中不理解的地方提出疑问。

(3) 能联系上下文,理解词句的意思,体会课文中关键词句在表达情意方面的作用。能借助字典、词典和生活积累,理解生词的意义。

(4) 能初步把握文章的主要内容,体会文章表达的思想感情。

(5) 能复述叙事性作品的大意,初步感受作品中生动的形象和优美的语言,关心作品中人物的命运和喜怒哀乐,与他人交流自己的阅读感受。

(6) 在理解语句的过程中,体会句号与逗号的不同用法,了解冒号、引号的一般用法。

(7) 学习略读,粗知文章大意。

(8) 积累课文中的优美词语、精彩句段,以及在课外阅读和生活中获得的语言材料。

[①] 中华人民共和国教育部.全日制义务教育语文课程标准(实验稿)[M].北京:北京师范大学出版社,2001:5

[②] 中华人民共和国教育部.全日制义务教育语文课程标准(实验稿)[M].北京:北京师范大学出版社,2001:7

(9) 诵读优秀诗文,注意在诵读过程中体验情感,领悟内容。背诵优秀诗文 50 篇(段)。

(10) 养成读书看报的习惯,收藏并与同学交流图书资料。课外阅读总量不少于 40 万字。

3. 第三学段(五至六年级)①

(1) 能用普通话正确、流利、有感情地朗读课文。

(2) 默读有一定的速度,默读一般读物每分钟不少于 300 字。

(3) 能借助词典阅读,理解词语在语言环境中的恰当意义,辨别词语的感情色彩。

(4) 联系上下文和自己的积累,推想课文中有关词句的意思,体会其表达效果。

(5) 在阅读中揣摩文章的表达顺序,体会作者的思想感情,初步领悟文章基本的表达方法。在交流和讨论中,敢于提出自己的看法,作出自己的判断。

(6) 阅读说明性文章,能抓住要点,了解文章的基本说明方法。

(7) 阅读叙事性作品,了解事件梗概,简单描述自己印象最深的场景、人物、细节,说出自己的喜欢、憎恶、崇敬、向往、同情等感受。阅读诗歌,大体把握诗意,想象诗歌描述的情境,体会诗人的情感。受到优秀作品的感染和激励,向往和追求美好的理想。

(8) 学习浏览,扩大知识面,根据需要搜集信息。

(9) 在理解课文的过程中,体会顿号与逗号、分号与句号的不同用法。

(10) 诵读优秀诗文,注意通过诗文的声调、节奏等体味作品的内容和情感。背诵优秀诗文 60 篇(段)。

(11) 利用图书馆、网络等信息渠道尝试进行探究性阅读。扩展自己的阅读面,课外阅读总量不少于 100 万字。

 专题小结

对比以前的课程标准,我们看到新的课标对阅读教学的要求更具体,更有层次、更能体现学生的主体性,对学生阅读能力的要求也体现了一个循序渐进的过程。认真领会新课标的要求将对我们阅读教学大有帮助。

---

① 中华人民共和国教育部.全日制义务教育语文课程标准(实验稿)[M].北京:北京师范大学出版社,2001:9

第十章
阅读教学（下）

从表面上看，当代世界各国的大比拼是经济、科技的大比拼，但深究其里，则是社会整体教养水平的大比拼，是社会整体文明程度的大比拼，是国民综合素养的大比拼。我们今天社会的发展进步需要实实在在地建立在文明与知识的积累之上，阅读因此也就成为提高国民素养的一个十分重要的方面。

通过上一章的学习，我们了解了小学语文阅读教学的重要性，并通过具体案例分析了阅读教学的一些新思潮。本章将重点分析阐述小学语文阅读教学的策略，指导教师在进行阅读教学时应采取一些什么具体策略和要注意哪些问题。

学完本章，你将能够：

1. 了解小学语文阅读教学的主要策略有哪些；
2. 体会阅读经典对教育的作用；
3. 明白为何说伟大的教育者都是伟大的读书者。

专题导读

阅读教学在不断地发展中有了怎样的进步？现在的阅读教学更强调的是什么？师生在阅读教学中是怎样的一种关系？我们的阅读教学应该朝着什么方向努力？我们应该在不断的反思与学习中探索阅读教学的真谛。

专题一 阅读教学的新思潮

一、重视学生在阅读过程中的主体地位

1. 对学生主体地位的理解

重视学生在阅读过程中的主体地位，即教师要走出"独白"的霸权地位，要放手让学生自主独立地阅读，在阅读的过程中产生自己的理解和感受，在与文本和作者的对话中、在与教师和同学的对话中去自行发现、自行建构文本的意义，而不是作为被动的客体，接受教师的灌输。

其实，我国自古以来，就很重视学生自己的阅读和思考，认为教师主要起引导的作用。如古代孔子的教学基本方法是启发诱导。他认定掌握知识、形成道德观念，应该是一个主动探索领会的过程，因此在教学中他特别重视学习的主动性。他说："学而不思则罔，思而不学则殆。"（《论语·为政》）只读书而不思考，就容易上当受骗；只思考而不读书，问题仍疑惑不解。这说明学习不能脱离思考，不思考就不能将学来的知识消化吸收，那样学了也无用处。如果只思考而不学习，会流于空想，那也是有害的。

孔子经常运用启发式的教学引导学生，例如当子夏读到"巧笑倩兮，美目盼兮，素以为绚兮"（巧妙的笑容真好看啊，美丽的眼睛真明亮啊，洁白的底子上画着花卉啊！）几句诗，问孔子是什么意思，孔子就启发子夏说："绘事后素。"（先有白底然后画花，作画须先有素洁的底子）子夏领会到孔子是说"礼"须建立于"仁"的思想感情的基础上，但子夏对这个想法还不能十分肯定，于是进一步问孔子："礼后乎？"（是说礼在后吧？）孔子听了很高兴，称赞说："能够阐发我意思的是子夏呀！现在可以和你谈论诗经了！"（《论语·八佾》）这首诗的原意如何，且不去究论，只是从教学法的角度分析，显然孔子在这里运用的是启发式而不是注入式。他避免了用简单的道德说教，利用形象思维的作用，由生动具体的画面，引向抽象的道德观念，以便使学生留下深刻的印象，主动地去认识"仁"的意义，从而自觉地接受礼的约束。

再如，《学记》提出了"道而弗牵、强而弗抑、开而弗达"的启发教育原理,一个优秀的教师总是善于用启发诱导的方法教育学生,那就是:要引导学生,而不是牵着他们的鼻子走;要激励学生,而不强制使之顺从;要启发学生,而不一下把结论和盘托出。

当代教育家叶圣陶对于教师在教学活动中起什么作用的看法是:"各种学科的教学都一样,无非教师帮着学生学习的一串过程。"换句话说,教学、教学,就是"教"学生"学",主要不是把现成的知识交给学生,而是把学习的方法教给学生,学生就可以受用一辈子。在这个问题上,叶圣陶先生有一句精辟的话,现在已经众口传诵,那就是:"教是为了不教。"这句话在其论文集里多次出现,例如,"'讲'当然是必要的。问题可能在如何看待'讲'和怎么'讲'。说到如何看待'讲',我有个朦胧的想头。教师教任何功课(不限于语文),'讲'都是为了达到用不着'讲',换个说法,'教'都是为了达到用不着'教'……语文教材无非是例子,凭这个例子要使学生能够举一而反三,练成阅读和作文的熟练技能;因此,教师就要朝着促使学生'反三'这个标的精要地'讲',务必启发学生的能动性,引导他们尽可能自己去探索。"[1] 又如,他说:"学生须能读书,须能作文,故特设语文课以训练之。最终目的为:自能读书,不待老师讲;自能作文,不待老师改。老师之训练必做到此两点,乃为教学之成功。"[2] "我近来常以一语语人,凡为教,目的在达到不需要教。以其欲达到不需要教,故随时宜注意减轻学生之倚赖性,而多讲则与此相违也。"[3] "尝谓教师教各种学科,其最终目的在达到不复需教,而学生能自为研索,自求解决。故教师之为教,不在全盘授予,而在相机诱导。必令学生运其才智,勤其练习,领悟之源广开,纯熟之功弥深,乃为善教者也。"[4] "凡为教者必期于达到不需教。教师所务唯在启发导引,俾学生逐步增益其知能,展卷而自能通解,执笔而自能合度。"[5]

怎样才能达到这个目的,叶圣陶认为关键在于使学生的学习由被动变为主动。例如要求学生预习,给以必要的指导;发起对课文的讨论(主要指语文方面,不是内容方面),予以有效的启发;对学生的作文只给些评论和指点,让他自己去考虑如何修改等等。这样教学,当然比逐句讲解吃力,但是这才是教学的正经道路。他说,"把上课时间花在逐句讲解上,其他应该指导的事情就少有工夫做了;应该做的不做,对不起学生,也对不起自己"。[6]

但曾有段时间,语文教育丢弃了这样一些传统和教学思想的精华。

---

[1] 叶圣陶.叶圣陶语文教育论集(上下册)[M].北京:教育科学出版社,1980:152.
[2] 叶圣陶.叶圣陶语文教育论集(上下册)[M].北京:教育科学出版社,1980:717.
[3] 叶圣陶.叶圣陶语文教育论集(上下册)[M].北京:教育科学出版社,1980:720.
[4] 叶圣陶.叶圣陶语文教育论集(上下册)[M].北京:教育科学出版社,1980:721.
[5] 叶圣陶.叶圣陶语文教育论集(上下册)[M].北京:教育科学出版社,1980:741.
[6] 叶圣陶.叶圣陶语文教育论集(上下册)[M].北京:教育科学出版社,1980:83.

教师变得谨小慎微，不敢轻易放手；学生变得亦步亦趋，不敢越雷池半步。教师不敢放手，我们认为，主要有以下三方面的原因：

第一，升学压力；

第二，教师不自觉地、习惯性地树立所谓尊严和权威，不允许学生有任何不同于自己的见解；

第三，担心学生不明白，总是想把问题说得很清楚。持这种想法的老师比较典型。一位大学实习生给我的信件中，提到了一些教学的困惑和矛盾，很有意思，这里转录如下：

我觉得讲课存在的最大问题是讲得太多，没有发挥学生的积极能动性，因为当我站在讲台上，总是想把问题说得很清楚，很担心他们不明白，就把一个问题说了又说。其实附小学生的接受能力非常强，有些问题我不必说，只需引导一下他们就可以找到答案了。我说了又说就显得很啰唆了，但是有时候又控制不了，所以现在正在改正当中。还有，我觉得我的教案要比我真实的课堂要好，即备课的时候准备了很多东西，但一到真正的课堂，常常实现不了。附小的学生非常活跃，课堂上总会提很多的问题，而且这些问题很多都是我根本预想不到的，他们的一个问题就可以使我的整节课都要改变方向。所以我觉得我的口才还要好些，这样才能把放出去的话题收回来。同时，我讲课的时候总是不敢离开我的教案，例如某些学生的问题激发了我某些想法，但是我不敢当时就说，因为怕一说了就收不回，实现不了教案。

现在的课文都很美，我自己也很喜欢这些文章，总想让学生学会去欣赏这些美文，但是又存在一个矛盾，如果将时间放在了欣赏上，那么剩下的时间就不够掌握那些知识点（例如生字、一些句法、写作手法等）了。可能要为这两者找到一个很好的结合点，我会尝试去将这两者结合的。

不仅新教师会遇到这样一些问题，据我所知，一些老教师同样会出现这样的问题。老师常常还认为学生的思维是零散的，学不到什么，放手自主学浪费时间，特别是初三学生，还是要由教师来掌握方向，掌握课堂稳妥一些。于是"抱在怀里"、"扶在手上"，使学生丧失了很多主动参与的机会。这种教育教学方式，天长日久培养了学生思维的惰性和消极参与的意识，学生会认为：反正老师要讲的，又是标准答案，又何必费尽心思想答案呢？

在当前的课程改革中，语文课程标准关于阅读的目标，在理念上有了较大的变化，认为阅读是学生、教师、文本之间的对话。强调学生阅读的自主性和独立性，要让学生自己阅读、自己学会阅读。语文课本应该是读本，而不是教本。

2. 实现学生主体地位的途径

在阅读教学中，要真正体现阅读教学中的学生主体，切实改变被动学习的现状，方法和途径很多。我们认为值得强调的是以下两点。

(1) 让学生充分读书，充分思考

忽视对文本的解读，忽视学生的读和想，也就忽视了学生的主体地位。所以，要给予学生充分读书、充分思考的时间。如果学生没有足够的独立阅读，没有足够的独立思考，学生就会缺少内在体验和独特感受，语文课程标准中的阅读理解能力、情感体验、语感形成、品评鉴赏、熏陶感染，就会成为无源之水，无本之木了。正如一位教育家形象的描述："教师如一个不负责任的导游，领着学生东一个景点西一个景点飞快地跑来跑去，全然不顾及学生有没有把某一个景点看完，有没有具体的收获，有没有机会交流看景点的感受。"要体现学生的主体地位，就要学生自己读，自己看，以走进文章的内部世界，走进作者的内心世界，激活自己的情感，形成自己的思考。事实证明，只有自己的读，才能产生领悟，才能产生思想。一个大学生回忆说，最初对她人生产生影响的就是自己读的两本书，其中一本就是张爱玲的《倾城之恋》，"改变了我对生活的态度。这一篇小说，曾被一本书认为是人的一生中要看的60本书之一。所以，现在，我每遇到一个人，就会问他有没有看过这一篇小说，如果没有，我就会强烈的对他们推荐的。借用一篇评论里的话，'这是一个成人式的童话，是一个拥有着完美的结局，却通篇充满着悲哀的童话。'故事中的男女主人公都是互相喜欢对方的，但是，谁都不肯先向前走一步，正是因为这样，他们曾错过了对方。但是，却又恰恰是因为香港的沦陷成全了他们。可以这样说，如果没有香港的沦陷这一导火线的发生，他们的爱情故事根本是不会以完满的结局来结束的。试想一下我们的人生，我们的一生中又究竟有没有机会遇到一次的'香港沦陷'呢？如果答案是否定的话，那么，我们不就会错过了很多的人和事吗？于是，我明白了，我们要去争取我们的幸福，争取我们想要的东西，无论是爱情还是别的。这就改变了我以前被动的性格，使我觉得，我喜欢那就要去做，就要去争取，不必再等待那'导火线'了，因为，我不想要因为我的懦弱而错过任何的人和事。这就使我知道了，我要表达我的感觉，也使我学会了要去争取和珍惜身边的人和事。"[①]

没有走进作者内心的阅读，没有对作品普遍意义的深入理解，没有自己的感悟和思考，人与人之间的沟通和交流就无法实现。

让学生读书，特别是重自读、重自由读书。当前，语文课上齐读太多，整齐划一、气氛热烈，可以调动学生的情绪，消减课堂上的沉闷；但齐读太多，教师不便了解学生的朗读能力，不易发现读书中可能出现的问题，因此，对"齐读"要适时、适度，不是不用，但不宜多用。

新课程大力提倡主观式解读，不以教师的分析替代学生的阅读，目的是引导语文教学要让学生直接面对作品，鼓励学生自己主动地去读，

---

① 引自华南师范大学教育科学学院2003级本科生蔡子欣作业"我的阅读故事"。

结合自己的生活和经历去读,用他们自己的眼睛去触及作品、用自己的心灵去抚摩作品。学生的内心和经历是丰富的,所以学生阅读时的思维也应是多角度、多层次的,对同一事物的认识理解,不应该只是同一标准的答案。让学生从别人的作品中读出自我、创造自我。

阅读提倡主观式的解读,这也给教师提出了新的、更高的要求:不能像过去一样完全依赖教参,教参只是参考、补充,而不是阅读理解的唯一途径;不要寻找标准答案,教师必须要有主动阅读、创造性阅读的能力和习惯。

阅读中强调学生的主体地位,强调阅读中学生要充分读书、充分思考,绝不是否定多媒体手段和多种教学方法的有效利用。教学手段和教学模式永远是为教学内容服务的。使用多媒体必须是必要的,用别的方法不可替代时。比如,离学生缺少感性认识的领域、学生生活久远的内容,学生比较生疏的领域等,可用多媒体。如义务教育课程标准实验教科书《语文》五年级上册中的《地震中的父与子》、《圆明园的毁灭》、《开国大典》等放一放纪录片等,对于理解课文,激发学生的情感是有帮助的。

(2)培养问题意识和教学解决问题的策略

培养问题意识,鼓励学生提问,使学生处于主体地位,充分发挥学生的主体作用,是实现学生阅读自主性、独立性、主动性,体现学生主体地位的有效途径。

学生在阅读中,是以问题的切入来实现与作者、与同学、与老师的对话的。"学贵有疑",要鼓励学生敢于提问。对学生的问题不应该加以限制,比如"问题要有价值"、"问题要紧绕课文"等,这样,就限制了学生思想的自由,且让学生感到紧张,不敢提问。由于学生的个性、智力、经历、基础等的差异,不同的学生提出的问题,对于他们每个个体来说,应该都是很有价值的。

学生提出的问题很可能比较零散、肤浅,浪费时间,不得要领,但是,我们不能因此就代替学生提出问题。还有一个现象,应该引起我们的注意,即要让全班每一个学生都有提问和回答的权利和机会。据我们观察,一般好学生提问和回答的机会比所谓的"差生"多得多。其实每一个学生都有自己的独特之处,都有自己的本领和能力,教师的责任就是把每一个学生调动起来,在他自己的基础上获得发展。有一个故事,讲一个大学生到一所学校当老师,报到那天,校长对他说,得分一等的学生,你要重视,他们将来要成为科学家;得分二等的学生,你要重视,他们将来要成为教师,是你的同事;得分三等的学生,你要重视,他们将来要成为公司的老板,是我们学校的赞助者;作弊打小抄的学生,你要重视,他将来要成为总统。这是一则小幽默,却也隐含着合理的教育理念:人人都可以成材。因此,在阅读教学中,尊重每一个学生,让每一个学生的思维动起来,人人有问题,处处有问题,才能形成问题意识,养成爱问的习惯。

至于在阅读教学中教给学生解决问题的策略,我们用美国小学中的两个课例来加以生动说明。

典型案例 1

课例一:怎样理解不认识的词语(一年级)[①]

一、提出任务

老师(苏珊娜,以下简称苏):假设我是一个一年级学生,阅读时碰上一个不认识的单词时怎么办?我们应该把大家所做到的都列到一张单子中去。

苏从一篇放大了的文章中读了和理解这个单词意思有关的两个句子。

二、师生讨论

(1) 同伴先讨论起自己所使用的理解不认识的词语的方法(技巧)。然后举手发言。

学生(以下简称生):就看你知道的部分嘛。

生:读个大概就得了。

生:弄清楚以后读出来。

苏:还有呢?

生:可以把它表演出来。

老师觉得这有些行不通,于是表现出困扰的样子。

生:你能看图片。

苏:图片如何起到帮助作用?

生:图片就说明了单词。你可以看到图片里发生的事,看到以后就会和单词联系到一块儿了。

(2) 苏在一张标题为"我们如何应对有困难的部分"的纸上写下了该想法:可以看图片里发生的事,然后和单词联系起来理解意思……

老师读这句话:好,你们完成了所有这些工作。

三、操作练习

(1) 老师拿出一本名叫《如果你把一块饼干给一只耗子》的书。

我们来看这本书。书中有些偏难的词,我已经用贴纸把它们贴住了。我们要注意自己在碰到这些难词时应该如何应对。

[①] 吴忠豪. 美国小学阅读教学中的"小型课". 人教网:http://www.pep.com.cn/xiaoyu/jiaoshi/xueshu/haiwai/201008/t20100818_679624.htm

生读：如果你把一块饼干给一只耗子,你会再要(　　)牛奶。

苏：贴去了什么词?

生：一杯?

生：一瓶?

生：一口?

苏：我看到你们其中的一些人一再地阅读和思考。我看到你,萨姆,在看图片。大卫,通过阅读下文来猜测结果。

苏在纸上写下：

通过阅读下文来猜测结果。

继续阅读并重复使用相同的方法(技巧)获知下面两个被贴纸贴起来的词。

(2) 老师总结：在碰到难词时我们能够使用很多的方法(技巧)来理解。我们假设贴纸就是难词。

(3) 朗读纸上写下的理解词语的方法(技巧)。

四、独立练习

(1) 试着把这些方法(技巧)应用于其他书本的阅读。

(2) 不一会儿,学生们就分散到教室各处进行独立阅读。

(第二天)

一、复习练习

先以《如果你把一块饼干给一只耗子》为材料作更多练习。

二、合作学习

(1) 当碰到困难的部分时,你们对方法(技巧)的应用非常好。让我们再看一本新书吧。和你们的同伴挨着坐,试着阅读我发给你们的书,在不大懂的地方一定要用你们所知道的方法(技巧)加以解决。

老师尽量让不同程度的孩子拿到相应程度的书本。

(2) 教室里30个孩子都与同伴一起阅读。

(3分钟后,一些孩子已经完成阅读了。)

三、复习阅读方法

出示昨天总结的阅读方法表。

苏：我看到你们用了那么多方法(技巧)。朗读方法列表,这些方法是谁发现的?

老师把孩子们的名字写在每一项方法的后面。

四、现在我们要做一些独立阅读

我的直觉告诉我,你们会碰到一些难词的,那就用这些方法(技巧)吧。好,记住它们,因为我们将会在其后进行讨论。

课例二:"如何解决阅读中的疑问"[①]

一、提出问题

老师(艾瑞卡里夫,以下简称艾):作为一个阅读者,我意识到在阅读中试着提出问题,并找寻答案是非常重要的。

板书:保障基金 信托基金

艾:我阅读时经常遇到这两个术语。我知道它们和财政及股市有关,但从来就不知道它们确切的意思。我想要把这两个词弄清楚,就需要收集更多相关的信息。我采用的策略是:

(1)阅读《纽约时报》上的文章,但从中仅仅略知一二。

(2)准备去读《纽约时报》的商业专栏,以往我读报时总是跳过那个专栏的。

(3)向那些从事该行业的朋友询问一些基本常识。

(4)问我的兄弟,让他指点一下我可以阅读哪些杂志。

作为阅读者和思考者,我们往往会产生一些疑问。可是在许多情况下这些疑问被我们忽略了。今天我们要抓住一些疑问,深入地思考一下,怎么去寻找问题的答案。

二、个人或同伴合作提出问题

(1)同伴讨论:回想过去一周甚至一月的生活,写下你们有过并且想更深入去了解的问题,然后选出一个,和你们的同伴计划一下,通过什么策略,比如阅读些什么书籍或刊物,可以帮助你们获知最终的答案。

(讨论5分钟)

(2)全班合作交流。

艾:想出方案来解决一直困扰你们的问题,一定很有意思吧!

全班交流。

(以此结束了积极参与的阶段)

三、布置作业

你们能否再思考一下有没有这样的问题,即它让你通过阅读来探究问题并收集你们需要的资料,请大家找一个问题,然后通过阅读去探究,收集需要的资料,明天我们再继续这一话题。

艾把一个定时器设置在半小时以后提醒,时间一到,她结束了教学。

二、重视学生的独特感受和个性化体验

对同样一篇课文,对同样一个问题,学生的理解和反应都可能是不同的,甚至大相径庭,因为每一个学生有自己的独特的个性、生活环境、

[①] 吴忠豪.美国小学阅读教学中的"小型课".人教网:http://www.pep.com.cn/xiaoyu/jiaoshi/xueshu/haiwai/201008/t20100818_679624.htm

经验。所以教师要允许学生对阅读的内容作出有个性的反应,而且要鼓励有独特感受和体验的反应。例如一位老师教学《猫》,学生发言踊跃。

学生甲说:我知道猫会抓老鼠,我很喜欢它。

学生乙说:我看见猫的毛黑白相间,摸起来很光滑,也很好看,我很喜欢它。

学生丙说:我喜欢吃鱼,猫也喜欢吃鱼,我们都喜欢吃鱼。吃饭时,我把碗里的鱼给猫吃,它仰着头"喵喵"地叫,好像说,谢谢你!我和猫是好朋友。

第一个学生是从猫的作用来谈的,他喜欢猫是基于"告诉"获得的知识。

第二个学生是从猫的外形来谈的,他喜欢猫是通过感知获得的经验。

第三个学生是从"我"和"猫"有共同的兴趣爱好上谈的,他喜欢猫,是一种情感的自我体验。

应该说,第一个学生讲的,不足为奇,通过"告诉"即可获得;第二个学生讲的是通过感知获得的经验、真切可信但缺乏独特的视角;只有第三个学生讲的是一种独特的体验,值得珍惜。

语文教学就是要倡导学生通过自己的探究去获得独特的感受、独特的体验和独特的理解。教师要重新调整自己的角色和行为,使自己成为学生发展的引导者和促进者,而不只是知识的占有者和阐释者,更不是神圣殿堂里的那些冷漠的喋喋不休的"说教者"。要真正蹲下来看学生,以平常的心态和学生交朋友。教学是师生共同享有的快乐生活,教室是师生共处的生活世界。当前,在新理念的指导下,重建一种新型的师生关系,重构一种新的教学生活,是十分必要的。①

尊重学生的个性阅读,教师在教学思想上要充分意识并把握好师生的角色及其在教学中的转变与互动,变传授者为引导者,变审判者为赞赏者,变独白者为对话者。教师不仅仅是阅读教学的组织者,也是学生认知、发现、探究学习的引导者,更是学生健康个性、美好情感的熏陶者。

三、倡导在阅读中对话

1. 阅读对话的理念及意义

《语文课程标准》的"教学建议"中指出"阅读是搜集处理信息、认识世界、发展思维,获得审美体验的重要途径。阅读教学是学生、教师、文本之间对话的过程"。这一阅读理念告诉我们,文本是学生与作者、教师心灵对话的媒介,阅读是对文本的阐释与反应,而学生的情感体验、精神熏陶、思想升华、价值观念的形成等都离不开与教师的对话——独立地

---

① 杨再隋.语文课程的新理念和语文教学的新策略[J].中国小学语文教学论坛,2002(3)

或与教师一起倾听文本和言说文本。

这里所说的"对话",不只是言语的应答,按照雅斯贝尔斯的说法,对话是真理的敞亮和思想本身的实现,是一种"在各种价值相等、意义平等的意识之间相互作用的特殊形式"。它强调的是双方的"敞开"和"接纳",是一种在相互倾听、接受和共享中实现"视界融合"、精神互通,共同去创造意义的活动。教学中的"对话",就是教师与学生以文本为"话题"或"谈资"共同去生成和创造"文本",去构建"意义"的过程。从方法的角度说,它要求我们改变过去那种太多的"传话"和"独白"的方式,走向对话与交流,使知识在对话中生成,在交流中重组,在共享中倍增。

下面引用的案例《美国一所普通小学的一堂阅读课》,其中的教师没有像我们小学中学的有些老师那样,首先将课文读一遍,熟悉生字词,然后划分段意并说明为什么这样划分;其次就是归纳中心思想;最后分析一下它告诉我们什么,对我们有什么启发意义,如此一课就讲完了。接着就是布置作业。那个美国教师不是这样的,他首先问学生最喜欢哪个人,为什么?学生们当然说"灰姑娘了"或者"王子"了,至于原因,那就五花八门,各有千秋了。接下来,老师又问学生,你们最不喜欢的人是谁?学生们说是后妈,因为她太坏了,不给灰姑娘好东西吃好衣服穿,不让灰姑娘参加晚会。老师告诉他们,后妈也没有想象中的那么坏,因为如果灰姑娘参加晚会的话,她的亲生女儿就不能当上王妃了。如果你是后妈,你愿意自己的亲生女儿当王妃还是愿意灰姑娘当王妃呢?然后同学们不说话了。这个问题问得很好,这时候的孩子还是自我中心的,他们考虑问题很少站在他人的角度上去思考,总认为自己怎么想,别人也怎么想。他们判断事情的好坏,往往不是从做事情的动机出发,而是从事情对自己造成的影响来判断的。这个提问是对他们思维的一个很好的演练。然而老师的话锋还是一转,"其实,后妈这样做也是不正确的,因为不可以为了自己的利益去伤害他人的,况且她的女儿也不一定就能当上王妃"。最后,老师还问同学们,灰姑娘这篇课文有什么破绽没有啊?这时同学们的思维就活跃了,各式各样的想法都有,如灰姑娘的鞋子为什么就只有她才合适等。在这样的课堂中,教师、学生、文本始终处于对话的状态,在对话中,学生学会了思考问题、分析问题,学会了怀疑和敢于挑战权威,熏染了做人的温情。

典型案例 2

美国一所普通小学的一堂阅读课

上课铃响了,孩子们跑进教室,这节课老师要讲的是《灰姑娘》的故事。老师先请一个孩子上台给同学讲一讲这个故事。孩子很快讲完了,老师对他表示了感谢,然后开始向全班提问。

老师：你们喜欢故事里面的哪一个？不喜欢哪一个？为什么？

学生：喜欢辛黛瑞拉（灰姑娘），还有王子，不喜欢她的后妈和后妈带来的姐姐。辛黛瑞拉善良、可爱、漂亮。后妈和姐姐对辛黛瑞拉不好。

老师：如果在午夜12点的时候，辛黛瑞拉没有来得及跳上她的南瓜马车，你们想一想，可能会出现什么情况？

学生：辛黛瑞拉会变成原来脏脏的样子，穿着破旧的衣服。哎呀，那就惨啦！

老师：所以，你们一定要做一个守时的人，不然就可能给自己带来麻烦。另外，你们看，你们每个人平时都打扮得漂漂亮亮的，千万不要突然邋邋遢遢地出现在别人面前，不然你们的朋友要被吓着了。女孩子们，你们更要注意，将来你们长大和男孩子约会，要是你不注意，被你的男朋友看到你很难看的样子，他们可能就吓昏了（老师做昏倒状，全班大笑）。好，下一个问题：如果你是辛黛瑞拉的后妈，你会不会阻止辛黛瑞拉去参加王子的舞会？你们一定要诚实哟！

学生：（过了一会儿，有孩子举手回答）是的，如果我是辛黛瑞拉的后妈，我也会阻止她去参加王子的舞会。

老师：为什么？

学生：因为，因为我爱自己的女儿，我希望自己的女儿当上王后。

老师：是的，所以，我们看到的后妈好像都是不好的人，她们只是对别人不够好，可是她们对自己的孩子却很好，你们明白了吗？她们不是坏人，只是她们还不能够像爱自己的孩子一样去爱其他的孩子。孩子们，下一个问题：辛黛瑞拉的后妈不让她去参加王子的舞会，甚至把门锁起来，她为什么能够去，而且成为舞会上最美丽的姑娘呢？

学生：因为有仙女帮助她，给她漂亮的衣服，还把南瓜变成马车，把狗和老鼠变成仆人。

老师：对，你们说得很好！想一想，如果辛黛瑞拉没有得到仙女的帮助，她是不可能去参加舞会的，是不是？

学生：是的！

老师：如果狗、老鼠都不愿意帮助她，她可能在最后的时刻成功地跑回家吗？

学生：不会，那样她就可以成功地吓到王子了。（全班再次大笑）

老师：虽然辛黛瑞拉有仙女帮助她，但是，光有仙女的帮助还不够。所以，孩子们，无论走到哪儿，我们都是需要朋友的。我们的朋友不一定是仙女,但是,我们需要他们,我也希望你们有很多很多的朋友。下面,请你们想一想,如果辛黛瑞拉因为后妈不愿意她参加舞会就放弃了机会,她可能成为王子的新娘吗?

学生:不会!那样的话,她就不会到舞会上,不会被王子遇到,认识和爱上她了。

老师:对极了!如果辛黛瑞拉不想参加舞会,就是她的后妈没有阻止,甚至支持她去,也是没有用的,是谁决定她要去参加王子的舞会?

学生:她自己。

老师:所以,孩子们,就是辛黛瑞拉没有妈妈爱她,她的后妈不爱她,这也不能够让她不爱自己。就是因为她爱自己,她才可能去寻找自己希望得到的东西。如果你们当中有人觉得没有人爱,或者像辛黛瑞拉一样有一个不爱她的后妈,你们要怎么样?

学生:要爱自己!

老师:对,没有一个人可以阻止你爱自己,如果你觉得别人不够爱你,你要加倍地爱自己;如果别人没有给你机会,你应该加倍地给自己机会;如果你们真的爱自己,就会为自己找到自己需要的东西——没有人能够阻止辛黛瑞拉参加王子的舞会,没有人可以阻止辛黛瑞拉当上王后,除了她自己。对不对?

学生:是的!!!

老师:最后一个问题,这个故事有什么不合理的地方?

学生:(过了好一会儿)午夜12点以后所有的东西都要变回原样,可是,辛黛瑞拉的水晶鞋没有变回去。

老师:天哪,你们太棒了!你们看,就是伟大的作家也有出错的时候,所以,出错不是什么可怕的事情。我担保,如果你们当中谁将来要当作家,一定比这个作家更棒!你们相信吗?

孩子们欢呼雀跃。

2. "对话理论"的观点

过去的阅读教学主要是教师讲解,学生背标准答案,课堂中学生没有自己的读书和细心揣摩。那时的阅读实际上是单向的灌输。现代的阅读观认为,一般意义上的阅读,是搜集处理信息、认识世界、发展思维、获得审美体验的重要途径。这一阅读理念,是以现代对话理论为基础的。它们对阅读教学实践有着巨大的指导作用。

(1) 对话的含义

苏联的文艺理论家巴赫金认为,对话可以从狭义和广义的不同层次上加以理解。从狭义来讲,是指说话者与对话者之间的言语相互作用的形式之一。从广义上来讲,对话则包括不同范围、不同层次的言语相互作用的形式:①人与人之间的现实的、面对面直接大声的言语交际,这其中无论什么样的,任何一种言语交际都涵盖在其中,比如,生活的、认识的、政治的、经济的、文化的、艺术的、文学的等。②书籍、报刊所包含的语言交际因素,这其中既有直接的和生动的对话,又有批评、反驳、接受等语言交际过程中以不同形式组织而成的书面反应:评论、专题报告、调查报告、文艺作品等。③书籍、报刊等印刷出来的言语行为,涉及的内容不只是现代的,而且可以针对历史上的作者本人,还有其他人在不同领域内的过去的行为展开的语言的交流。我们阅读、研究历史流传下来的书籍、报刊以及其他形式,如竹简、石刻等显示言语交际行为的文物,实际就是在同古人、外国人进行言语交际和对话。④扩而大之,其范围包括不同国家、不同民族、不同党派的意识形态对话和种种言语交际行为。

(2) 对话理论的基本追求

具体地说,对话理论有如下一些基本追求。

① 人类生活本身就是对话性的

对话涉及人类生活的各个领域,对话贯穿在不同时代、不同民族人民的思想感情和行为活动的全过程中。人类生活本身就是对话性的。没有语言和话语的联结与沟通,人类的社会生活也就无法维持。用话语来表达思想,交流感情,表现生活,自然就具有对话的性质。"意识的对话本质,人类生活本身的对话本质,用话语来表现真正的人类生活,唯一贴切的形式就是未完成的对话。生活就其本质说是对话的……人作为一个完整的声音进入对话。他不仅以自己的思想,而且以自己的命运、自己全部个性参与对话。"①人也只有在对话中,才能交流思想感情,从事种种社会活动,显示出人之所以为人的本质特性。

② 对话确立了人类精神的联系

对话理论认为,作者与读者的关系,就其本质而言,体现了人与人之间的精神联系,阅读行为也就意味着在人与人之间确立了一种对话和交流的关系。保罗·弗莱雷认为:"只有通过交流,人的生活才具有意义,只有通过学生思考的真实性,才能证实教师思考的真实性。教师不能替学生思考,也不能把自己的思考强加给学生。真正的思考即是对现实的思考,不是发生在孤立的象牙塔之中,而只能通过交流才能产生。"②

巴赫金则认为生活中的每一个个体,都占有独一无二的时间和方位,在世界上的位置都是不可取代的;而另一方面他认为"自我"的存在离不开"他人"。"自我"在"他人"中或者说"自我"在"他人"的话语中认识自我,以达到自我的存在。"我生活在他人话语的世界里。我的全部生活都是在这一世界里定位,都是对他人话语的反应(这反应是极其多样而无穷尽的),以掌握他人话语始(在最初掌握语言的过程中),以掌握

---

① [苏联]巴赫金.诗学与访谈[M].石家庄:河北教育出版社,1998:387
② [巴西]保罗·弗莱雷.被压迫者教育学[M].顾建华等译.上海:华东师范大学出版社,2001:78

人类文化财富终(用话语或其他符号表现的文化财富)。"①

③ 学术、文化在对话中繁荣发展

这里我们不去研究不同时代、民族、国家之间的政治的、经济的、军事的、科学的对话问题,只将话题转到与语文阅读教学密切相关的文学和文学理论的对话上来。巴赫金认为文学理论作为人文科学不同于自然科学。精密科学是独白型的认识形态,而人文科学则是研究人及其特性的科学,它研究的对象不是无声之物,而是有自己个性和声音的人及其活动。因此,人文科学在本质上是一种对话形态的科学。在人文科学领域(包括文学理论研究),"真理只能在平等的人的生存交往过程中,在他们之间的对话中,才能被揭示出一些来(甚至这也仅仅是局部的)。这种对话是不可完成的,只要生存着有思想的和探索的人们,它就会持续下去"②。对话,不仅是我与你的对话,主体与主体的对话,还可进一步扩大为学派与学派的对话。不同学派的对话,可以使理论注入生机,相互补充,共同发展。巴赫金指出:"在科学中没有任何一个时代是只有唯一一个流派存在(不过几乎总有一个流派占据统治地位)。这里根本谈不上有什么折中,因为把所有流派全融合成唯一的一个流派,对科学来说是致命的(如果科学能死亡的话)。"③文学艺术领域存在着不同流派,不仅可以满足不同人群的不同的审美需要,而且有益于文学艺术的发展与繁荣。在文学理论、美学等人文科学领域,创立不同的学派,展开相互之间的对话与争鸣,同样可以促进理论的发展。相反,艺术上和学术上没有流派与学派的存在,则是不正常的现象,久而久之,这种独语式的艺术与学术,就会走向僵化和消亡。

比如古希腊和我国的春秋战国时代都是文化繁荣的时期,就与当时"对话"自由有关。在古希腊,对话的双方完全是平等的、自由的,彼此是相互尊重的,对话者不带有任何个人的成见或偏见,目的都是为了探求真理,使自己的认识更接近于真理。对话不仅是当时学者的一种思维方式和论证方式,而且也是学者之间进行学术研讨、思想感情交流和沟通的主要方式。这样的对话体现了古希腊的学术民主、自由的精神,它有力地促进了古希腊的哲学的发展,学术的进步和文艺的繁荣。古希腊的"苏格拉底对话"对欧洲的对话文化和文学艺术产生了深远的影响。"苏格拉底对话"是在民间狂欢节的基础上成长起来的。它深刻地渗透着狂欢节的世界感受。这种狂欢化的传统,成为欧洲文学发展中一个确定的强大的支脉。"转化为文学语言的狂欢节诸形式,成了艺术地把握生活

---

① [苏联]巴赫金.文本·对话与人文[M].石家庄:河北教育出版社,1998:407
② [苏联]巴赫金.文本·对话与人文[M].石家庄:河北教育出版社,1998:372
③ [苏联]巴赫金.文本·对话与人文[M].石家庄:河北教育出版社,1998:398

的强大手段;成了一种特殊的语言,这个语言中的词语和形式具有异常巨大的象征性概括的力量,换言之就是向纵深概括的力量"①。文艺复兴时期薄伽丘、拉伯雷、莎士比亚、塞万提斯的创作,都直接源于古希腊"苏格拉底对话"的那种狂欢化的世界感受。"文艺复兴,可以说,这是对意识、世界观和文学的直接狂欢化"②。文艺复兴时期的思想家、作家、艺术家,正是借助于这种狂欢化的文化传统——实际是古希腊文化的人文主义传统,将人的意识从长期被宗教独语控制下解放出来,使得人们有可能重新自由地按照新的方式去看世界。这种狂欢化文学传统完全摆脱了哥特式的严肃性,开辟出了一条通向新的、自由的和清醒的严肃性之道路。正是在狂欢节的广场上,在暂时取消了人们之间的一切等级差别和隔阂,取消了日常生活,即非狂欢节生活中的某些规范和禁令的条件下,才形成了"在平时生活中不可能有的一种特殊的既理想又现实的人与人之间的交往。这是人们之间没有任何距离,不拘形迹地在广场上的自由接触"③。狂欢化实质上是一种最自由、最民主、最多样的人与人之间的对话形态,它彻底打破了统治阶级强加在人民头上的种种精神枷锁,将人民从统治者的独语控制下重新解放出来。活跃在19世纪末到20世纪初俄罗斯文坛上的陀思妥耶夫斯基,他创作的复调小说,直接继承了欧洲小说发展中自古希腊——文艺复兴——启蒙运动的"对话路线"。

中国的春秋战国时代,自由的、平等的对话形式,也广泛地应用于各个领域,并记载于不同学派思想家的著作中。作为儒家学派的经典著作《论语》,实际就是用对话的形式写成的。从《论语》中也可看出,当时在教育和学术领域的对话,是充分自由的。对话者之间也是平等的,老师可以批评学生,学生可以批评老师。《论语》中建立起的那种自由、和谐、平等的对话关系,对于儒学的创立与传播,无疑起了积极的作用。在春秋战国时代留下的诸子百家的典籍中,载有多种形式的对话,生动活泼,不拘一格。它涉及人生哲理的探求,治国安邦的方略,军事、政治、经济、文化、外交的对策,修身养性的经验等各个不同的领域和方面。对话人也是三教九流无所不有。对话者之间的关系是平等的、相互尊重的,双方追求的共同目标是事物的真理性。正是通过这样一种自由对话的方式,使当时的思想文化呈现出一派生机的"百家争鸣"局面。

对话发生在主体与主体之间的理解过程之中。"在文学和文艺学中,真正的理解总是历史性的和个人相联系的。"④理解是对话关系的重要构成因素,它贯穿于过去、现在和未来的语境中。今天现代的学者可以对过去

---

① [苏联]巴赫金.诗学与访谈[M].石家庄:河北教育出版社,1998:208
② [苏联]巴赫金.拉伯雷研究[M].石家庄:河北教育出版社,1998:317
③ [苏联]巴赫金.拉伯雷研究[M].石家庄:河北教育出版社,1998:19
④ [苏联]巴赫金.文本·对话与人文[M].石家庄:河北教育出版社,1998:381

时代不同语境中产生的文本进行理解性的对话,同样也可以对不同国家民族在不同时代语境中产生的文本进行理解性对话。人类的文化和文学艺术,正是在这种持续不断地理解性对话与交流中,向前发展的。

巴赫金指出,对话关系具有深刻的特殊性。主要表现两个方面。第一方面,强烈的主体性,表述背后则站着实际的或潜在主体——表述的作者;另一方面,不同于日常生活中的对语。对话关系又不等同于日常生活中的对语之间的关系,它比实际对话中的对语的关系,"更为广泛、更为多样、更为复杂。两个表述在时间和空间上可能相距很远,互不知道,但只要从含义上加以对比,便会显露出对话关系,条件是它们之间只需存在着某种含义上的相通之处(哪怕主题、视点等部分地相通)"①。在某个学术问题的研究中,对比不同的表述、见解、观点,便会在某种含义的"相通之处"产生着对话关系。在文学活动中存在着多种对话关系,不仅作品中的人物与人物对话,而且包含作者与人物,读者与人物,作者与读者的对话,今天的读者与过去不同时代、民族的读者之间,都存在着对话关系。

3. 对话理论与阅读教学

"对话"作为一种人们交流思想和表达情感的方式,早在人类产生之初就已经存在。自俄国文学家巴赫金将其发展成为一种理论之后,"对话"的初始意义被不断地加以丰富。对话理论的影响也逐渐渗透到社会的各个领域。对话理论的发展呈现多样化的趋势。伽达默尔、马丁·布伯、戴维·布姆、保罗·弗莱雷等人都从各自的视角对其进行了较为深入地论述。他们的很多思想观念对阅读教学的发展都有重要的启发意义。如对话理论认为,作者与读者的关系,就其本质而言,体现了人与人之间的精神联系,阅读行为也就意味着在人与人之间确立了一种对话和交流的关系。认为:"只有通过交流,人的生活才具有意义……真正的思考即是对现实的思考,不是发生在孤立的象牙塔之中,而只能通过交流才能产生。"②认为在文学活动中存在着多种对话关系,不仅作品中的人物与人物对话,而且包含作者与人物,读者与人物,作者与读者的对话,今天的读者与过去不同时代、民族的读者之间,都存在着对话关系,强调自由、和谐、平等的对话关系等。

现代对话理论已被许多国家的教育家认同,并吸收到政府制定的母语教育的有关文件中。例如,美国宾夕法尼亚州阅读能力评估咨询委员会给阅读所下的定义是:"阅读是一个读者与文本相互作用、构建意义的动态过程。构建意义的实质是读者激活原有的知识,运用阅读策略适应

---

① [苏联]巴赫金.文本·对话与人文[M].石家庄:河北教育出版社,1998:333
② [巴西]保罗.弗莱雷.被压迫者教育学[M].顾建华等译.上海:华东师范大学出版社,2001:78

阅读条件的能力。"①

英国的英语课程大纲关于阅读的表述是："应鼓励学生做充满热情的、独立的、反思的阅读者。""应指导学生具体深入地思考读物的质量和深度，鼓励他们运用自己的想象力对作品的情节、人物、思想、词汇和结构作出反应。"②

加拿大语文课程标准认为："应该着重强调阅读活动并非仅仅为了获取信息、汲取知识。编排周详的阅读课程，会为学生们提供许多旨在为了愉悦、为了自我发现、自我充实的阅读机会。"③

 专题小结

阅读教学是学生、教师、文本三者之间相互对话的过程，是作者的灵魂唤醒读者灵魂的过程，在这个过程中教师要帮助学生更好地与文本进行交流，让学生在阅读中学会思考，学会成长。

思考与练习

一、填空题

1. 阅读是一种从印的或写的_____中取得意义的心理过程。
2. 阅读教学包含三个要素：教师、学生、_____。
3. 新课标要求第三学段课外阅读量不少于_____。
4.《学记》提出了"道而弗牵、_____、开而弗达"的启发教育原。

二、判断题

1. 阅读教学是教师教给学生文本内容的过程。（　　）
2. 真正的阅读应该建立在对话理论的基础上。（　　）

三、简答题

1. 阅读教学中实现学生主体性的途径有哪些？

2. 如何理解阅读？

---

①②③　倪文锦.语文课程标准解读[M].武汉：湖北教育出版社，2002：54

四、论述题

1. 结合实践谈谈阅读的重要性。

2. 阅读与阅读教学的区别是什么?

3. 当今阅读教学的新思潮有哪些?

专题二 阅读教学的策略

专题导读

在了解了小学语文阅读教学的重要性与阅读教学的一些新思潮之后,我们将在本专题中探讨小学语文阅读教学中可具体应用的策略有哪些。掌握这些具体策略,将有利于教师指导自己的阅读教学实践,帮助学生掌握正确的阅读方法,养成良好的阅读习惯。

一、培养学生的阅读兴趣

许多中小学生不愿阅读,或对读书缺乏动力,重要原因就是缺乏读书的兴趣。能不能为兴趣而阅读、重不重视阅读都会影响他们未来的阅读习惯。如果学生长期在没有阅读兴趣的情况下阅读,势必会挫伤他们的阅读积极性,使他们的阅读能力退化。学生没有阅读的兴趣是因为在学校,老师安排学生读课外书,书的内容大多与考试有关,老师希望学生通过阅读提高考试成绩;在家里,家长让孩子背唐诗宋词,目的是丰富孩子的知识,提高写作能力;还有,学校一开展什么活动,就会要求学生读相关主题的书,目的是为了增强教育效果。

其实,阅读也是一种十分有乐趣的活动。不可否认,对学生来说,目标阅读十分必要,但仅有目标阅读是远远不够的,还必须要有单纯为了享受阅读的乐趣而进行的阅读,就如加拿大语文课程标准提出的"为学生们提供许多旨在为了愉悦、为了自我发现、自我充实的阅读机会"。因此,最大限度地尊重和保护学生的阅读兴趣,鼓励学生为阅读的快乐而阅读不容忽视。

二、让阅读成为一种习惯

让阅读成为学生的一种习惯非常重要。成为习惯也就成了一种生活方式，成了自觉的、轻松的行动，而不是一种被迫和一种任务。

阅读的习惯要靠家长和教师来共同养成。

典型案例 3

曾经有位老师这样回顾自己阅读习惯的养成和她如何培养学生的阅读习惯。

自己是爱看书的，尤其爱读文学作品。这得益于我的父母喜欢看书，为我营造了一种良好的阅读氛围。

我印象中家里总是静的，妈妈喜欢《小说月报》、《十月》、《中篇小说》这类的杂志，一直订阅，直至延续到我至今仍是它们忠实的读者；爸爸喜欢武侠小说和半文言的章回小说，还有人物传记，所以虽然我是女生，但也是梁羽生、金庸、古龙的书迷。我家吃饭时应该是"不讲究"的，一人一碗饭，一本书，所以，每次吃饭总要吃很久。

我们都有个习惯，看书要一口气看完，否则撂不下，干什么都想着。所以，导致睡觉时辗转反侧，等着父母房间的灯熄了，才躲在被窝里打开手电筒开始"大快朵颐"，也才有了今天六百多度的近视眼（这是阅读唯一带给我的"坏处"），也才有了假期看书到窗外晨曦初起时我才舒心而睡。

所以，我一直觉得，阅读的氛围应该首先是家庭营造的。总有家长对我说：我的孩子不喜欢读书。我在表示自己会努力培养学生的阅读习惯的同时，总在心里说，您的家里一定没有给孩子营造一种阅读的氛围。

作为语文教师，我深深体会到读书的好处：爱读书的孩子，"教"起来好轻松！可坐享其成的事哪有那么多？单靠家庭教育就养成良好阅读习惯的孩子更是凤毛麟角。那我们的学校教育如何营造良好的读书环境呢？

不同的年级有不同的做法。

今年我教三年级，这些小不点儿认的字不多，有注音的读物他们又懒得读，那就先让他们"听读"吧。

开学后第一个月，我为孩子们读亚米契斯的《爱的教育》（小学生读本，内容经过删减，简单一些），每节语文课前几分钟都用来读其中一个小故事。孩子们爱听,甚至有时因为外出学习耽误一两节课,回来后,孩子们会向我讨债:要把落下的故事补上。再后来,我发现,我读书时,他们好些听得不认真了,原来他们着急,自己买了《爱的教育》,甚至还和同学炫耀自己知道的下情。

《爱的教育》正好用了一个月读完了,第二个月开始朗读,语文课前琅琅的读书声是我所向往的。就读和教材同步配套的读本《落满霞光的竹林》,现成的资源不利用,太可惜了!先表扬听到预备铃就拿出书、翻好页的孩子,让他领读,渐渐地,当我故意晚到教室一会儿时,走在楼梯上走廊里就能听到我那可爱的孩子们的琅琅书声了,真好听!

第三个月,开始我的"老把戏"——静悄悄的五分钟读书。拿自己喜欢的书来读,但必须安静。我知道有些孩子是在"装模作样",但又何妨,在这么宁静的环境下,他装上几天没意思了,肯定也是要读的嘛,特别是我还经常故意表扬一下:刚才某某读书真认真,老师觉得他刚才读书的样子最可爱了。他还好意思总"装模作样"吗?

前几天,我和孩子们算了一笔账:不算自己回家和课间读的书,单是我们每节语文课上利用开始几分钟时间,我们已经读了三本书了。看着孩子们自豪的小脸,我继续给他们展示将来美好的"前景":下学期,我们要用一个月时间背古诗,一个月时间讲成语故事,一个月时间读报,以后,我们还要……

我相信:阅读需要氛围,这氛围需要营造,哪怕每次时间不长,但只要坚持,阅读就会成为一种习惯。[①]

三、尊重阅读个性,加强人格熏陶

教师必须充分认识到"阅读是学生的个性化行为",要做到"尊重阅读个性,加强人格熏陶"。一定要让学生真正有味地读书,享受其中的乐趣,并产生自己独到的见解,在读书的过程中发展能力和个性,丰富情感和心灵。

典型案例 4

美国电影《春风化雨》中,英语教师基丁的教学在这方面给我们以深刻的启发。一位大学生在看了这部电影后,写道:

他在教学诗歌的序言时,序言中有位权威的博士写道:要理解

---

① 周萍.阅读需要氛围 阅读是种习惯.http://blog.cersp.com/16701/220221.aspx

诗歌首先要理解诗歌的格调、韵律和修辞手法。然后提出两个问题：诗歌的主题是如何艺术地实现的,和该主题的重要性。对于传统的权威基丁老师不屑一顾,认为这位博士讲的是屁话,立即让他的学生把序言部分的内容撕掉。认为这种学习方法只会毒害学生。他让学生自己学会欣赏文字和语言；知道诗歌是自己激情的抒发,是感受生命和自我的存在。把诗歌与生活联系在一起,从诗歌中体会生活,生活就是诗歌。诗歌并不是那些枯燥乏味的韵律、格调。他对他的学生说："诗歌、美丽、浪漫、爱情,这些才是我们活着的意义。"也引用威特蒙的一句话："因为伟大的戏剧在继续,因为你可以奉献一首诗。"这些都让学生懂得诗歌是属于自己感情的表达,是生活的描述。由此我联想到我们现在的语文教学同影片中诗歌的传统教法一样的枯燥、乏味。联想到自己学习语文的痛苦经历。我喜欢读小说和散文,但一直以来最害怕的科目就是语文,我讨厌老师让我分段落和归纳中心思想以及课文所用的修辞手法和它们的作用。这些都让我感到十分的头疼。而现在这种教学方法还普遍地存在。它在继续毒害着一代又一代的学生。为什么我们的语文课不能像基丁老师上的那样,让学生有着自己的思考和理解,把语文学习融入生活？我们的语文教学也应该跳出传统的框框,让生活与语文相连,让语言的学习与文化、精神两者结合起来。激发学生学习语文的兴趣和热情。

基丁老师对学生价值观的引导。有两个情节让我无法忘怀,一个是基丁老师让学生站在讲台上时刻提醒自己用不同的眼光看事物。他说："一旦你觉得自己懂得了什么,就换一种眼光看,这或许会感到荒唐或愚蠢,但必须试一下。同样,读书的时候,不要想着作者怎么看,要想想自己怎么看。"另一个是他叫三位学生在庭院里走,他们从刚开始步伐不一致到最后的步伐一致,甚至其他的同学也随着有节奏地拍手。他通过这种现象告诉学生顺从的危害,告诉他们人总有自己的步伐和信仰。要坚持自己的信仰和与众不同的性格。找到自己的路,找到自己的步伐,要逆流而上。

这两个情节都是基丁老师对他的学生价值观的引导,教会他们有自己的个性；有自己看法不盲目顺从；找到真正的自我……

而我们传统的教师只会教给学生一些书本的知识,从来没有想到学生的价值观树立和他们对事物的不同看法。就像我们的语文教学,对课文教师只会让学生定在同一种理解。语文是一种精神的食粮,要让我们的学生从中学到语言之外,更应该让学生从中获得文化底蕴的熏陶和价值观的树立。而不是学会对课文中心思想的概括和修辞这些方面。让学生对具体问题学会思考,自由地思考,有着自己的见解。①

四、设计阅读情境

我们可以利用影视录像、录音、实物、模型、课件等创设情境,特别是课件对情境创设效用最明显。它可以将属于过去或未来的时空拉到现在,可以将抽象变为具体,将静态变为动态,帮助学生领悟课文。如《草原的早晨》一课,为了加深学生对草原美景的感性认识,使学生受到美的陶冶,我们可以在课件里播放蔚蓝的天空下,一望无际的碧绿的大草原上,几个健壮的蒙古族牧民骑着高头骏马,自由自在的放牧这洁白的羊群。和着优美的画面,播放悠扬的背景音乐:"蓝蓝的天上白云飘,白云下面马儿跑,挥动鞭儿向四方,百鸟齐飞翔……"学生入情入境受到了美的陶冶。

除此而外,我们还可以利用角色表演来创设情境,角色表演既可以由几个同学演给全班同学看,也可以在小小组里分角色表演,这样即满足了学生的表现欲,又加深了学生对课文内容的理解。例如《蘑菇该奖给谁》、《小松树和大松树》、《这儿真好》、《做什么事最快乐》、《蚂蚁和蝈蝈》、《乌鸦喝水》、《春笋》等都可以进行角色表演,创设情境,帮助学生体悟课文。

五、寻找话题,实现"对话"

阅读是一个对话的过程。阅读不是一个单向活动,不单是学生的读,或单单是教师的教,而是一个学生与文本、学生与教师、学生与学生多边交流对话的过程。所以,教师要鼓励学生结合自己的学习经验、生活体验感知课文,理解并寻找自己最感兴趣的话题,然后,组织并引导学生围绕自己感知的话题进行充分的交流。由于学生阅读的个体差异性,决定了他们认识探究上的差异性。他们对话题的看法、结论不尽相同,这就要求教师弥足珍视这些差异性,让他们在交流中进行充分地对话——与文本对话、与教师对话、与同学对话,在相互尊重的基础上取长补短、相互激发,以取得对问题丰富而深入的认识。在这样的对话中,让学生阅读的个性得以充分地张扬,并得以提升健康的人格情感:欣赏自我、欣赏别人、相互尊重、合作交流。

例如,《黄河象》是小学语文教材中的一篇传统课文。文章介绍了一具高大、完整的黄河象化石的情况,对化石的形成缘起进行了推想,并交

---

① 选自华南师范大学教育科学学院2004级本科生黄五刁作业"从《春风化雨》联想到语文教学"。

代了发现化石的经过。窦桂梅老师抓住课文中"假想"和"推想"两个关键词,采用角色转换的形式引领学生与文本展开对话。首先研究"推想"。为了鼓励学生进行"自主学习",在不知不觉中开始自主学习课文,教师进一步引导:"我们这些小科学家,一会儿要进行想象和推想,你们说,应该注意些什么?应该有怎样的科学态度?"往日调皮的孩子在窦老师的课堂上都变得特别懂事:"要特别认真"、"我会做到细心"、"仔细观察"、"还要有坚强的毅力,遇到难题绝不退缩"。听听,五年级的孩子说得多好啊!本该教师强调的学习态度变成了"小科学家们"的"自律"。这种设计的巧妙之处在于角色转换把课文的内容变成了学生的推想,孩子们真正在课文中走了一趟。

接下去,窦老师领着孩子们进行"假想":"现在你不是科学家了,而是个小作家。听了科学家的推理假想之后,要是让你写的话,你会怎样写?你非得停留在课文作者的那种写法上吗?"学生兴奋地跃跃欲试,提出了几种调整文章结构的方案。教师没有提什么顺叙、倒叙、插叙,没有提什么续写、扩写、改写,但是,学生却自然而然地运用了这些方法,因为"作家"的角色让他们兴致勃勃地投入到了"创作"之中。这样,从内容到形式,从态度到知识,学生在"科学家"和"作家"两种身份的切换中经历了一次快乐的学习之旅。

如果仅仅有这些,这堂课似乎还缺少点儿什么。在学生说出了调整文章结构的几种方法之后,窦老师提示:"从内容上考虑,有没有创新的想法?"——"假想"在这里又插上了翅膀。

开始,学生一时之间似乎还没回过神来,她就进一步启发:"假如我也是作家的话,我就想带着批判的眼光来看,有的想象可以超越原作者。例如,难道这个黄河象仅仅是为了喝水才掉进河里去的吗?"学生开始渐入佳境:"也可能是两群大象争夺领地,一方追逐另一方,不小心陷进去了。"教师乘机"扩大战果":"在北京的古生物博物馆里,黄河象的尾椎是假的。这就给我们一个假想推理的空间,它的尾椎哪里去了呢?小组合作,大胆创编!"学生的思维火花就这样被点燃了:"两头公象争夺地盘时被对方咬掉的"、"母象救公象时用鼻子牢牢地卷住公象的尾巴,一使劲拉断了"。就这样,在老师的循循诱导下,学生的理解很到位,思路通畅开阔,想象丰富合理,语言表达清晰流畅。同时,学生学习情绪高涨,气氛热烈,取得了理想的教学效果。[①]

六、用教师的阅读影响学生

仅仅是课堂上的阅读和讲解,对学生阅读的影响力是有限的,而教

---

① 窦桂梅教育教学艺术系列报道[N].中国教育报,2005-03-01(第8版)

师自身对阅读的热爱对学生的影响却是深远的。老师要以身作则,做一个读书爱好者,以此影响学生热爱读书,并引导学生读书。

教师对阅读的热爱最能激发学生读书的热情,教师的指导,最能影响学生阅读的视野。如清华大学电子工程系的伏虎同学毕业于青岛二中,作为全国奥林匹克生物竞赛的冠军被保送上清华。回忆起中学时代的阅读生活,博览群书的伏虎最想感谢的是初中的语文老师张基华和高中的物理老师杨昉。

伏虎说,读书方法上,初一时张基华老师给我们打了很扎实的基础。张基华老师水平很高,教我们时已经快退休了。他要求我们定期做读书笔记,以摘抄为主,既要有"批",又要有"评",格式是"摘抄＋点批＋总评",要让人明白你为什么摘抄这一段,要留下你思考的痕迹。在阅读倾向上,张老师注意引导我们阅读有文化含量、哲理意味的书籍,阅读有深度的文章。应该说当时对张老师的话我没有完全听懂,而且像大多数同学一样,我更注重的是提高学科成绩,想得高分,并没有想到有意识地追求人文素质的完善,读书处于一种得过且过的状态。现在回想起来,遇到张老师这样重视读书、重视培养学生读书习惯的好老师,真是我们的幸运,我们同学中好读书的同学,几乎都受过张老师的熏陶。张老师会不时抽查我们的摘抄笔记,写下他的评语和建议。摘抄笔记做得好的,张老师会写好多评语,会在语文课上讲评、表扬。遗憾的是我当时对这个不是很重视,和老师交流的机会很少。记得最后一次笔记上张老师给每个人都留了评语,给我的是"坚持读书笔记的好习惯,你会受益终生"。走进大学的校门,回望自己走过的阅读之路,深感张老师的引导太重要了。

到了高中,伏虎平时看得比较多的是科普书,特别是那些有思想的科普书。可惜图书馆里能解渴的书不多,于是,毕业于北师大的物理老师杨昉的书柜就成了伏虎定期光顾的地方。伏虎说:"在读书方面,对我影响最大的是杨老师。杨老师书看得特别多,而且范围不限于理科,视野非常广阔。他的办公室有一柜子书,那只是他藏书的冰山一角。杨老师常在课上向我们推荐好书,《时间简史》《可怕的对称》就是他推荐的,还有达尔文讲进化论的《黑匣子》,讲复杂理论的哲学书《复杂》。后来我和杨老师成了好朋友,我发现了好书也会推荐给他看。"

杨老师常说,从书中受到科学方法的启发,比获得科学知识更重要,读科普书的过程应该是和科学家对话、不断被思想的火花点燃、不断迸发自己的"奇思妙想"的过程。青岛二中在读书趣味上受杨老师影响的学生不只我一个,相信他们也会记得杨老师的这些话。[①]

其实,任何一个中学都有一些喜欢阅读、喜欢思考、喜欢有文化含量

---

① 杨咏梅.老师的阅读引导:披荆斩棘的快刀[N].中国教育报,2004-02-12(第6版)

和哲理意味的书的孩子,任何一个孩子都有阅读、思考的需要,如果他们能遇到张基华和杨昉这样以引导孩子读好书为天生责任的好老师,这种需要就能开出芳香绵长的阅读之花。这朵花的芳香,将弥漫他的整个人生。

七、善于运用阅读中的探究性问题引导学生进行更充分、更深入的阅读

学生围绕探究性问题,借自己个体的经验,从不同层面、不同角度进行发散探究往往是学生学习、认知,作更深层的思考、研究的起点。例如《社戏》一文,为什么"迅哥儿"难忘那夜并不尽兴的社戏和再也没有吃到那夜似的好豆?教师提出这个探究问题,让学生阅读、感悟,从不同角度探究"豆好吃的问题",学生就有不同的个性发现:①夜深时间久了,肚子饿时吃滋味好。②偷来的,别具一番滋味。③人多,抢着吃;少吃多滋味。④劳动成果的分享,特别有滋味。⑤六一公公家的豆没有阿发家的大。⑥乐土乐事。再如,为使思考更深入,阅读更具个性,教师又设计了甲乙两组相对照的阅读探究问题。如下:

甲:①在小村里,一家的客,几乎也就是公共的。②阿发摸了一回,说:"还是偷我们的吧,我们的大得多。"③不料六一公公很激动地说:"我还要送些给我们的姑奶奶尝尝去……"

乙:①"哈,不认识了吗?我还抱过你呢!"一种尖利的怪声使我愕然了,只见她显出鄙夷的神色,"忘了?这真是贵人眼高……"②"迅哥儿,你阔了!你现在出门大轿,又三房姨太太。吓!什么都瞒不过我。"我无话可说。只见她慢慢向外走,顺便将我母亲的手套塞在裤腰里出去了。学生又再次从多个角度思维探究出迅哥儿不同时间、不同地点所遇到的民情、民风的特点等。最后,又注意让学生从文本走向生活,以"乡情觅风"为话题进行综合实践的探究。鼓励学生在自己的生活中去观察、阅读、对话,做个生活中的有心人,而激发并培养自己热爱生活的情感。①

专题小结

小学语文阅读教学的主要策略有以下七点:①培养学生的阅读兴趣;②让阅读成为一种习惯;③尊重阅读个性,加强人格熏陶;④设计阅读情境;⑤寻找话题,实现"对话";⑥用教师的阅读影响学生;⑦善于运用阅读中的探究性问题引导学生进行更充分、更深入的阅读。

---

① 彭达.张扬阅读个性 构建完美人格[C].2004常州中语会第十四届年会交流论文

拓展阅读 1

本章结束时，我们选取刘铁芳教授的一个报告发言："以阅读开启心智"，作为"阅读教学"部分的拓展阅读。以此作为对本章的一个生动诠释。

以阅读开启心智[①]

诗人王家新曾谈到他的一段经历：

我曾在欧洲快车上遇到一位埋头阅读尼采、知道我是中国人后又兴奋地用英文背诵孔子语录的女士，我以为她是什么文化人，后来才了解她原是瑞士的一位理发师；我还在德国认识一位"杜甫迷"，他不仅热爱杜甫的诗，还曾为此前往中国数次，带着一本中国历史地图册，追寻杜甫当年的足迹。然而这并不是一位"汉学家"，他只是一位普通的中学化学教师！所以，我理解了在欧洲何以会产生像叶芝、里尔克、普鲁斯特这样的作家和诗人，因为它的文明已发展到这种程度。当然，欧洲早已不是什么"高雅"或"精英"的一统天下，然而，无论受到怎样的大众消费文化的冲击，它也不会愚蠢到仅仅以"市场"来做价值判断的标准，更不会出现像目下中国文坛上这样无聊、恶俗的炒作。因为就整体而言，那里的"人民"仍处在良好的文化修养的引导下。（王家新：《汉语的未来》）

一个理发师、中学教师能大段地背诵尼采、谈杜甫、里尔克如数家珍地社会一定是一个文明的、高教养的社会。在世界大家庭之中，犹太民族是一个以高教养著称的民族，全世界富有者中，40%是犹太人，犹太民族占世界人口不到0.2%，却包揽了15%的诺贝尔奖；以色列人口只有680万，人均国内生产总值、人均生活指数以及人均科技人才指数，却都跻身世界前列。支撑这个奇迹的一个重要因素，正是以色列完善的教育与文化机制。他们读书态度近乎宗教，他们也绝不允许把书踩在脚下，孩子刚生下来，就用蜂蜜涂在书上，让孩子舔，意思是读书才能甜蜜。面积与我国北京相仿的以色列有设备齐全的图书馆100多个，全国出版各类杂志近1200种。在这个人口仅680万的国家，小至几百人的基布兹，大至特拉维夫这样的时尚都会，均建有环境高雅、藏书丰富的图书馆或阅览室。据联合国教科文组织1988年的一次调查，以色列14岁以上的人平均每月读一本书，平均读书量居世界第一。热爱

[①] 本文根据首届河南最具成长力教师颁奖典礼暨破译专业成长的密码观摩研讨会上的刘铁芳教授发言部分整理，出版物见：中国教师[J]. 2010(21)。

学习、崇尚读书在以色列蔚然成风。周末午后,漫步风光秀丽的特拉维夫海滩,人们不难发现,除了嬉水的泳客,更多的是躺在海滩上读书的本地人,其中既有中老年人,也不乏皮肤呈古铜色的年轻人和比基尼女郎。①

从表面上,当代世界各国的大比拼是经济、科技的大比拼,但深究其里,则是社会整体教养水平的大比拼,是社会整体文明程度的大比拼,是国民综合素养的大比拼。晚唐诗人章碣《焚书坑》:"竹帛烟消帝业虚,关河空锁祖龙居,坑灰未冷山东乱,刘项原来不读书。"马背上打天下、你方唱罢我登场的时代毕竟早已经过去,我们今天社会的发展进步需要实实在在地建立在文明与知识的积累之上,阅读因此也就成为提高国民素养的一个十分重要的方面。

社会教养水平的提高决不是来几个运动、搞几场轰轰烈烈的学习就能够解决的,恰恰这样的学习运动越多,越会降低人们学习的兴趣,越不利于社会整体教养水平的提高。我们经常谈论的社会道德现状的诸种问题以及道德教育实效性的低迷,原因何在?原因当然是多样的,但有一点是清楚的,社会整体道德素养的提高必须建立在知识的底架上,以知识来照料人的心魄,照亮人心的知识来源于广泛而持久的阅读,来源于现时代的个体能从人类、民族数千年文明演进的过程中所积淀起来的文化火种中不断地汲取养分。我们之所以作为现代人,不仅仅是因为我们生活在现时代,更是因为我们站在人类过去数千年文明史的巅峰,我们不仅充分享受着人类长期发展起来的物质文明的累累硕果,我们同样有着无穷的足以滋润个体人心智的文明,正是凭借它们,才使得我们离荒蛮越远,离美好的人性越近。培根说得精彩:"读史使人明智,读诗使人智慧,演算使人精密,哲理使人深刻,伦理学使人有修养,逻辑修辞使人善辩。"广泛的阅读让我们在增进人生的智慧与修养的同时,也增进我们作为人的尊严。

先人有言:"沧浪之水浊兮,可以濯吾足,沧浪之水清兮,可以濯吾缨!"静静地阅读,在书林中漫步,用书香来洗涤人世的纷扰,让人面目清新,所以宋人黄庭坚这样说,"三日不读书,便觉面目可憎"。三日不读书,便觉世俗生活的尘埃积淀。当代生活的过于世俗化,导致人心的肤浅与个体精神的平庸。持久的阅读会让我们从源远流长的历史典籍中找到心灵的眼睛,足以引导个体穿越心灵的迷雾,面对现实的浮华而得以从容安顿自己的人格与精神于栖居之所。一个不读书的人其精神世界是狭窄的,是否读书跟他

---

① 陈腾华.为了一个民族的振兴——以色列教育概览[M].上海:华东师范大学出版社,2005:15

是否大学毕业没有关系，书才是真正的大学，才是让人精神成长的家园。

2004年，中国出版协会做了一项调查：我国有45%的家庭无一本藏书，无一个书柜；韩国有96.8%的家庭平均有500本以上的藏书。但恰恰我们的阅读现状堪忧。由中国出版科学研究所组织实施、每两年进行一次的"全国国民阅读与购买倾向抽样调查"报告显示，通过三次追踪调查发现，五年来，我国国民的读书率持续走低。以识字者总体样本计算，2003年比1998年下降了8.7个百分点，其中城镇居民下降了7.8个百分点，农村居民下降了9.6个百分点。生活节奏紧张，没有时间阅读成为国民阅读率总体下降最重要的原因。在基本不读书的人群中，选择没时间读书的人为50.6%，超过了一半。没时间读杂志的比例也在提高，有32.3%的人是因为工作学习太紧张，没时间读杂志。我国国民中有读书"习惯"的读者大概只占到5%左右。据《深圳晚报》在2004年年底对深圳市民读书情况调查，约有36%的人"读书越来越少"；普遍在中学和大学期间读书最多，参加工作后，读书又少又专；30岁以上的人读书开始明显减少；40岁以上喜欢读书的人更是少得可怜，40~50岁这个年龄段喜欢读书的人只有1%左右。

当人们忙于生计，追名逐利，沉溺于感官娱乐以消解内心的劳碌之时，人心变得越来越浮躁。实际上，浮躁的心向几乎环绕着我们日常生活的方方面面。从大众媒体的喧嚣，到各种缺少文化品位的建筑空间，从被各种效率性数字统治的学习、工作，到被商业叫嚣所主宰的日常生活，置身其中，我们几乎找不到人生的东南西北。这时候，我们真的需要一方平静的书桌，在那里，让我们静静地穿越时空，去与古今中外我们心仪的诸多智者、仁者、趣者、谐者交流对话；在那里，智慧之光沐浴着我们的精神麦地，我们的心灵得以自由地呼吸。

记得林语堂曾有一句妙语，"太阳虽好，总要诸君亲自去晒，别人却替你晒不来"。照亮个体人心的阅读必须是个人性的、非强迫性的。这意味着阅读兴趣与趣味的培养就十分重要。阅读兴趣从何而来？来自家庭和学校教育的影响。如果我们要寻找今天的仍然以应试为中心的基础教育的问题，那么我以为其中至关重要的问题之一，就是我们让一个人虽有十多年的读书经历，却没有很好地培养他们的阅读兴趣和阅读习惯，以至于那些受应试教育痕迹愈深的人愈缺少个人阅读的兴趣。

学校教育需要宽厚的文化支持，无论教师的教育教学艺术是多么高明，以课堂为中心所提供的教育影响对于一个人精神品格的发育总是十分有限的。正规的学校教育为个人的发展提供方向、方法等骨架式的影响,个人自觉而广泛的阅读则为个人的全面发展提供充足的血肉式的精神滋养。缺少了宽厚的阅读的支持,个人的发展必然是单薄的。缺少了温情血肉的支撑,个人完全可以在以成功为基本价值取向的社会中崭露头角,但人性的发育却难免有几分粗糙、荒疏。人之无文,行之不远。

尽管我非常的关注学校教育,但我总是固执地认为,学校教育对于一个人的发展影响是利弊俱在的,特别是在当前这种高度体制化的教育背景之中,学校教育对于人的个性发展确实害处不少。那么,我们可以通过什么途径来弥补学校教育的这种缺失呢?一个重要的方式就是学校教育需要给个人的自由阅读提供可能的时间与空间,并且提供必要的引导。学校教育不能给予学生的,就应该想方设法开辟学生的自由空间,让学生的自主学习与发展真正成为可能。如果从这个视角而言,我们的教育改革在关注如何积极有为地教给学生各种知识、能力的同时,是否也该从课程设置(比如开设阅读性的课程,像广西教育出版社出版的《新语文读本》就是很好的阅读文本)、教学引导(比如在教学中注重开放性问题的设计,引导学生富于探究性的个人阅读)、制度设计(比如仿效英法等国,给中小学生设计必要的阅读要求,并从学校课时、教学资源等方面予以保障)等诸方面给学生以自由阅读所需的时间、空间与制度的保障,使得学生个人性的、非功利性的阅读真正成为可能?

伟大的教育者都是伟大的读书者

我们今天的教育确实需要经典,因为教育的根基太浅。那么,我们怎样打好教育的根基呢?我认为,要增加经典对孩子的感染力。为此,首先要弄清楚什么是经典,因为我们容易出现一种认知倾向,一说经典就是四书五经。经典当然包括本民族的传统文献经典,同样还包括世界各国的优秀文化成就。如古典音乐,就是一种古典的教育形式,同样是一种经典文化形式的代表。所以,一方面,我们要理解经典的内涵;另一方面,我们要拓宽界定经典的视野。

今天我们之所以需要经典文化,就是要立足于提升人性,以经典来启迪人性。美国前总统尼克松有一句名言:"所有我认识的伟大的领导者几乎全都有一个共同的特征,那就是:他们全部都是伟大的读书者。"在这个意义上说,所有伟大的教育者,都是伟大的读书者。读书是提升我们生命境界的最重要的途径。对于学生来说也是这样的,我们要培养学生的阅读兴趣,培养学生对于经典文化的欣赏、学习喜好。

今天，我们教育中一个很大的问题就是我们的学生，包括本科生、研究生，都缺少一种接受经典、阅读经典的习惯和能力，这其实是阅读趣味的问题。我们要培养孩子们从小就具有一种纯正的阅读趣味和兴趣。一个人的阅读兴趣一开始就被弄坏了，以后再校正是非常困难的事情。说到经典阅读，我想推荐一套非常好的教材，那就是钱理群先生编辑的一套《新语文读本》，沿着这本书所提供的阅读轨迹有选择地进行阅读，我觉得对孩子们的生命成长是一种非常好的引领。

我认为阅读是人获得教养的途径，阅读是我们这个时代提升人性的最重要、最根本的一个形式。一个人的教育程度有多高，你就看他家里藏了多少书，藏的是什么书。我们的阅读水平远远落后于发达国家，所以我们社会文化心灵层面的现代化进程还需要很长的时间。这种状况与我们缺少阅读是分不开的。在这个意义上说，培养孩子们良好的阅读习惯和阅读趣味是非常重要的。

这里我讲一讲南非前总统曼德拉的故事。我觉得他是当今社会人格最伟大的人之一。他在长期被关押的监狱生活里做了两件很有意义的事情。第一件事情，在他看来，监狱是最没有人性的地方，他要改变监狱，使监狱尊重人权，尊重人性。他是怎么做的呢？面对监狱长，任何时候他都笑脸相迎。只要监狱长站在不远处，曼德拉总是用友好的姿态和和蔼的言语问候他，也不会忘记问候他的太太和孩子。一年又一年，监狱长换了多个，曼德拉总是如此。有的监狱长也不拒绝这种问候了，甚至会告诉曼德拉自己太太和孩子的近况。对于狱警，曼德拉也认为"所有的人甚至监狱里的狱警，都可以改变。所以我们要尽最大努力，设法让他们改变对我们的看法"。曼德拉日益体会、体验了人类生活中的一个奥秘：人的心灵深处都隐藏着正面而又善良的人性的种子，哪怕是在表现得最为凶恶的人群里也隐藏着这颗种子，只要有恰当的机缘，这颗种子就能够苏醒发芽。

第二件有意义的事情就是把监狱改造成为"大学"。他在监狱里参加各种各样的函授学习，并鼓励狱友们同样参加这样的学习。他后来被授予剑桥大学的荣誉学位，还有很多大学都授予他荣誉学位。这些都是名至实归。

这就是曼德拉人性闪光的地方。我想，对于学校而言，对于我们教师而言，曼德拉的故事应该是很有启示意义的。监狱尚能如此，何况学校呢？

"读史使人明智，读诗使人智慧，演算使人精密，哲理使人深刻，伦理学使人有修养，逻辑修辞使人善辩。"广泛的阅读让我们在增进人生的智慧与修养的同时，也增进我们作为人的尊严。我们今天社会的发展进步需要实实在在地建立在文明与知识的积累之上,阅读因此也就成为提高国民素养的一个十分重要的方面。

当代生活的过于世俗化,导致人心的肤浅与个体精神的平庸。持久的阅读会让我们从源远流长的历史典籍中找到心灵的眼睛,足以引导个体穿越心灵的迷雾,面对现实的浮华而得以从容安顿自己的人格与精神于栖居之所。

思考与练习

一、填空题

1. 许多中小学生不愿阅读,或对读书缺乏动力,重要原因就是缺乏读书的_____。

2. 培根说:"读史使人_____,读诗使人_____,演算使人精密,哲理使人深刻,伦理学使人有修养,逻辑修辞使人善辩。"

3. 阅读不是一个单向活动,不单是学生的读,或单单是教师的教,而是一个学生与文本、学生与教师、学生与学生_____的过程。

二、判断题

1. 仅仅是课堂上的阅读和讲解,对学生阅读的影响力是有限的,而教师自身对阅读的热爱对学生的影响却是深远的。( )

2. 教师教给学生具体实在的书本的知识,比学生的价值观树立和他们对事物的不同看法更为重要。( )

3. 从表面上,当代世界各国的大比拼是经济、科技的大比拼,但深究其里,则是社会整体教养水平的大比拼,是社会整体文明程度的大比拼,是国民综合素养的大比拼。( )

三、简答题

1. 怎样培养学生的阅读兴趣?

2. 教师应如何设计阅读情境?

3. 怎样运用阅读中的探究性问题引导学生进行更充分、更深入的阅读？

4. 阅读经典对教育的作用有哪些？

四、论述题

1. 试论述小学语文阅读教学的主要策略。

2. 为何说伟大的教育者都是伟大的读书者？

推荐书目与文章列表

1. 浙江师范大学教育科学研究所.面向未来的教育探索[M].北京：人民教育出版社,1998
2. 鲁迅.看书琐记(《鲁迅全集》第五卷)[M].北京：人民文学出版社,1981：531

第十一章
写作教学

作文,顾名思义,就是写文章。在语文教学中,通过写作教学,让学生经常作文,以锻炼写作能力——即用文字来表达所要表达的事物,如叙事、写景、抒情,或者发议论等,这对提高学生的写作水平是不可缺少的。写作教学是语文教学中的重点之一,也是难点之一。

本章首先阐述了写作的含义,然后介绍小学各学段的习作目标,最后阐释了写作教学的基本策略,帮助大家进一步理解写作教学的内涵,提高写作水平。

 学完本章,你将能够:

1. 解释写作的基本内涵;

2. 了解小学各学段的习作目标;

3. 掌握写作教学的基本策略。

专题导读

究竟什么是写作？应当如何实施？或许大家心中都存在着这样的疑虑，接下来我们就一起来了解写作教学的内涵及其基本的教学策略。

专题一 写作教学概述

一、写作的概念

我们首先要解释的是，语文课程标准中写作的阶段目标部分，第一学段称为"写话"，第二、第三学段都称为"习作"，到第四学段才称为"写作"。目的是降低义务教育阶段写作的难度。在低年级要紧的是让学生敢于写，而不必过于强调口头表达与书面表达的差异，应鼓励学生把心中所想、口中要说的话用文字写下来，消解写作的神秘感和中小学生普遍存在的写作恐惧心理，让学生保持一种放松的心态。所以《语文课程标准》在低年级用"写话"来淡化作文意识，在中高年级用"习作"来初步体现作文意识，到初中阶段才称为"写作"。但这里，我们基本上还是用习惯的提法"写作"来阐述。

什么是写作呢？我们可以这样来理解：写作是学习语言文字运用的一种方法；它是考查思维与文字表达能力的一种手段；它是使用任何一种语言的人们陈述事实、抒发情感、表述观点的必要方式。它是每个人的内心需要——不管是用哪一种语言。

二、小学各学段的习作目标

1. 第一学段（1～2年级）[①]

（1）对写话有兴趣，写自己想说的话，写想象中的事物，写出自己对周围事物的认识和感想。

（2）在写话中乐于运用阅读和生活中学到的词语。

（3）根据表达的需要，学习使用逗号、句号、问号、感叹号。

2. 第二学段（3～4年级）[②]

（1）留心周围事物，乐于书面表达，增强习作的自信心。

---

① 中华人民共和国教育部.全日制义务教育语文课程标准（实验稿）[M].北京：北京师范大学出版社，2001：6

② 中华人民共和国教育部.全日制义务教育语文课程标准（实验稿）[M].北京：北京师范大学出版社，2001：7

（2）能不拘形式地写下见闻、感受和想象，注意表现自己觉得新奇有趣的或印象最深、最受感动的内容。

（3）愿意将自己的习作读给人听，与他人分享习作的快乐。

（4）能用简短的书信便条进行书面交际。

（5）尝试在习作中运用自己平时积累的语言材料，特别是有新鲜感的词句。

（6）根据表达的需要，使用冒号、引号。

（7）学习修改习作中有明显错误的词句。

（8）课内习作每学年 16 次左右。

3. 第三学段（5～6 年级）[①]

（1）懂得写作是为了自我表达和与人交流。

（2）养成留心观察周围事物的习惯，有意识地丰富自己的见闻，珍视个人的独特感受，积累习作素材。

（3）能写简单的纪实作文和想象作文，内容具体，感情真实。能根据习作内容表达的需要，分段表述。

（4）学写读书笔记和常见应用文。

（5）能根据表达需要，使用常用的标点符号。

（6）修改自己的习作，并主动与他人交换修改，做到语句通顺，行款正确，书写规范、整洁。

（7）课内习作每学年 16 次左右。40 分钟能完成不少于 400 字的习作。

三、习作教学中应明确和树立的观念

1. 表达是儿童的权利

中国社会科学院新闻所媒介传播与青少年发展研究中心主任、副研究员卜卫认为，从儿童权利的角度来讲，儿童作为独立的生命个体，首先有表达的权利；其次，让成人听儿童说话，也是儿童的权利。儿童的声音有权利让成人听到。我们不能因为儿童说得不够优美，或者说得不符合我们的标准，就不允许他们表达。

在国外的一些会议上，儿童会要求成年人参加他们的论坛，如果成年人不专心听儿童们的声音，这些儿童代表就会站起来制止成年人的行为；儿童的 CE 组织特别多，所谓 CE 就是允许儿童表达，把儿童的表达看成儿童的权利。国外的一些电视台也都有固定的时段播放儿童自己制作的新闻，这些新闻不是给儿童看的，不是为了锻炼儿童的写作能力

---

① 中华人民共和国教育部.全日制义务教育语文课程标准(实验稿)[M].北京：北京师范大学出版社，2001：9

和交际能力,而是给成年人看的,他们认为成年人有义务了解儿童的想法,倾听儿童的表达。

2. 习作应是学生真实感受的流露

叶圣陶将言语主体的塑造置于言语活动本体规律的制约之下;把言语行为建立在言语客体(生活)、言语主体(人)及言语受体(他人即读者)三者相统一的基础之上;把语文、写作教育看做是学生生活的需要即表白内心、与他人相沟通的需要;看做是教师为了养成他们终身受用的一种生活能力,而训练他们学会真诚倾吐内心积蓄的事情。他说:"不幸我国的写作教学继承着科举时代的传统,兴办学校数十年,还摆脱不了八股的精神。"①所谓八股的精神就是,第一,不要说自己的话,要"代圣人立言";第二,要按照一定的间架和腔调去写。圣陶先生很形象地加以形容说:"你能够揣摩题目的意旨以及出题目人的意旨,按着腔拍,咿唔一阵,就算你的本领;如果遇到无可奈何的题目,你能够无中生有,瞎三话四,却又叮叮当当的颇有声调,那更见出你的才情。"②

在提倡素质教育的今天,我们除了继承好的作文教学思想、摒弃八股文外,还必须在指导思想上实现语文本体论的转向,把目光更多地注视在"人"上,把语文本体论的重心从言语客体——"生活"转向言语主体——"人",把言语主体的行为特征与终极目标,定位在指向言语上的"自我实现",创造"自我实现"的"言语人生"(而不是"应付生活")上。把言语学习和表现,既看做是人的外在的生活需求,又看做是人本身内在的、个体的精神需求,是人的言语潜能与个性的张扬,是人的言语上的自我完善、自我实现的需求。在语文本体论思想的指导下,我们要一个营造"自主"作文的世界,让孩子"写出诚实的自己的话。""自主"作文就是不作条条框框的限制,让学生率性而为,无拘无束地思想,自由自在地写作,真正做到"言为心声"。不"违心"而作,不矫情而写。只有允许学生流露真实感受,学生才会热爱写作,并在写作中真正获得成长,让学生保留自己生命的本色。

就此问题,下面我们选取了江苏省特级教师孙建锋的一篇文章。

典型案例 1

请保留孩子的"生命本色"③

有一则故事:一个农民在犁地时,发现了一枚锈迹斑斑的古钱

---

① 叶圣陶.语文教育论集(上下册)[M].北京教育科学出版社,1980:437
② 叶圣陶.语文教育论集(上下册)[M].北京教育科学出版社,1980:40
③ 孙建锋.请保留孩子的"生命本色"[J].语文教学通讯(小学刊),2003(31)

币。农民以为把古钱币上斑驳的锈迹去掉会更值钱，于是就将那枚古钱币打磨得平整光亮，结果，这枚价值昂贵的古币变成了一钱不值的铜板。农民哪里知道古钱币的价值正体现在它那锈迹斑斑的"生命本色"——"古"上。失去了"生命本色"，古钱一文不值。

作文批改中就有这种"农民式"的教师，他们喜欢自作精明，以为孩子的作文越没有"缺陷"就越有价值。于是，煞费苦心地"磨"去孩子作文中的"锈迹"。哪里知道在他们看来有"缺陷"而被"磨"掉的部分，其实恰恰是最能体现孩子生命本色最有价值的部分。佐证列下：

案例一

　　　　　　　我掉了两颗牙

今天，我掉了两颗牙。我对奶奶说："我害怕。"

"别害怕！"奶奶说，"你掉的牙还会再长的。"

"爷爷只剩下了两颗牙，还会再长吗？"

"不会再长了。"

"为什么？"

"爷爷老了！"

啊！人老了真可怕！

教师批改

评语结尾太悲观！应去掉！改为："人老了，有什么可怕！爷爷虽然只剩下两颗牙，但那可是钢打铁铸的呀！"

案例二

　　　总统与老师哪个更重要：读《密契纳轶事》有感

一天，美国总统约翰逊邀请128位社会各界名流到白宫赴宴，知名作家密契纳也在应邀之列。但是她婉言谢绝了，而且还修书一封：

尊敬的总统阁下：

我不能赴您的盛宴，是因为三天前我已经答应为中学时的一位老师送行，他曾经教我作文。少了我一人，对您来说并不重要，但对老师来说，很重要。

　　　　　　　　　　　　　　　　　　　　密契纳敬上

拜读此信，我在询问自己：总统与老师哪个更重要？答案似乎不言而喻。总统权倾朝野，荣华富贵；教师无职无权，清水衙门。论权势教师怎能与总统同日而语。按常理，密契纳应该权衡利弊，眼头儿磨得活一点儿，先赴总统之约，这样显得既风光又体面。至于老师那边，完全可以推辞掉，以后再作解释。可是，密契纳却"与众不同"，不按常理出牌，愣是"反其道而行之"。我想：也许密契纳的心中另有一杆秤，她称出了"诚信""师恩"

与"权势""地位"孰轻孰重,也许密契纳认为,在精神的世界里,教师才是真正的"总统",所以,在她看来,老师比总统更重要!

我又想:密契纳是否在"作秀"?因为名人一向喜欢作秀。刘晓庆"秀"进了监狱,张国荣"秀"入了天堂,泰森"秀"掉了对手的耳朵……莫非密契纳也想"秀"一下?

试想,密契纳这么一"秀","秀"得自己诚信、尊师,而又不趋炎附势;"秀"得总统"宽宏""大度",而又不斤斤计较。

问题是:在我们的现实生活中,凡人能像名人一样作秀吗?

上星期五,做副镇长的我老爸,原准备请带我毕业班课的老师们吃一顿,突然,镇长来电让他陪客,他欣然前往。我问老爸:"为什么不说约请老师在先?"老爸说:我的理想是做镇长!

哦,老爸不做"秀",原来是想做镇长,所以,在他看来,镇长比老师更重要!

教师批改评语是:最后五节偏离主题、冲淡中心,牢骚满腹,格调太低。全部删掉!得分:67.5。

上文两个教例,教师都在努力发现孩子作文的"缺陷",用心"磨"掉孩子作文的"锈迹"。"率真"是孩子的生命本色,一如"锈迹"是古钱币的生命本色。任何事物,只有保留自己的生命本色才最有价值。

再如,在上海市实验学校的《淋雨藤》文学社①,这里没有命题作文,学生想写什么就写什么,可长可短,有灵感一挥而就,没灵感就搁置一边,没有评价没有分数,众多读者就是最好的鼓励。上海培佳等小学的学生在老师的指导下运用插图使作文更生动……老师还带领学生逛书城,泡茶馆,看展览,练书法,学篆刻,赏文物,听讲座,观演出,任记者,编话剧,演小品,作演讲,出刊物,游天下……让学生走进丰富多彩的生活,启迪他们的才智,培养他们的审美情趣,提高他们的认识水平。

教师对作文的点评也颇具特色,并非板起面孔,居高临下,而更像朋友间的娓娓道来,"美文共欣赏,疑义相与析"。教师与学生在交流中共同得到文章的"真意"。

在这些教师的引导下,学生的才华和潜力被唤醒并得以展现。他们天真而烂漫、独立而自信、勇敢而率真。在他们笔下,有对校园、家庭生活中小事的细致描绘;有对亲情、友情的赞美;对两性间朦胧情愫的体验与思索;有对自然、社会、人生等大问题的深入思考。散文、小说、剧本、小品、杂文、诗歌、童话、报告文学……他们尝试运用各种文体来表达自己的想法和感受,尽情地抒发自己的情感与理想。

在"自主"状态下写作文,褪去了矫揉造作、模仿穿凿,取而代之的是

---

① 参见张天明.写出诚实的自己的话[J].中国教育报,2002-09-12(6版)

鲜活的想象力，丰富的创造力，收获着缤纷的色彩，清新的果实和勃勃的生机。有的学生盼望能有星期九，表达他们对繁重学业的不满和对能有自己可以支配的时间的渴望；有的学生设计 21 新闻频道，播放校园新闻；有的学生体悟到读书与做人之间的内在联系，把好读书与砥砺品格、完善人格有机地结合起来……

在"自主"状态下写作文，学生感到乐在其中，并进而体会到人性之美、人生之美，驾起理想之舟，为他们将来的发展打开了广阔的天地。学生们由衷地感到收获之丰，他们说"从学写作文到关心社会"，"我在人生路上有了盏明灯"，"我们有高远而明确的志向"，"我们听见了生命的拔节声"。

3. 摒弃单纯的写作技能训练，把习作建立在阅读的基础之上

美国加利福尼亚大学的斯迪芬·德·克拉森教授在作文教学论著《作文：研究、理论与应用》中围绕"阅读能否帮助发展作文能力"、"作文训练能否帮助发展作文能力"、"作文能力能否进行专门训练"、"学生中的优秀写作者与低能写作者之间的作文行为有何不同"和"学生中的优秀写作者与其作文本身有何特别不同的关系"等问题，采用"对比班"与"实验班"相比较的研究方法，得出了如下观点：学生自发的课外兴趣阅读有助于作文能力的发展，增加课外阅读比增加经常性写作训练对帮助发展学生作文能力更有效；学生作文总是"受题目的束缚"，很少花时间考虑自己文章的读者。

针对实验结论，斯迪芬·德·克拉森教授提出了一种与之相应的、能够提供给作文教学并能帮助学生获得作文能力的理论——清楚表达理论。斯迪芬·德·克拉森认为学生应像专业作家一样，花较多时间考虑所写东西对读者的影响，即怎样把自己观点传送给读者，读者需要怎样的背景知识才能读懂，什么东西能引起读者兴趣等问题。而自发兴趣阅读之所以能帮助发展写作能力，是因为学生在阅读时获得了一种"为读者而写作"的感觉。这种感受"是受潜意识支配而获得的，读者阅读的时候没有意识到他正在获得写作能力，也没有意识到获得写作能力后的结果"。因此，他提出："学习怎样为报纸撰稿，你必须读报，仅仅只阅读课本是不够的；为杂志撰稿，则宁愿浏览杂志，而不应学习相应的写作教程；要写诗，就读诗；要写富有创见的读书报告，最好查阅读书笔记。"同时，这种理论认为，作文时，最关键的是明确写什么，表达什么思想感情；当目标明确后，再明确读者对象，即文章是写给什么人看的。这样，写作者只需面对理想中的读者把想说的意思说清楚就够了，文章自然能写好。正因为这样，这种理论还认为，要培养学生的写作能力，最好是让学生读一些说理性的、评价性的、鉴赏性的文章，因为这样的文章目标最明确，读者对象也容易确定。

斯迪芬·德·克拉森还提出了一些具体的写作教学建议，如高水平的写作能力不能在短时期内形成;发展写作能力的中心任务是使学生对读书达到入迷的程度,从而自发地去读大量课外读物;写作教学要让学生由为自己而写作逐渐转化为读者而写作;教师不应让学生迷信作文技巧之类的教条,等等。

不论是儿童作家,还是成人作家,不论是作文写的好的学生,还是表达清楚的成人,他们的阅读量都是很大的。基于事实和斯迪芬·德·克拉森的研究,我们应该以读为本,"以读带(促)写、读写结合",即以读来统率写、指导写,而不是教给学生一定的写作模式和写作技巧。

专题小结

小学生每个学段都有不同的写作目标,所以教师必须明确和树立一些应有的观念,例如"表达是儿童的权利"、"习作应是学生真实感受的流露"、"摒弃单纯的写作技能训练,把习作建立在阅读的基础之上"。这些观念的明确,对于写作教学具有理论先导的作用,意义深远。

专题二 写作教学的策略

专题导读

既然写作教学在教与学的过程中有着不可替代的作用,那么大家就会想教师应该怎么做才能提高写作教学水平? 才能真正提高学生的写作能力? 要弄清楚写作教学的基本策略,就必须进入下面的专题探讨分析。

一、激发写作兴趣和自信心

兴趣是最好的老师,兴趣是最好的内驱力。我国老一辈的语文教育家,对于激发学生写作兴趣和动机,有过大量精彩的论述。例如,认为作文"最好是令学生自己出题目",教师命题的首要条件是"要能引起学生的兴趣"。主张对学生作文的内容和形式不加限制,顺乎自然,让学生写自己平时喜欢写的东西,这样,学生当然会乐于去写。《语文课程标准》写作初始阶段目标的设定,也特别强调情感态度方面的因素,把重点放在培养写作的兴趣和自信,让孩子愿意写作、热爱写作,变"要我写"为"我要写"。第一学段的相关表述是"对写话有兴趣",第二学段的相关表述是"乐于书面表达,增强习作的自信心",到第三学段,才过渡到要求具有初步写作意识即"懂得写作是为了自我表达和与人交流",第四学段则提出"写作时考虑不同的目的和对象",要求具有比较自觉的写作目的。同时,写作的兴趣和自信,作为一种内驱力,还来源于在写作的合作与交流中所产生的成就感,而这一点是过去被忽略的,《语文标准》对此有意作了强化,在不同学段分别提出"愿意将自己的习作读给别人听,与他们分享习作的快乐","能与他人交流写作心得,互相评改作文,以分享感受,沟通见解"等要求。

二、引导学生学会积累写作素材

西方有一句谚语说"空袋子不能直立";我国俗话说:"巧妇难为无米之炊。"从习作角度来说,要让学生认真观察、比较、思考生活,做生活的有心人,给袋子装满经验和素材、准备好作文的"粮食"。积累写作素材是学生写好作文的基础,帮助儿童学会从不同角度、不同位置观察社会,用不同的方法发现、搜集和整理素材,既是作文教学的重要任务,也是提高学生素质、面向未来教育的一项长期任务。引导学生学会积累写作素材的方法有很多。

1. 让学生体验生活

要注意让学生多参加一些实际的有意义的活动,不断充实他们的生活。日本、美国等地的"生活作文"值得我们借鉴。日本的中小学作文非常注重生活的素材,通过写生活,来了解生活、发现生活,提高对生活的认识,进而创造生活。因为写的是生活,写作的源泉就永不枯竭;而生活又是丰富多彩的,学生的写作就不觉枯燥。而且要让学生在活动中认真观察和记下最有意义的新鲜的材料。这样,作文时才有东西可写,才不会是做"无米之炊"。有位老师在班上组织学生进行家务劳动竞赛,要求学生从家里带来炊具,到附近的菜市场买来蔬菜。全班学生分成四个大组,分别进行切萝卜丝、择芹菜、削马铃薯皮、炒鸡蛋比赛。每人三次看别人比赛,自己亲自参加一项比赛。比赛结束后,学生作文文生动活泼、充满情趣。在让学生写一篇《我有一双灵巧的小手》的作文之前,在主题班会上进行"钉扣子"、"缝口袋"、"编绳结"等比赛,为学生积累丰富的生活常识和写作素材,待到写作时就会"言之有物",而不会成"无米之炊"。

2. 注意观察生活

当代诗人,诗歌评论家阿红说:"我喜欢听大人谈话唠家常。我闪着眼,支着耳朵,默默记着他们谈话的神态,用的语言和谈话的内容,这样做无形中就掌握了许多的人物、故事。有的同学写作文感到没啥写的,我都觉得有写不了的东西。"

如果对身边的事物、生活视而不见,充耳不闻,写作的"袋子"肯定是空的,做的肯定是无米之炊。如一个老师写道:前不久,我班进行了第二单元检测。最后一题是写话,内容是秋天的田野很美丽,有_____,有

_____,还有_____。考试结果大大出乎我的意料。本以为很简单的一个写话,可学生写出来的"秋天田野"却花样百出。有少数学生写的秋天的田野里有稻子、高粱、棉花,因为这是书上说的。还有的学生凭空想象,说田野里有野花,有小草,有树,有黄澄澄的梨等。作为语文教师的我,看到这些后心里很不是滋味。问问其他班的老师,此类胡编乱造现象也比较严重。

因此,我感到困惑了。按理说农村的孩子对田野本不应陌生,可是学生为什么对田野里长什么却一点儿也不熟悉呢?是学生的父母不重视自己的孩子吗?恰恰相反,经调查我发现,学生的家长对培养自己的孩子相当重视。许多家长为了开阔孩子的视野,陶冶孩子的情操,利用节假日想尽办法、不惜代价带孩子去外地开眼界、长见识。岂料,这种片面的追求得到的是什么呢?学生对近在咫尺的知识却不知道,对离自己最近的生活是那样的陌生。高粱,我们这个地区不生长,可学生们只要描写到秋天的田野,写了稻子、棉花就离不开写上高粱。其实,家长们只需要带孩子到田野去走一走,看一看,讲一讲,摸一摸,他们就会知道秋天的田野不光是金色的,而且也是绿色的……学生身边的知识却被我们的家长忽视了。

三、大量阅读

真正的阅读,可以使学生积累大量情感体验、感受、想象以及写作素材,所以,斯迪芬·德·克拉森教授通过实验调查对比,得出结论:"学生自发的课外兴趣阅读有助于作文能力的发展,增加课外阅读比增加经常性写作训练对帮助发展学生作文能力更有效"[①];"发展写作能力的中心任务是使学生对读书达到入迷的程度,从而自发地去读大量课外读物"。

我们从中央电视台《名人面对面》节目主持王志采访边金阳的对话片断中,也可体悟到,大量阅读对于积累素材、帮助写作是很有帮助的。

(边金阳,9岁,黑龙江佳木斯人,现居大连,2003年4月,先后出版了《时光魔琴》和《秦人部落》两部魔幻小说,被誉为中国的"哈里·波特"。)

……

记者:那为什么你9岁就能写出这样的书,而其他的小朋友9岁写不出这样的书?

边金阳:可能他们不想写,就是不爱去想,有的想出来就不把它们写出来。可能现在有的孩子比我还更能想,但是他就不写出来。就有的想象力挺丰富的,一到写的时候,就写不出来了。

---

① [美]斯迪芬·德·克拉森.作文:研究、理论与应用."人教网",2011-07-10

记者：你为什么能写得出来？

边金阳：看书看得很多，然后语言搭配也不错，所以就能写出来。

……

记者：一般像你这个年龄课业负担很重？

边金阳：还行吧。能不能碰上好老师啦，有的老师留作业好多好多好多，但是有的老师不是。我们老师怎么说呢？在课堂上就是抓的我们很紧那样的，但是课余时间我们老师就提倡多去看课外书。

记者：提倡你们看课外书。你最喜欢看哪一类的课外书。

边金阳：幻想类。有时候历史类的也挺喜欢。

记者：对学习有帮助吗？

边金阳：幻想类的对学习没什么太大的帮助，但历史类的有帮助。

记者：为什么会喜欢幻想类的？

边金阳：感觉怎么说呢，幻想类的读了以后就能更启发我的大脑，能写出更好的东西。

……

传统的写作教学侧重于作文课上指导学生如何审题、如何立意、如何构思，对于写作素材如何进行积累，教师们只是蜻蜓点水，泛泛而谈。轻积累、重技巧是我国作文教学的一大痼疾之一。要提高学生的写作水平，我们必须要有"生活中处处有语文"的意识，注意和善于引导学生观察生活、体验生活、勤于积累、勤于阅读。

 专题小结

除了明确一些相关概念，转变思想意识，教师在写作教学中还有一些基本策略，例如，"激发写作兴趣和自信心"、"引导学生学会积累写作素材"、"让学生大量阅读"。总的说来，这些策略对写作教学具有实践指导作用。

思考与练习

一、填空题

1. _____是学习语言文字运用的一种方法，也是考查思维与文字表达能力的一种手段。

2. _____是学生最好的老师，也是最好的内驱力。

3. 叶圣陶认为言语行为应建立在言语客体（生活）、_____及言语受体（他人即读者）三者相统一的基础之上。

二、判断题

1. 语文课程标准中写作的阶段目标部分，第三学段称之为"写作"。
（   ）

2. 写作技能训练必须建立在阅读的基础之上。（   ）

3. 不一定非要参加生活实践才能积累到写作材料，阅读大量书籍就足够了。
（   ）

三、简答题

1. 教师在习作教学中应明确和树立哪些观念？

2. 简要阐述小学前两个阶段的习作目标。

四、论述题

结合实际谈谈教师在写作教学中可采取哪些策略提高学生的写作水平？

推荐书目与文章列表

1. 郭元祥. 生活与教育——回归生活世界的基础教育[M]. 武汉：华中师范大学出版社，2002
2. 潘新和. 写作：指向自我实现的人生[M]. 北京：科学出版社，1999
3. 李振村. 新体验作文：一位大学教授的小学作文教学实验——上海大学中文系李白坚教授访谈录[J]. 基础教育，2006(08)
4. 王爱娣. 美国小学生怎样写作文[J]. 语文教学通讯小学刊，2006(12)

第十二章

口语交际与综合性学习

口语交际和综合性学习两项内容,是《语文课程标准》中提出的新要求,目的在于打破传统语文的呆板僵化局面:只重书面语,不重口头交际;只重知识和语文能力,不重综合能力;只重局限于语文课本的"小语文",不重存在于生活中的"大语文",以加强语文课程与其他课程、书本学习与生活学习的联系、促进学生语文素养的整体推进和协调发展。

本章主要从概念的含义、意义作用、课标中的要求、教学策略、在教学中应该注意的问题5个维度分别介绍口语交际与综合性学习。

◆ 学完本章,你将能够:

1. 掌握口语交际和综合性学习的概念及其特点;
2. 了解新课标对这两项内容的具体要求;
3. 学习口语交际和综合性学习的教学策略。

专题导读

在这个高交际化、高效率化、高信息化的社会，口语交际能力成为现代公民必备的能力。新课程改革将原来的"听话说话"改为了"口语交际"，可见其中的重要意义。口语交际这个内容对学生听说读写有怎样的作用？在具体的教学中如何上好口语交际课？让我们一起来了解口语交际的教学。

专题一 口语交际的教学

一、口语交际的意义

1. 口语交际的含义

口语交际就是交际方为了一定的交际目的，运用自己的口头语言和适当的表达方式和交际对象进行思想、感情、信息等交流的一种言语活动。

《语文课程标准》不再袭用"听话、说话"的提法，而将其改为"口语交际"，这不只是提法上的文字变化，更重要的是观念上的变化。在现代社会里，人们的交往愈加广泛，善于与人交际可以说是社会人赖以生存的需要。"口语交际能力是现代公民的必备能力。应在具体的口语交际情景中，培养学生倾听、表达和应对的能力，使学生具有文明和谐地进行人际交流的素养。"[①]可见，"口语交际"强调的是互动、信息传递、思想和感情交流和交际能力。

"听话"和"说话"，或单纯的"听"（如"听广播"练习），或单纯的"说"（如"看图说话"练习），训练中有时是"自听自乐"，有时是"自言自语"，既缺乏交际对象和交际目的，又构不成一定的环境，所以只能是一种单向自我式的静态语言实践，缺乏教师与学生的交流，更缺少学生与学生的对话。

2. "口语交际"的三个特点

"口语交际"主要有以下三个特点。

（1）即时性

口语交际大多是面对面现想现说的，而且需要不断对话交流，所以时间紧凑，这就要求说者尽快地把思维转换成言语，听者才能相当敏捷地把对方的话语转换成认知，而形成对话。口语交际的"即时性"，启示我们在教学中要关注思维训练，要想办法让学生做到"心到口到"且"想

[①] 中华人民共和国教育部.全日制义务教育语文课程标准(实验稿)[M].北京：北京师范大学出版社，2001：18

得快说得准"。另外,由于口语交际的即时性,口语表达时的句子要短,结构也要简单,还允许学生在急切的情况下,借助手势来表情达意。

(2) 情境性

口语交际一般都是在特定的情境中发生的一种交际现象,就像人们常说的:"对不同的人说不同的话","在不同的地方说不同的话"。所谈的话题、交际的对象、交际的场合都是特定的,并受情境的控制,所以谈话也会受到控制。比如,同样的话题,在不同的场合、情境下,面对不同的对象,言语表达的方式就可能大不一样。如简单的"叫人吃饭",如果在正规礼仪情况下,我们可以说"开宴了,请入席";如果是在彼此都熟悉的非正式场合,则可以说"开饭咯,大家快上座"。说话既看场合,又看听众,这样才能收到良好的交际效果,取得和谐的人际关系。

口语交际的"情境性",启示我们在教学中要特别关注交际话题的情境性设置,恰当地引导学生在特定的情境中,真实地进入角色。

(3) 复合性

口语交际是使用言语和非言语因素的一种复合行为,即它涉及意义、语调、情感、修养等。口语本身既是承载、传递信息的声音,也是传递说话人思想感情的工具。它不只是简单地说出自己的意思,还要注意声调、语气的轻重、缓急、长短,从而使有声语言充满一定的感情色彩;同时还可以借助体态语言(面部表情、首语、手势等)的帮助来传递和强化信息。而听者既要听音会意,还要学会从说话人的体态语言、语气声调领会其精神实质。而且口语交际能力也不仅仅是"说"的能力,还必须历练人格修养,拓宽知识视野,才能真正提高口语交际能力。

口语交际的复合性,启示我们在教学中不能仅仅关注口语形式的表达训练,还要引导学生关注社会、关注人类、关注自然,注重生活以积谈资;注意日常言谈举止的修养;重视自信心、勇气、诚恳、有创见等个性品质的培养;还要重视并加强和各学科之间的配合,以综合培养学生的口语交际能力。

二、口语交际的意义

我国古代就十分看重口语交际的艺术及其重要性,早就有"一言可以兴邦,一言也可以误国","一人之辩重于九鼎,三寸之舌强于百万之师"之说。现代社会的发展对口语交际提出了更高的要求,人们只有具备了较强的口语交际能力,才能适应时代的发展,口语交际能力更是现代公民基本素质的必备能力。现实生活中,被称为强者的那些人,绝大部分都具备较好的口才,而且口才越好,其发展的余地越大。一个人说话粗鲁、词不达意,让人听不懂,与外界、他人的交流是困难的,也是语文素养低下的表现,这在很大程度上会影响他(她)的发展。正因为如此,语文课程标准把"口语交际"放在了重要的位置,把它作为九年义务教育语文课程的重要内容。

在过去只重视单方面的"说"或"听"的教学下,我们学生的口语交际能力是有缺陷的。如:

有个故事讲一位美国父亲带着他6岁的孩子驱车奔驰在一条人烟稀少的路上。父亲突然犯了心脏病。孩子冲下汽车,跑到很远的地方找到了呼救电话,终于救了父亲的命。

一位中国母亲看了这个故事,很受感动,进而想试一试,假如自己的孩子遇到这种情况会怎么办?她的孩子12岁已经上小学六年级了。有一次,也是坐在车上,这位母亲鼻子流血。她抓住机会,对孩子说:"你下车去,帮我向过路人要一张纸巾,我擦擦鼻子,好吗?"孩子下了车,在路上站了好半天也没张开嘴。这位母亲痛心地问:"我的孩子为什么会这样?"学校教育应该"是为了学生的终身发展"、"是为了引导儿童的心志生活"、"是为了生活的艺术和智慧"。只重视知识的教育,而忽视综合能力,忽视情感、方法的教育是残缺不全的,在这样的教育下,学生的发展也是残缺不全的。

下面,我们再引用《北京青年报》上的一篇文章,来说明口语交际的重要性。[①]

典型案例

每周二下午1:10～2:50,前驻法大使、现外交学院院长吴建民都要给外交学院学生上《交流学》一课。作为院长亲自讲课,讲授一门在我国尚是空白的学问,吴建民说这是中国走向世界的需要。

吴建民比喻道:"在当今世界越来越凝聚如一个村庄时,与村里人交流,不仅需要语言无障碍,还有语言如何恰到好处。"吴建民不讳言,"中国人不太善于交流"。不善于成因:教育弊端、社会认同、思维定式。传统教育,"敏于行,讷于言"、"见人且说三分话"、"祸从口出"等。现代教育中的应试成分使人重视笔试,轻视口试。社会认同埋头苦干、默默无闻内秀者,贬抑能言善辩、能说会道人。"嘴拙实干"甚至暗含褒奖之意。如果说计划经济时代,埋头苦干、默默无闻被世人认同的话,那么市场经济则对其褒贬各半。激烈的竞争环境必将"讷于言"改写为"善于言"。再就是思维定式。国人凡事从大处着眼,以概念压人,好讲大道理,习惯于"千金拨四两"而不屑于"四两拨千斤",疏于精耕细作的交流。

---

① 李彦春,吴建民:交流也是生产力[J].北京青年报,2005-05-23,选入时略有改动

吴建民从事外交42年，驻外25年。如果说改革开放前，"放不开"的民族习性，闭关锁国、外交上的韬光养晦尚可立足于世界，改革开放后，习性和政策则成开放搞活、政治形象、经济交往、文化沟通的掣肘及弱点。每年2000多万人走出国门。对外交流不再局限于外交界，任何行业甚至劳务人员皆以中国形象呈现世界。仅就经济而言，1985年至今，吴建民接触无数中国商务代表团，其中交流成败，作为旁观者的吴建民清楚"成在知己知彼，败在知己不知彼"。遗憾的是当事者迷。

吴建民举例说：很多商务代表团招商引资时竟仿照国家领导人出访讲话。如一讲如何在春光明媚的季节来到美丽的塞纳河畔；二讲勤劳智慧的法国人民如何具有光荣的革命传统；三讲中法友好；四讲华夏有五千年文明，有长城、故宫、兵马俑等。招商内容却置于末尾，匆匆带过。本末倒置的讲话，法国人听得既不解渴又生反感。还有的代表团在交流中照稿宣读："我市是一块投资的热土，商机无限。我们会采取平等互利原则，实现双赢。我们工业门类齐全，人力资源雄厚。我们的对外开放是全方位、多层次、宽领域，我们欢迎大家到我市投资……"听得法国人云山雾罩。他们不知道：热土含义？商机怎样无限？平等互利内容？双赢目标？如此没有共鸣的交流等同于无效交流。

交流中最常见的还有礼仪上的丢分。法国某大企业总裁曾对吴建民发牢骚："你们的领导是接见我们，还是接见你们的翻译。我再不想见你们这位团长了。"原来，"我们的领导"与对方交流时自始至终眼盯翻译，甚至两次握手也眼盯别处。没有目光交流的会谈使该总裁受到从未有过的伤害。还有一次，国内一女市长出访荷兰时，欲与某城市结好。为促成此事，吴建民在大使官邸宴请双方。餐后，女市长竟在餐桌上手无遮拦地用牙签剔牙，不仅如此，还将剔出物连"呸"四下吐进盘子。荷兰市长斜睨她之表情，女市长视而不见。细节决定成败。吴建民回忆说，1997年10月，江泽民访美。克林顿在白宫南草坪致欢迎词。他讲话毕，弯腰，加上一块垫脚板，以使江泽民刚好够到话筒。无言的细密周至的交流为克林顿赢分不少。

高质量的交流小到影响一个人的思想行为，大到左右国际关系。

吴建民曾在联合国工作10年（1971—1981年），一年见几十位外长。他发现，"会说的国家，不会说的国家，效果确实不同"。会说的，会下必有人超前与之交流。如此，国家形象及影响便应"说"而生。

2003年7月，吴建民从置身42年的外交舞台转至教育，就任外交学院院长。面对学生，吴建民敏感意识到，"独生子女+应试教育会使国人不善于交流的欠缺变本加厉"。就学生们喜爱网上聊天、人机对话、短信交流而言，足见他们天地之小，心路之狭，视野之窄。

其他的一些事印证了吴建民的忧虑感及危机感。如北京某高校一北京籍学生走丢了，因怯于问路，致使一件普通事演变为笑谈。一些求职学生常于面试时失败，吴建民分析部分败因——"源自交流的失败。如自我介绍重点不突出，没给考官留下鲜明印象；与考官没有目光交流；面试过程中接听手机；回答问题不着边际；急于表现自己；薪酬要求脱离实际；临走不说谢谢……"

吴建民所知，1970年，巴黎政治大学即设立交流学。1990年，复杂的国际形势又使其增设了危机时期的交流学。讲演课是每所学校考核学生能力课程之一。为填补我国在交流学领域的空白，吴建民边写边讲，边讲边写。2004年年底，吴建民主编的《交流学十四讲》被国务院新闻办指定为中国政府新闻发言人培训班参考书。

吴建民授课对象不仅限于学生，还有外交官。一次，他给准外交官上课，出题"大使赴任第一天讲话"。32个人陆续上台，轻者头上冒汗，词不达意，不断嘟囔"没准备，没准备"，重者身体哆嗦，目光游离……吴建民在教诲中强调："作为外交官，要知己知彼，要琢磨透交流对象，要时刻准备着交流。"他举例说，就目前形势，相当多数欧洲人认为，欧洲市场的就业机会被中国人抢跑了。如何说服他们？吴建民建议"让事实说话"。他说："中国有一生产积木玩具的工厂，法国投资。该玩具售价27欧元，成本1.2欧元，手工费0.8欧元。这个工厂不仅给中国人创造了就业机会，也给法方带来就业机会及利润。"此事，如果按国人惯有思维，自然开讲大道理："我们是平等互利的，实现双赢的。"但这会令对方无动于衷或心生反感。俗话说，摆事实，讲道理，吴建民直言"我们轻摆重讲"。讲的过程中，忌讳虚话、套话、空话、假话、卖弄。相反，信任感、好感必来自"两实"（朴实、诚实）。

不苟言笑、生硬内敛、造作拘谨、摆官架子、不怒自威——吴建民期待交流学中的幽默改变官场表象。一日，他从广播中听到就举报赌博电话一事，主持人与公安部某官员的对话。主持人请官员说出举报电话。官员没有听众期待的脱口即出，而是说："这个号码我们已经公布多次了，为了教育赌博者，为了群众举报方便，为了净化社会环境，我再一次公布，请大家牢记……"吴建民点评该官员"不懂把时间用在刀刃上，与其啰唆套话，不如重申三遍号码更有效"。他举例幽默之良效：邓小平会见一美国国会代表团，他们不仅身份显赫，身体亦健壮，邓小平一语双关："看来，你们都很有分量。"会谈帷幕在轻松中拉开。另一例，俄罗斯人请法国人吃饭，饭后甜点，俄罗斯人用刀切蛋糕，不均匀，但并非有意。法国人打趣请客者给自己少的一块："幸亏是蛋糕，如果是地图，那就太糟糕了。"

"人活在世就要与人打交道，打交道就要懂得交流学。"吴建民以讲课、讲演、著书之交流方式填补交流学空白，缩短中国与世界的距离。

三、"口语交际"教学的目标

"口语交际"教学的总目标是使学生"具有日常口语交际的基本能力,在各种交际活动中,学会倾听、表达与交流,初步学会文明地进行人际沟通和社会交往,发展合作精神"。

各阶段的目标如下。

1. 第一学段目标(1～2年级)[①]

(1) 学讲普通话,逐步养成讲普通话的习惯。

(2) 能认真听别人讲话,努力了解讲话的主要内容。

(3) 听故事、看音像作品,能复述大意和精彩情节。

(4) 能较完整地讲述小故事,能简要讲述自己感兴趣的见闻。

(5) 与别人交谈,态度自然大方,有礼貌。

(6) 有表达的自信心。积极参加讨论,对感兴趣的话题发表自己的意见。

2. 第二学段目标(3～4年级)[②]

(1) 能用普通话交谈。在交谈中能认真倾听,并能就不理解的地方向人请教,就不同的意见与人商讨。

(2) 听人说话能把握主要内容,并能简要转述。

(3) 能清楚明白地讲述见闻,并说出自己的感受和想法。

(4) 能具体生动地讲述故事,努力用语言打动他人。

3. 第三学段目标(5～6年级)[③]

(1) 与人交流能尊重、理解对方。

(2) 乐于参与讨论,敢于发表自己的意见。

(3) 听他人说话认真耐心,能抓住要点,并能简要转述。

(4) 表达要有条理,语气、语调适当。

(5) 能根据交流的对象和场合,稍做准备,做简单的发言。

(6) 在交际中注意语言美,抵制不文明的语言。

[①] 中华人民共和国教育部.全日制义务教育语文课程标准(实验稿)[M].北京:北京师范大学出版社.2001:6

[②] 中华人民共和国教育部.全日制义务教育语文课程标准(实验稿)[M].北京:北京师范大学出版社.2001:7

[③] 中华人民共和国教育部.全日制义务教育语文课程标准(实验稿)[M].北京:北京师范大学出版社.2001:10

四、"口语交际"的教学策略

《语文课程标准》提出了"遵循学生的身心发展规律和语文学习规律选择教学策略"的理念,同时对"口语交际"提出了以下教学建议:

口语交际是听说双方的互动过程。教学活动主要应在具体的交际情境中进行;

重视口语交际的文明态度和语言修养;

努力选择贴近生活的话题,采用灵活的形式组织教学,不必过多传授口语交际知识;

鼓励学生在各科教学活动以及日常生活中锻炼口语交际能力。[1]

根据《语文课程标准》的教学建议和口语交际的特点,在"口语交际"课堂教学的实施过程中,我们可以采取以下教学策略。

1. 精心创设与生活实际相似的交际情境

"口语交际"是在特定的环境里产生的即时性言语活动。离开了"特定的环境","口语交际"就无法进行。根据"口语交际"的这个特性,我们在教学时,应该尽可能地给每一个"话题"创设与实际生活相似的交际情境,即根据小学生在日常交往中必然会遇到的事情,布置情境,模拟现场,使学生"跳出"自己所置身的课堂环境,自然地进入作为目标活动的口语交际情境之中,而这种情境的创设与布置,要尽可能地考虑到儿童的心理因素。心理学认为:儿童有很强的好奇心和求知欲,他们要了解各种问题,愿意自己动手去做,亲自接触和经历各种现象和事物,凡是新鲜的事物都会引起他们的好奇。[2] 正如乌申斯基所言:"儿童,如果可以这样说的话,一般他是按照形状、颜色、声音和形象来思维的。"因此,学生的学习也更多地受到直接兴趣的影响,而教学内容的生动性和教学方法的直观性,则对推动学生的学习有较大的作用。在这个意义上,情境的创设与开发就需要借助于直观、具体的事物以及富有乐趣的、学生可以直接参与的活动。[3] 如"打电话"、"问路"、"谈论某部电影"、"介绍某个地方"、"买东西",等等。再如,人教版《义务教育课程标准实验教科书 语文一年级下册》有这样一个口语交际的话题,一个孩子不小心把父亲心爱的花瓶打碎了,把实情如实地告诉了父亲之后,却被父亲打了一顿。这个交际的题目是"该怎么办"? 这样会使学生有一种身临其境的感觉,

---

[1] 中华人民共和国教育部.全日制义务教育语文课程标准(实验稿)[M].北京:北京师范大学出版社.2001:18

[2] 章志光.心理学(修订版)[M].北京:人民教育出版社,2002:510

[3] 朱智贤.儿童心理学[M].北京:人民教育出版社,1993:356-361

学生口语交际的主动性就会被激发出来,他们就会怀着浓厚的兴趣,带着饱满的情感,走进"交际情境"。让学生在交际的实践中,不断增强交际的目的意识、对象意识、角色意识、环境意识、规范意识。

2. 努力在教学中实现口语交际的双向互动

在日常生活中,交际双方一般都是围绕着交际双方感兴趣的话题进行对话的。参与交际的双方既是说话人,又是听话人,既是表达者,又是领会者,交际双方的角色变换是不断的,这就形成了言语的双向流动。可见,口语交际不是听和说得简单相加,它有着很强的双向互动性。只有交际的双方处于互动的状态,才是真正意义上的"口语交际"。因此,在口语交际教学中,我们应该精心设计情境和话题,努力实现课堂教学中的口语交际的双向互动。如利用教材中的"情境图"实现双向互动、在表演中实现双向互动、对特别感兴趣的"话题"组成小组或自由组合,尽兴进行互动交际等。

3. 多给学生口语交际的实践机会

人的口语交际能力是在口语交际的实践中形成的,《语文标准》中强调以贴近生活的话题或情境来展开口语交际活动,重视口语交际能力的培养,而不是传授口语交际知识。因此,我们应设法给学生增加口语交际的实践机会。如坚持在课堂上给学生多实践,用好教材中设计的"口语交际"内容,使学生通过典型话题的实践,积累语言交际的经验;坚持在日常生活中多实践,组织学生参加有价值的活动,如走访敬老院、参加社区志愿者工作、参加节日活动、在宣传月或宣传日中充当小记者,在校园、社区采访等。坚持在日常生活中多实践,还可以引导学生利用日常生活中的交际活动展开学习和锻炼等。

4. 发挥电教片的示范作用

脑科学的研究成果告诉我们,人的语言能力是"习得"的,是一点一点模仿来的。因此,我们在教学过程中应该给学生一些必要的示范。课堂上除了老师、学生的示范之外,我们可以适当发挥电教片的示范作用。比如,现在有很多优秀的口语交际教学片,片中有很好的口语交际范例。我们在教学时,可以根据教学需要,把握好播放时机,为学生做示范,让学生去学习、模仿。

五、"口语交际"教学应注意的几个问题

1. 注意学生良好的口语交际"习惯"与"修养"的培养

口语交际是人与人之间的交流和沟通,它是一个听方与说方双向互动的过程,不是听和说得简单相加,它具有很强的复合性。所以双方在应对中的情感态度十分重要,表现为人际交往的文明态度和语言修养,如自信心、勇气、诚恳、尊重对方、有主见、谈吐文雅等。语文课程标准的

口语交际阶段目标,第一学段要求"有表达的自信心"、"与别人交谈,态度自然大方,有礼貌";第二学段要求"在交谈中能认真倾听,并能就不理解的地方向人请教,就不同的意见与人商讨";第三学段要求"与人交流能尊重、理解对方"、"在交际中注意语言美,抵制不文明的语言";第四学段要求"能注意对象和场合,学习文明得体地进行交流",都体现了在情感态度方面的导向。

心理学认为,社会个体极其看重来自其他成员的认同、接纳、交流和尊重,而这一切都无法脱离与口语交际的关系。因此,在具体的口语交际中,学生要学会使用礼貌用语,以满足对方获得尊重的精神需求。除了使用一般的礼貌用语之外,学生还要学会在交际时遵循如下规则:不要将自己的观点强加于别人,让听话人自己做出选择;所说的话要得体和谦虚,体现与别人的友好关系。我们都知道,口语交际是运用"言语"和"非言语"因素的复合行为,说话者会情不自禁地借助手势、姿势、表情等非言语因素来辅助自己的表达。这就告诉我们,在口语交际的教学过程中,不仅要重视学生"口语"表达水平的提高,还要重视学生良好"习惯"与"修养"的培养。说话姿势、声调语气是口语交际很重要的辅助方式。良好得体的说话姿势,温煦有礼的声调语气是人良好的习惯与修养以及自主、自信、自强等品格的外在表现,可以增加口语交际时的表达效果。

如苏教版语文课文《说话要注意姿势》通过3幅情境图,分别表现了几个孩子在不同情境中不得体的说话姿势:一个女孩在办公室与老师交谈时一手在抓头,一手在扯衣服,一只脚在地上划来划去;一个男孩在家里吃饭时,边吃边与父母交谈,说话间将一只脚跷到了凳子上;课堂上,一个男孩俯着身子,两只胳膊趴在课桌上,与别人作交流。"教学提示"明确地指出了使用教材的思路,就是要在弄清情境图意思的前提下,重点对图中人物的说话姿势是不是正确展开讨论,发表自己的见解。在指出并讨论说话姿势不正确的同时,"什么样的说话姿势是正确得体的"也应该在讨论范围之列。这样可以达到帮助学生明确并习得正确得体的说话姿势的目的。

值得注意的是,"说话要注意姿势"这一"习惯、修养"要求,不是通过几节课就可以达到的,应当贯穿于整个口语交际教学的过程之中。此外,我们还应在教学中注意引导学生去观察自然、观察社会、做好生活积累,启发学生注意日常言行举止的修养,不断增加自己口语交际的魅力。

2. 注意学生"听"、"述"能力的培养

在"口语交际"活动中,不但要让学生学会表达与交流,使听者爱听、愿意听、听得明白。还要学会倾听,不要抢着说,或随意打断别人,学会理解话语、学会尊重。总之,通过"听"、"述"能力的培养,使学生学会人际沟通和社会交往。

3. 注意提高学生参加表达的兴趣

在口语交际时,要注意鼓励和激发学生积极参加讨论,对感兴趣的话题发表自己的意见。提高学生参加表达的兴趣,就需要教师设计和寻找学生感兴趣的话题、形成谈话交际的情境和氛围、赞赏和接纳学生的交流,并与之对话。

4. 帮助学生做好知识的准备与储备

如果一问三不知,对话是无从做起的。只有具备了一定的知识、信息,交际才会顺利进行。对于儿童而言,固然要优先考虑交际话题是否与他们的生活有足够的相关性,但教育的目的性又使得话题的选择不能完全局限于此,还要让学生在交际中适当地接触一些他们所不了解或不太熟悉的知识,以满足交际的需要。因此,在进行口语交际的过程中,除了要求孩子具有一定的知识储备之外,同时要求他们在口语交际之前进行必要的知识准备。所以,教师在口语交际教学之前,应该根据此次口语交际所需求的知识情况和学生的储备状态,做一调查了解,并指导学生做好所缺知识的准备。

专题小结

口语交际是一项综合的能力,只要是有人的地方需要口语交际能力。我们除了在课堂上加强对学生的口语交际训练,还需要引导学生在学习生活中挖掘资源、利用各种机会开展口语交际活动,提高口语交际能力。

综合性学习及其教学

一、综合性学习的含义

1. 综合性学习的含义

综合性学习是形成"自主、探究、合作"的学习方式的重要途径。它建立的基础有:第一,语文学科本身具有的综合性;第二,当今对"让学生学会学习"的呼唤;第三,打破"学科中心论",强调学生综合素质的培养;第四,重视学生的体验。

专题导读

新课程改革,提出了"综合性学习",为当今语文教学的改革注入了新的生机和活力。综合性学习是怎样的一种学习?综合是指哪些方面的综合?综合性学习又有怎样的意义?

语文学科渗透在我们生活的方方面面,可以毫不夸张地说,"语文的外延与生活的外延相等",因此,语文学习本身就带有综合性质。在当今全球都在呼唤"让学生学会学习"的时代,优化语文的学习环境,改进语文的学习方式,构建一个课内外联系、校内外沟通、学科间融合的语文教育体系是我们应该思考和行动的。其目的和价值在于,培养学生观察感受能力、综合表达能力、人际交往能力、信息搜集能力、分析和解决问题的能力、组织策划能力以及交流与合作的能力,即培养学生的综合素质。

2. 综合性学习的意义

教育部发布的《基础教育课程改革纲要(试行)》指出:"倡导学生主动参与、乐于探究、勤于动手,培养学生搜集和处理信息的能力、获取新知识的能力、分析和解决问题的能力以及交流与合作的能力。"这是旨在倡导一种新型的学习方式,对于培养学生的创新精神和实践能力,培养他们的终身学习的愿望和能力,意义深远。综合性学习正是这样一种自主、探究、合作的学习方式。它重在学习过程,注重激发学生的创造潜能,能较好地整合知识和能力,尤其有利于在实践中培养学生的观察感受能力、综合表达能力、人际交往能力、搜集信息能力、组织策划能力、互助合作和团队精神等。所以我们要充分利用现实生活中的语文教育资源,优化语文学习环境,努力构建课内外联系、校内外沟通、学科间融合的语文教育体系。引导学生开展丰富多彩的语文实践活动,拓宽语文学习的内容、形式和渠道,使他们在广阔的空间里学语文、用语文,拓宽视野,丰富知识,砥砺能力。

二、小学各学段综合性学习的目标

1. 第一学段(1~2年级)[①]

(1) 对周围事物有好奇心,能就感兴趣的内容提出问题,结合课内外阅读,共同讨论。

(2) 结合语文学习,观察大自然,用口头或图文等方式表达自己的观察所得。

(3) 热心参加校园、社区活动。结合活动,用口头或图文等方式表达自己的见闻和想法。

2. 第二学段(3~4年级)[②]

(1) 能提出学习和生活中的问题,有目的地搜集资料,共同讨论。

---

① 中华人民共和国教育部.全日制义务教育语文课程标准(实验稿)[M].北京:北京师范大学出版社.2001:6

② 中华人民共和国教育部.全日制义务教育语文课程标准(实验稿)[M].北京:北京师范大学出版社.2001:8

（2）结合语文学习，观察大自然，观察社会，书面与口头结合表达自己的观察所得。

（3）能在老师的指导下组织有趣味的语文活动，在活动中学习语文，学会合作。

（4）在家庭生活、学校生活中，尝试运用语文知识和能力解决简单问题。

3. 第三学段（5～6年级）[①]

（1）为解决与学习和生活相关的问题，利用图书馆、网络等信息渠道获取资料，尝试写简单的研究报告。

（2）策划简单的校园活动和社会活动，对所策划的主题进行讨论和分析，学写活动计划和活动总结。

（3）对自己身边的、大家共同关注的问题，或电视、电影中的故事和形象，组织讨论、专题演讲，学习辨别是非善恶。

（4）初步了解查找资料、运用资料的基本方法。

三、综合性学习的教学策略

1. 在目标和学习方式上突出综合

语文综合性学习要在目标和学习方式上突出综合。比如"学用字词句"与以往相比，它不是单项的字词句的基础知识训练，而是一种综合性练习。它既有字词句学习的综合，又有听说读写能力的综合，还有知识、能力和情感的综合。苏教版国标本二年级上册"单元练习·学用字词句"版块中，在"学用字词句"的设计上，编者们把生活中的学习资源搬进了教材，练习设计非常贴近儿童的生活，适合每一个学生的学习能力和生活背景。如"练习6"——①知道下面几个图标表示什么天气吗？（多云 霜冻 雾 晴 阴 雷阵雨 小雨 小雪），认一认，再连线。②"霜"、"雾"、"雷"、"雪"为什么都是雨字头呢？你还认识哪些雨字头的字？③在班级黑板报开辟"小小气象站"专栏。轮流看当地电视台当晚的天气预报，第二天早晨在专栏里发布。以上设计真实地再现生活情境，以激励学生在各种生活情境中自然地开展语言实践活动。

如"练习5"的第三小题"你能为这首儿歌（大江变得更宽，红花显得更红。是谁挥动彩笔，在天空画了一道长虹？）配上一幅画吗？"学生完成这项作业，不仅能巩固已有的文字知识，还能体会到汉字的优美与有趣，激发儿童对汉字的热爱。可以说这种设计是工具性与人文性的完美统一。

[①] 中华人民共和国教育部.全日制义务教育语文课程标准（实验稿）[M].北京：北京师范大学出版社.2001：10

2. 重实践，重体验

"语文的外延和生活的外延是相等的。"生活和语文有着千丝万缕的联系，语文综合性学习作为同识字与写字、阅读、写作、口语相并列的一个项目，也必须与学生生活结合。这要求教师把语文知识的学习和社会生活密切联系起来，为学生亲身体验、亲身实践创设情境，提供条件，让学生在做中学，在学中做。比如可以让学生自编自演课本剧，可以让学生走上街参观各类商业广告，搞一次"让我为你做广告"的语文活动课等。教师可以设计一些与生活、实践有密切相关的专题，让学生围绕专题观察生活、认识生活、创造生活，从中获得亲身经历、体验和感悟。如秋天是水果成熟的季节，教师可根据本地盛产的有名水果组织语文综合性学习。设计题为"正是荔枝飘香时"的综合性学习活动：①写荔枝。组织学生荔枝种植地区观察。描述荔枝（写短文）。②访荔枝。采访种植户，了解荔枝的生长周期及经济效益（口语交际，写采访稿）。③画荔枝。为荔枝写广告词，做广告画（广告策划，上街展示）。④看荔枝。实地察看种植荔枝的环境及土壤，访问科委，提出改良荔枝的建议（调查访问，小组汇报）。⑤致信。为了荔枝更香甜——致荔枝种植户的公开信（应用文）。设计这样的学习活动，既有内容的综合，又有能力的综合，活动步骤层层递进，环环紧扣，培养学生搜集、处理信息的能力和发现问题、分析问题、解决问题的能力，听、说、读、写综合运用，全面提高学生的语文综合素养。

语文学习本身十分注重情感体验和感悟，综合性学习更是如此，因此，在语文综合性学习中，要特别注重"让学生更多地直接接触语文材料，在大量的语文实践中掌握运用语文的规律"，"注意为学生设计体验性活动"，丰富学生的精神世界，重视学生的情感激发和牵引，把情感的价值引导和学生的独特感受有机地结合起来，而不是抽象的分析和说教。如可以根据三峡库区移民搬迁，设计题为"大搬迁"的综合性学习；根据治理滑坡，种植防护林，设计题为"绿色防护林"的综合性学习；根据铁路经营，设计"如果我来经营铁路"等综合性学习等系列活动。

3. 重过程，重方法

语文综合性学习的教学目标一般不指向某种知识或能力的达成度，而是提出一些学习的活动及其要求，主要指向过程。"语文综合性学习"通过一个个项目来展开，侧重在学习过程中形成语文素养，而不是通过获取最后的结论来掌握语文知识。因此，在综合性学习教学中，教师要引导学生全程参与学习活动，注意积累活动中每个环节的开展与自己的感受，有什么收获、提高和发展。学习掌握初步的科学研究的过程。关注过程，还应该关注学生对学习活动的参与及参与程度。培养学生强烈的参与意识和合作意识，激发学生人人主动积极地投身其中，善于与他人合作，就有了综合性学习的保证。教学中要注意关注学生对活动是否都参与,是否积极认真地参与,活动过程中还有些什么样的成果和表现。

在综合性学习过程中,引导学生养成良好的学习习惯,掌握科学的学习方法,将有利于学生终身学习和发展。所以,在综合性学习的各个环节都要重视"方法"的学习引导。在语文综合性学习教学中,重点要让学生掌握的方法有:各种知识和能力的"整合"、课内外学习的"结合"、书本学习与实践活动的"结合"、语文课程与其他课程的"沟通"等。具体地讲,教师要让学生学会制订学习活动计划和方案,要指导学生在活动结束后写总结报告。在整个学习活动中,学生掌握这些方法的途径主要是通过教师点拨、示例,让学生在学习实践中体验,而不是讲授有关方法的道理。

四、"语文综合性学习"教学要注意的几个问题

1. "语文综合性学习"首先应该姓"语"

"语文综合性学习"尽管注重综合,注重联系和融合,但不管我们的学习活动涉及哪个领域,哪门学科,采取哪些方式,其落脚点都在"致力于学生语文素养的形成和发展",而不是对其他学科知识的掌握,所以"语文综合性学习"首先应该姓"语"。语文学科渗透在我们生活的方方面面,可以毫不夸张地说,只要有人的地方就有语文,因此,语文学习本身就带有综合性质。但"语文综合性学习"与一般意义上的"综合学习"不同,一般意义上的"综合学习"是以学科综合为基础,其学习目标是综合性的,不单独强调某门学科的目标和学科性质。如以"奇妙的声音"指导学生综合学习,学习的目标就不仅仅是对声音的有关物理知识的了解,也包括相关的声音作品、环保知识等不同学科类别的目标。而"语文综合性学习"一切均是从语文学科目标、特点和性质出发来进行的。如以"月亮与古诗"为题让学生学习,尽管学生在收集、理解古诗中描写月亮的诗句,或者学习写关于月亮的习作时,需要到自然中去观察月亮,了解月亮,但其目的在于让学生了解语文与自然的联系,培养自己阅读理解与表达交流、搜集和处理信息的能力,而不是获取关于月亮的天文知识。正如"语文课标"所建议的那样,"主要体现为语文知识的综合运用、听说读写能力的整体发展、语文课程与其他课程的沟通、书本学习与实践活动的紧密结合"。

我们可以看出,"'语文综合性学习'的'综合'主要指:一是语文知识的综合,如,在家庭生活、学校生活中,尝试运用语文知识解决问题;二是语文能力的综合,如组织学生参加语文趣味活动,自主组织文学活动,在办刊、演出、讨论等活动中,体验合作与成功的喜悦;三是语文课程与其他课程的综合,如根据对各门学科的了解提出感兴趣的问题,共同讨论,选出研究主题,制订简单的研究计划,从报刊、书籍或其他媒体中获取有关资料,讨论分析问题,独立或合作写出简单的研究报告;四是语文实践过程的综合,让学生在读书、写作、调查、研究等多种学习活动中提高语

文素养"①。由此可见,"语文综合性学习"是带有综合性质的语文学习,而不是一般意义上的"综合学习",不是学科的整合学习。单从命名来看,"语文综合性学习"中的"性"字便体现了这个意思。

正如"语文课标"所指出的那样,开展语文综合性学习,在于"拓宽语文学习和运用的领域,注重跨学科的学习和现代科技手段的运用,使学生在不同内容和方法的相互交叉、渗透和整合中开阔视野,提高学习效率,初步获得现代社会所需要的语文实践能力"。

2. 在教育上不要急功近利

在培养学生的过程中,综合性学习强调学生的体验,重视参与,重视过程,希望通过学习过程,获得亲身感受,获得对探究方法的体验,培养个性、人格。通常在这方面花的力气很大,却不会马上见到效果,但很重要。要摒弃急功近利的应试教育思想,着力于学生综合素质的提高,不要因为眼前看不到成效就不重视,在教育上不能急功近利。

3. 培养课程资源意识

《语文课程标准》指出:"语文又是母语教育课程,学习资源和实践机会无处不在,无时不有。"在"实施建议"中指出:"语文课程资源包括课堂教学资源和课外学习资源……自然风光、文物古迹、风俗民情,国内外的重要事件,学生的家庭生活,以及日常生活话题等也都可以成为语文课程的资源。"②语文学科的课程资源是很丰富的,自然山水、人文景观都可以成为课程资源,要培养学生开发利用资源的意识,学生在日常生活中的所见所闻都可以用作学习语文的资源。

以法国小学母语的综合性学习③为案例。

认识兔/鸟

学生:Paul,Mickael,Rebecca,Louis,Pu 等
教师:MadameLetonnelier
科目:初小启蒙预备阶段综合课
年级:CP/11 年级(相当于我国小学一年级)
学校:Polangis 小学
第一,课题。①认识兔子。②认识鸟类。

---

① 刘云生.关于"语文综合性学习"本质定位的思考[J].教育教学研究,2002(03):33-34
② 中华人民共和国教育部.全日制义务教育语文课程标准(实验稿)[M].北京:北京师范大学出版社,2001:15
③ 引自吕春丽、张志刚文章《他山之石 可以攻玉》,原载于"人教网"小学语文栏目。

第二,教学目标。初步认识多种多样的兔子/小鸟及其生活习性的简单知识。培养学生搜集资料,综合概括的口头表达能力和想象力。学习关于兔子/小鸟的一些字词语句。

第三,教学方案与步骤。

第一课时

很多学生的家庭都养了小兔、小葵鼠和小鸟。教师让每个学生带一只回学校。教学就从这里开始了。孩子们七嘴八舌争相描述自己的小动物,课堂气氛十分热烈。最后,由教师点名让孩子们轮流发言,教师记录每个学生的说话。

布置作业:

(1) 每个学生画一只小兔子/小鸟。

(2) 每人准备一段介绍自己的小兔子/小鸟的话。

第二课时

(1) 教师把学生画的兔子/小鸟排成一张学习纸,各人的画旁边标上名字。摘录每个学生一句描述兔子/小鸟的话,后面标上该学生的名字,并巧妙地把这些句子加上自己的一句话串成一篇介绍兔子/小鸟的小短文,该学习纸每个学生一份。

(2) 学习一些有关的词语和内容。

学生作业实录(略)

典型案例2

旅行考察布列塔尼

教师:MadameForner

科目:户外课堂活动

年级 CE2/7 年级(相当于我国小学五年级)

学校:Polangis 小学

第一,作业类型。①预备作业(资料收集);②实地学习作业(综合性作业)

第二,预备作业。预备作业是由学生把收集到的关于户外课堂活动所在地区布列塔尼的分散资料,自定形式,整理成一份综合资料。

目的:使学生对户外活动将要考察的内容有初步的了解,掌握基本的背景知识。

内容:为户外课堂活动做准备。学生各自搜集资料,内容自选。主要介绍当地的地理、历史、动植物、食物、文化传统、风土人情、历史人物、文学艺术等,并可讲述一些有趣的历史故事。

形式:不限。可以把资料制作成手抄报、墙报、图片、小册子等。

第三,实地作业。实地作业是由教师根据各学科的练习、教材设计的,一份形式独特的,结合了学科知识与学生实践活动的综合"作业包",每个学生一份。"作业包"形式多种多样,包括语文、天文、地理、自然、生物、文学戏剧等学科内容。

实地作业栏目:
(1) 布列塔尼的地理位置。
(2) 法国的海岸。
(3) 天然海岸。
(4) 人工海岸。
(5) 天气预报(实地测录)。
(6) 给亲人写信。
(7) 学写电报(学习把同样的内容写成电报、明信片和信)。
(8) 认识水族箱。
(9) 作文:如何捕捉虾蟹及放进鱼缸。
(10) 参观当地著名的水族馆。
(11) 观察退潮的海边。
(12) 观察涨潮的海边。
(13) 介绍海港。
(14) 参观当地的渔港。
(15) 当地渔港的产品。
(16) 知识性游戏(快速阅读、猜谜语、字谜、数学游戏等)。
(17) 戏剧知识(脸谱、各种面部表情和有关形容词)。
(18) 潮汐的知识。
(19) 介绍诗歌和关于海的著名诗歌。
(20) 创作一首描写海的诗。

专题小结

综合性学习是一项实践性很强的活动,对于传统的教学是一项重大的挑战。教师在实际的教学中要敢于尝试、敢于创新,达到综合性学习的本质意义,而避免使综合性学习流于形式。

思考与练习

一、填空题

1. "口语交际"的三个特点:即时性、情境性、_____。
2. 综合性学习是形成"自主、_____、合作"的学习方式的重要途径。
3. "语文综合性学习"的"综合"主要指:_____、语文能力的综合、语文课程与其他课程的综合。

二、判断题

1. 口语交际是使用言语和非言语因素的一种复合行为,即它涉及意义、语调、情感、修养等。（　　）

2. 综合性学习注重结果性评价。（　　）

3. "初步了解查找资料、运用资料的基本方法"也是综合性学习的要求。（　　）

三、简答题

1. 口语交际的教学策略有哪些？

2. "口语交际"的教学应注意哪些问题？

3. 综合性学习的教学策略有哪些？

四、论述题

结合实践,谈谈"语文综合性学习"在具体的教学中应该注意些什么？

推荐书目与文章列表

1. 朱智贤.儿童心理学[M].北京：人民教育出版社,1993
2. 中华人民共和国教育部.全日制义务教育语文课程标准（实验稿）[M].北京：北京师范大学出版社,2001
3. 刘云生.关于"语文综合性学习"本质定位的思考[J].教育教学研究,2002(03)

参考文献

1. 中华人民共和国教育部.全日制义务教育语文课程标准(实验稿)[M].北京:北京师范大学出版社,2001
2. 巢宗祺等.全日制语文课程标准(实验稿)解读[M].武汉:湖北教育出版社,2002
3. 杨树.集中识字二十年的情况汇报,集中识字教学经验[M].北京:教育科学出版社,1980
4. 斯霞.我的教学生涯[M].上海:上海教育出版社,1982
5. 张田若等.中国当代汉字认读与书写[M].成都:四川教育出版社,2000
6. 叶圣陶.语文教育论集(上下册)[M].北京:教育科学出版社,1980
7. [苏联]巴赫金.诗学与访谈[M].石家庄:河北教育出版社,1998
8. [苏联]巴赫金.文本 对话与人文[M].石家庄:河北教育出版社,1998
9. [苏联]巴赫金.拉伯雷研究[M].石家庄:河北教育出版社,1998
10. [苏联]巴赫金.陀思妥耶夫斯基诗学问题[M].白春仁,顾亚铃译.上海:上海三联书店,1988
11. [巴西]保罗·弗莱雷.被压迫者教育学[M].顾建华等译.上海:华东师范大学出版社,2001
12. [日]佐藤正夫.教学原理[M].钟启泉译.北京:教育科学出版社,2001
13. 章志光.心理学(修订版)[M].北京:人民教育出版社,2002
14. 朱智贤.儿童心理学[M].北京:人民教育出版社,1993
15. 中国大学人文启思录[M].上海:华中理工大学出版社,1996
16. 吴文俊.世界著名数学家传记(上、下)[M].北京:科学出版社,1995
17. [美]李学数.数学和数学家的故事(3,4)[M].北京:新华出版社,1999
18. 袁小明.世界著名数学家评传[M].南京:江苏教育出版社,1990
19. 潘新和.中国现代写作教育史[M].福州:福建人民出版社,1997
20. 浙江师范大学教育科学研究所.面向未来的教育探索[M].北京:人民教育出版社,1998
21. 董远骞.教学的艺术[M].北京:人民教育出版社,1993
22. 韦志成.语文教学情境论[M].桂林:广西教育出版社,2001
23. 教育部基础教育司.走进新课程[M].北京:北京师范大学出版社,2002
24. 祝畹瑾.社会语言学概论[M].长沙:湖南教育出版社,1992
25. 邢公畹.语言学概论[M].北京:语文出版社,1998
26. 曾祥芹.阅读教学新论[M].北京:语文出版社,1999
27. [英]戴维·布姆著,李·尼科.论对话[M].王松涛译.北京:教育科学出版社,2004
28. [德]伽达默尔.真理与方法[M].洪汉鼎译.上海:上海译文出版社,2004
29. [德]马丁·布伯.人与人[M].张见,韦海英译.北京:作家出版社,1992
30. [美]玛格丽特·米德.文化与承诺——一项有关代沟问题的研究[M].周晓虹,周怡译.石家庄:河北人民出版社,1987
31. [德]海因里希·贝克.文明.从冲突走向和平[M].吴向宏译.北京:中国社会科学出版社,1998

32. 张必隐.阅读心理学[M].北京:北京师范大学出版社,1992
33. 中央教育科学研究所,集中识字教研课题组.集中识字教学论文集[M].呼和浩特:内蒙古人民出版社,1995
34. 王爱娣.美国语文教育[M].桂林:广西师范大学出版社,2007